集人文社科之思　刊专业学术之声

集刊名：国际儒学论丛
主　编：刘云超
副主编：李文娟　张　恒
主办单位：山东社会科学院

INTERNATIONAL TRIBUNE OF CONFUCIAN STUDIES (NO.12)

编辑部

联系电话： 0531-82704788

电子邮箱： gjrxlc@shandong.cn

通信地址： 山东省济南市舜耕路 56 号山东社会科学院综合楼 812《国际儒学论丛》
编辑部

第12辑

集刊序列号：PIJ-2016-173

中国集刊网：www.jikan.com.cn/ 国际儒学论丛

集刊投约稿平台：www.iedol.cn

山东社会科学院　主办　　·2016 年创刊·

主编　刘云超

国际儒学论丛

INTERNATIONAL TRIBUNE OF CONFUCIAN STUDIES

第 12 辑

社会科学文献出版社
SOCIAL SCIENCES ACADEMIC PRESS (CHINA)

《国际儒学论丛》编委会

目　录
（第12辑）

·先秦儒学研究·

·宋明儒学研究·

·现当代新儒学研究·

·儒学动态·

· 书评 ·

CONTENTS
Total Issue 12 Catalogue

Research on Confucianism in the Pre Qin Dynasty

Study on Confucianism in Song and Ming Dynasties

Research on Modern and Contemporary Neo Confucianism

多元文化下的中国乡土文明重建*

牟钟鉴　王殿卿　李文娟**

问（李文娟，以下省略）：牟老师，您好！看到您的最新著作《中国文化的当下精神》，其中有一段话我很受启发，您说在经历了"欧风""美雨""苏霜"等冲击的酸甜苦辣后，中国人切身感觉到还是传统美德可以安身立命，有益人生。当然，您也说到中国文明的发展要吸收世界多元文化的营养，用以充实新时代的精神生活。那么，追根溯源到中国传统文化的"活化石"——乡土文明，面对多元文化的冲击，今天应该如何发展和充实？儒学作为传统文化的主流，在这个过程中应该如何发挥作用？

答（牟钟鉴教授，以下省略）：儒学是凝聚文化民族的重要纽带，对许多民族都有影响，不光是汉族。我在这本书中对中西文化特征做过比较，中华文化是德性文化，西方文化是智性文化，不是说没有交叉，主要的中国文化都在讲这个德，没有德的话，中国文化就没法讲了。对这方面中国人都有共识，其已经作为民间的一个文化记忆。中国的德性文化造就了礼义之邦，同时也抑制了智性的独立发育，这是中国近现代自然科学落后的重要文化根源。当代中国社会，传统文化受到西方功利主义的强烈冲击，出现严重的道德滑坡，道德重建成为文明建设面临的艰巨任务。但是，中国的德性文化根基深厚，只要人们自觉，有毅力，可以很快就建成新的礼义之邦。

---

* 本研究成果由泰山学者工程专项经费资助。

** 牟钟鉴，中央民族大学哲学与宗教学学院荣誉资深教授，博士生导师；王殿卿，首都师范大学教授，北京东方道德研究所创所所长，北京青年政治学院原常务副院长，国际儒学联合会顾问，尼山圣源书院原常务副院长、名誉院长；李文娟，山东社会科学院国际儒学研究院研究员，山东省"泰山学者"青年专家。

问：有一次我去青海调研，青海那边有个贵德县，是个边陲小城，那里特别重视德文化。据了解，贵德县这个地名是元代时确定下来的，意为"以和为贵，重在养德"。这里的人对德文化非常推崇，有个公园就叫德文化公园，路灯的牌子上写着与"德"相关的字句，还有个贵德文庙，里面供奉着孔子。这个文庙是清代嘉庆年间建立的，后来进行过重修，一直保存到现在。贵德县有汉族、藏族、回族、土族、撒拉族等15个民族。该地虽偏远且多民族聚居，受到儒家思想的影响却同中原地区一样深远。

答：重仁贵德的思想是国学的精华，是中国老百姓的精神依托。历史证明，孔子儒学不仅生生不息、日新日进，而且它和而不同的智慧、德教的引导和包容，使它最善于与多元文化相融合，在它的滋养下，形成了中华民族多元通和文化模式。儒家的生命力在民间、在文化教育、在思想普及方面，影响是无形的。它不像宗教那样，建立特定的神道社会团体，制定特有的组织纪律，而是通过官学和私学培育教育团体，通过知识分子、士人阶层来传承和传递。儒家弘扬的是尧舜孔孟的仁和之道，给社会各个领域注入人文精神、道德理念，使之合于文明的进步。因此，儒家并不是百家中的普通一家，它是公共性的社会德教，它面向社会所有的人，它关注每个人的利益和诉求。

问：儒学指引人向善向好的方向发展，中国人海纳百川的品格就是在向善向好的发展过程中形成的，它使我们对外来文化和外来事物都持包容的态度，以追求多元共生甚至以多方互利共赢为目标。当今社会，我们所接触到的文化类型越来越多，如何在多元文化融合中，守住儒学道德传统呢？

答：守住传统，重在教育。中国教育必须加以改革，扭转市场化趋势，回归传承文明、教书育人、德育为先的正途。一是把中华经典训练正式纳入学校教学体系，并在民间大力推动儿童诵读经典和民众学习经典，使中国人亲近中华美德，数典不忘祖。二是使多数小家庭成为儿童健康成长的学校，家长有合情合理的教育理念与方法，与孩子一起成长。三是教育要以人格养成为核心目标，兼顾"仁、智、勇"三大要素，并且以仁德培养为统领。四是加强国学师资培训，运用社会资源建立多元化培训基地，使教育者（校长、教师）先受教育，师范院校要增设国学专业。五是在民间重建和发展中国特色的书院，不受现有评价体系制约，以传承中华文化、融汇多元文化、培训国学人才、开展文明对话、推动学术繁荣、服务移风易俗为己任，补充现有教育体制的不足，探索教育改革的新路。通过体制内外的教育，培养一大批具有儒家人文情怀和经典素养的人才，进入各个领域，发挥治国安邦、教化人心的作用，这是儒家德教发展的正途。

问：古代社会，书院作为重要的教育机构，它在培养人才和敦化社会风气方面起到了很大的作用。尤其是唐宋时期，全国各地建立了很多书院，像岳麓书院、应天书院、白鹿洞书院、石鼓书院等等，这些书院至今还保存完好，甚至一直发挥着教书育人、传经诵典的作用。中国的书院，是读书人的精神世界。他们在这里接受着文化的滋养，学习修身、齐家、治国之道，然后走向各个领域成为国家栋梁。今天，很多读书人还存在书院情结，又陆续建起了新的书院。

答：我看了一份资料，古代共有5000多所书院，书院最多的时候是在清代。现在重建的，加上老的恢复的，加上完全新建的，加上后来虚拟的，目前是2000多所。现代书院就看怎么做了，可以往上做，往外做，做到走向世界，比如尼山圣源书院想办国际识字班，我们就来推动这个，把美国的大学教授请来做儒家使者，年轻一点的请来做学员。书院也可以往下做，对尼山书院周围的农村进行普及教育，马上就可以做。书院怎么发挥，要看自身的条件，它其实是一个重要的力量。像岳麓书院现在做不到乡村，因为它在湖南大学。

问：河南登封的嵩阳书院，在宋代的时候就很兴盛，程颐、程颢等很多儒家学者在那里讲学，当时凡是来洛阳的人都要去那个地方，去看一看学者的真面目，听一听他们讲学。

答：对，我去过，现在还有一个遗址。古代书院的优点是，它自己有一套制度，由公家办学，是流动的、开放的、终身的，而且也是义务的，你可以来，也可以走，不一定非要在那里拿一个学位或获得一个职称，没有这些，也没有利益，我觉得这些非常好。前天王殿卿先生给我发了一篇文章，他对现在的四大书院进行考察。四个典型的书院，现在体制不一样，有体制内的，有纯粹民间的（四海书院），有民办公助的

（尼山圣源书院），公家给你提供物质条件，具体的运作不管。王殿卿先生提出了一个公助，在很多意义上是助公。最典型的是，国家教育行政学院培训了全国高等院校的一些老师，于建福当国学中心主任，他经常把学员拉到尼山圣源书院去培训。所以将来，我觉得书院发展的空间很大。

问：对，安乐哲先生在尼山圣源书院办国际讲学班，就很成功，把中国的乡村文明推向世界，又把世界的文明吸引到中国。

答：安先生是个很难得的不仅理解中国文化，同时对西方文化本身也有深刻反思的学者，由他来打通这条文化之路，对将来意义是非常大的。他已经被评为"儒学大家"了，他和山东的感情非常深，所以他一有空就去泗水，他的国际识字班就在尼山圣源书院，他愿意到泗水，跟我说过好多次。我给安乐哲写了一副对联：安天下以为己任，乐君子哲人长寿。他能起到别人起不到的作用，而且他很真诚，没有功利性，有人说他是美国的孔子，可能现在还不敢这样说，至少是美国的大儒。

尼山圣源书院成功的一个重要原因，我觉得有两个，一个是大家很认同的我提的用儒家的精神办儒学事业，就是在这里面没有争权夺利，儒家的精神修己安人、和而不同，这个地方必须得体现儒家的一种气象，才能感人，否则的话，儒家气象体现不出来，你还去宣传儒学，谁听你的？第二个就是核心的骨干，不拿一分钱，而且经常往外掏一点，我觉得这就没有杂七杂八的问题了。聘请的外来者是让人家来讲课的，给人家报酬，这是应该的，志愿者也得给人家必要的报酬以及活动的经费，但是这几个主要的骨干，包括王殿卿，包括我，包括张践、赵法生等几个人，一分钱都不拿，多少年了，没有这些问题。但是你去了以后，管你住，管你吃，这一点还是要有的。再就是地方领导，也正好赶上有陈洪夫（泗水县教育局原局长）这样的人，地方很支持，最早有田志锋书记支持，没有这样有远见的地方官员也不行。四海书院是纯粹民间的，自我运作，也挺难的，非常难。

很久以前，我去了一趟中国人民大学，梁涛老师开车把我接过去，当时说他们准备在北京成立一个孟子书院，叫我们去开个座谈会。梁老师的意思是要依托中国人民大学国学院，这样有利有弊，第一是有个平台可以支持，一下子独立起来了，但是也有一个弊端，就是要归国学院管理，缺少自由，而且地方也不够大。后来王殿卿先生推荐放到北京东方道德研究所，在通州区有一大片地方，准备在那里建，初步是这样设定的。现在北京不仅有孔子也有孟子了，孟子进京了。

问：王殿卿先生年纪大了，还一直为这些事情奔波，真是很让人敬佩。

答：他年纪比我大，他是1936年的，我是1939年的，80多了，他的身体比我好，为人好，而且事业心特别强。尼山圣源书院创立的时候，他跑泗水不知道跑了多少次，简直就像回家一样。他只要答应的事情、愿意做的事情，就很认真，有些学生或者是朋友来找我，我现在身体不好，就给推荐到王殿卿先生那里，他都特别热情热心地去帮助他们。他一会儿到这儿，一会儿又到那儿，国际儒联的一些事情，搞教育的一些事情，他都特别的热心。他是国际儒联教育传播普及委员会副主任，张践是主任，比他年轻一点。

问：王先生非常关心教育事业，他也一直在推广乡村儒学。

答：他是最早推广乡村儒学的学者之一，这是他的功劳。王先生在大中小学推广传统美德教育，已经有30年了。他把这些事业看作他的生命。因为他现在年纪大了，乡村儒学跑得最多的是赵法生，他是非常支持的。

问：记得您说过，现代儒学复兴需要恢复乡贤文化。

答：对，乡贤文化，新的乡贤文化。过去科举取士，有官学，有书院，也有私塾。私塾是家族里办的，规模比较小，主要是教儿童读经书；书院的规格就高一些，学者来往多一点；官学就是国子监这些机构。过去国家的行政管理机构只到县一级，里面有县太爷，你打官司去敲锣鸣冤，县太爷给你接收办理。再往下是乡，那时候乡以下都是自治。乡长是后来民国年间才有的，以前都没有。以前除了有族长，还有乡贤，过去特别高级的官员，退休以后除了极个别留在京城，一律回到乡下，回到故乡，这些人有文化，有影响力，再加上还有一些学者文人，凑到一起，就形成了乡贤文化。乡贤文化成了一个民间的文化中心，影响着当地的风气和道德。

问：以前判断是非都是由族长或乡贤来判断的。

答：很少人会闹到国家司法部门，大部分纷争他们内部就解决了。当然也有弊病了。

现在很多人认识到了这一点，要重建新乡贤文化，在这方面可以做些研究。因为山东有条件，是孔孟之乡，原来遗留下来的资源相对比较丰厚，风气相对比较好，越来越有条件，退休的干部、原来的官员，有相当一部分回到原来的地方，还有就是退休的老师以及儒商，他们有了成就以后，就追求一种文化精神方面的事业。把这些人整合起来，建立一种新的乡贤文化，是有必要且有条件的。

赵法生他们搞的乡村儒学，就是一个很好的方向，辛苦一点，不容易，但是他们是从山东基层做起的，这个事业实际上是梁漱溟未竟的事业。乡村建设，梁漱溟继承的是中国古代的做法，特别是阳明后学泰州学派的一些学者，从王艮到颜钧，他们原来都是乡村学者，都是走到民间搞平民教育，中国有这个传统。乡土文明重建的问题，不是单靠我们能解决的，还要靠社会，包括政府，以及各方面的力量共同来做。有的地区比较好，有的比较差。

问：山东在这方面比较重视，政府不断地在推广儒学，不遗余力去做宣传，很多学者像颜炳罡老师、赵法生老师一直扎根乡里，带领孩子进行经典诵读，给老百姓讲儒学，教给他们如何更好地处理家庭关系、维系邻里关系，将儒学融入生活实践当中。

答：我始终觉得山东受到了孔孟思想潜移默化的影响。将来乡贤文化不是单一的，把各种社会资源整合起来，可以办出地方特色，不要一样，要灵活，这样的话，学者的作用可以发挥，退休的人，甚至不退休的人都可以请去讲一讲，而且大家又不图名利。古代有一个好处，在外当官的回乡都有一块自己的地，祖先的地，他回去以后带一点他的俸禄，重新修缮一下房屋，像苏州园林都是退休的大官员盖的园林。现在的问题，就是没房，在北京、上海、济南这些城市工作了一辈子，已经有了一套房子，他要回到乡下根本没有房子，这就很麻烦，他又没有钱，所以也有很多新困难需要去克服。

问：现在退休回农村的人也不是很多。

答：这需要一个扭转，得有一批有识之士去推动。如果农村环境越来越好，就有人回去了。咱们国家最大的问题就是，在现代化过程里面付出代价最大的是农村，以往贫困化解决最慢的是农村。

我们现在的问题是，很多人不愿意回农村，有的村庄甚至只有老弱病残，又落后又贫困，这就成了恶性循环。现在在慢慢扭转，这是最重要的，中国要把社会建设弄好。如果城乡差别加大，城里发展很快，农民只能来城里打工，城乡差距在某种意义上比以前更大。

刚才说的乡贤文化、乡土文明重建，不是学者或者是少数人能解决的问题，需要多方面的配合。山东有条件，资源也比较多。山东过去是逃难最多的一个省，我的上一辈，跑到东北的特别多，东北是难民最多的一个省。改革开放以后，山东是北方发展最快的一个省，为什么？山东人有一个特点，求实务实，不愿意去跟风，你说你的，我得把我的经济搞上去。我觉得山东一是务实，二是孔孟文化传统比较深，有这两个条件，再加上现在省里各方面都很重视。我觉得山东有条件比别的省份做得快一点、好一点。

问：经过这几年发展传统文化，山东的整体文化环境看起来有不少改善。

答：对，现在就是大方向也明确了，风向也改变了，看我们怎么去做。想一下子扭转不可能，必须得有一个持久奋斗的准备，踏踏实实做点事，做一点是一点，不去追求虚的东西，那个没有用。

问：那时私塾先生是怎么教书的呢？

答：我上私塾时，有许多卡片，各种颜色的都有，红的、黄的、绿的，每个上头写一个字，老师都给写上，发给你，今天来了，发你十张小卡片，也即十个字，这一天你就记这十个字，这种办法认字速度很快。

问：每天认识的这十个字，老师会讲它们的意思吗？

答：不讲。明天再发十张，后天再发十张。一个礼拜过去就学60个字，老师就把这60张卡片搁这里，下礼拜一你来了，从这60张卡片中抽一张考试。老师先抽一个，这个认得吗？认得。再抽一个，这个认得吗？认得。就是用这种方法识字，长期积累下来以后，很快就认识

1000～2000个汉字。认识这些字以后，再看四书，看《三字经》，看《弟子规》，就都不成问题了。

为什么这样识字？一个很重要的理论是，孩子是形象思维，他们眼中的第一个形象就是妈妈的脸，永远记住妈妈的脸，然后奶奶的脸、姥姥的脸、爷爷的脸，孩子不懂别的，一看脸就知道。现在三岁的孩子，看见我们这样的，说"爷爷好"，看见小姐姐叫姐姐，看见阿姨叫阿姨，这是形象思维。我们汉字是形象文字，每个字都是有形状的，记住形状，不管多少组法，孩子只要记住，永远不会忘。

问：孩子们那么小，学这么多字吃力吗？

答：关键你怎么跟他讲，我说的这都是在玩的过程中学习，形象思维，一边玩一边画字，孩子最喜欢的是画画，这是孩子的特点。太阳、月亮，都是画出的象形字，鼻子、口、耳朵、眼睛、手，都画出图来，他们很快就记下来，这些字跟生活是密切相关的。所以这样一来，我觉得不难，我有三篇文章，都是专门讲汉字的，很高兴看到了教育部已经这样改革了，但是改过来很困难，因为所有的语文课老师都习惯拼音式的那套办法，那条路走不通，现在要走中国的路，然后用中国的办法教中国汉字。老师如果按照我说的办法这样训练，非常运用自如，让孩子高高兴兴、快快乐乐就学了很多字，可是现在的老师哪有这个基础？没有这个基础。

幼儿园要教孩子认字，不要教别的，《弟子规》什么的都不要，在幼儿园中班到大班两三年的时间，就把汉字认下来。这是孩子最宝贵的时期，我两个外孙女，现在一个外孙女上大三了，一个外孙女上初一，都是从四岁开始学汉字的。

问：这两个外孙女小时候都是您来教汉字的吗？

答：她们在四岁上幼儿园的时候，我每天教，现在她们都相当不错。先教字，后念书。比如，先教《弟子规》上的字，教完了再读《弟子规》，很快，很顺利就背下来了。

问：您一定费了很大心思。其实，现在大学教育也需要打好这些基础。

答：现在民办的这些私塾，都是打童子功的。你像刚才说的四海书院，在小学阶段把《辞海》都背下来，而且抄下来，那孩子文字的功底、汉字的功底、经典的功底全打下基础了，打下童子功，一辈子忘不了。这是在孩子学习的最佳时期要做的。

问：幼儿园到小学这个年龄段的孩子，记忆力是最好的，背诵东西特别快。

答：那当然了，绝对快，他们的优势就在背诵、记忆方面，训练他们记忆的基本功是从这儿开始的，他们一辈子也忘不了。小时候不训练他们的记忆的能力，以后就没有机会了。

问：等上了初中，课程增多，作业增多，根本就没有时间做这些基础性的练习了。背诵经典也是锻炼记忆力的一个方法。

答：对，所以古代的背诵并不是坏事，诵读不是坏事。一个是认字，一个是背诵，念私塾的时候要背很多经典，老师领着你读《大学》几章，然后你就开始念，一直念到放学，晚上回家再背诵去。因为小孩嘛，就五六岁，就在那儿念书，摇头晃脑地念，盘着腿坐在炕上念。

问：现在学校开始重视国学教育，语文课本里增加了很多传统文化的内容。

答：重视是重视，改变过来是很困难的。国学进中学、进小学、进课堂，这是好事，但是你知道吗？这么大的国家，这么大的教育体量，全国有 46 万所中小学，一个学校有一个会教国学的教师就是 46 万名国学教师，哪儿来？进课堂容易，谁教啊？现在有吗？现在大部分教师都没受过这个训练。所以好多事情，国家做起来是很困难的，必须有一批有事业心的人在那儿做，好学校必须是校长好、师资好。

尼山圣源书院跟台湾地区在国学教师培训方面有个合作，请台湾地区的那些教《论语》的最优秀的老师去培养我们的老师，接受培训的老师是实验学校的老师。有 1000 所实验学校，从各学校选派最好、愿意读、有文化底蕴、有兴趣的老师来，经过培训以后就大不一样了。我们年年办，每年培养 5000 人。这是我原来的国家课题，现在我这课题都不做了，但是这件事还在做。

问：您是先天下之忧而忧。

答：这件事情我坚持了十几年，也受到了钱穆一些影响。我们办尼山圣源书院就是受他影响，年年带 50 个校长到香港新亚书院去培训。

问：您推广乡村儒学也有这方面的原因吗？

答：乡村儒学是受梁漱溟的影响，尼山圣源书院秘书长是赵法生，赵法生的博士学位论文写的是关于梁漱溟的，这不是无缘无故的。几年前尼山圣源书院开乡村儒学研讨会，山东省委常委、宣传部部长来到这里，把梁漱溟的儿子和孙子都请来了，你们山东社科院也应该多了解一下这方面的活动。

（本文忠实呈现访谈原貌，访谈者观点不代表本刊立场。——编者）

（责任编辑：刘云超）

退溪的陶山书堂与教育哲学

——以空间型内容为中心

〔韩〕全圣健*

一　绪　论

李滉（1501~1570），号退溪，朝鲜王朝性理学的代表人物。他的学问和思想水平，不仅可以通过他的文集、《宋季元明理学通录》、《自省录》，还可以通过他呈给宣祖（1552~1608）的《圣学十图》加以确认。他的学术竞争者、政治对手李珥（号栗谷，1536~1584）及其死后建立的"栗谷学派"也是在吸收他的学问和思想的同时展开对他的批判的，足见其思想的影响力之大。因此，要理解朝鲜儒学的全貌，就不得不研究退溪的学问和思想。

作为理解退溪学问和思想的一种尝试，本文聚焦他所创造的"空间"——陶山书堂。陶山书堂在他60岁那年，即1560年11月建造了部分，后因财力不足停工，1561年秋竣工，[①] 可以称之为退溪的象征。退溪死后，他的弟子们于1574年把陶山书堂扩建为陶山书院，陶山书堂虽然威势减弱，但能够真正感受到退溪气息的，却只能是陶山书堂。

关于陶山书堂的研究非常多。不仅有通过陶山书堂看退溪建筑观的研究；[②] 还有基于退溪弟子惺斋琴兰秀（1530~1604）创作的《陶山书

---

*　〔韩〕全圣健，韩国安东大学东洋哲学系教授，安东大学退溪学研究所所长。

① 〔韩〕郑锡胎：《退溪先生年表月日条录》3，退溪学研究院，2005，第64~65、135~138页。

② 可参见〔韩〕金东旭《退溪的建筑观和陶山书堂》，《建筑历史研究》1996年第9期。

堂营建记事》，对陶山书堂的选址、布局进行的研究；① 以及对陶山书堂竣工后退溪描写自己兴趣的《陶山杂咏》进行的研究；② 对陶山书堂和退溪的工夫论进行的研究；③ 等等。当然，这些对陶山书堂进行的研究都扩展到了对陶山书院的研究。④

本文也以此为基础，主要目的是对作为现代文化场所的陶山书堂进行研究，即将其作为儒教文化资源，站在空间型内容的立场上，思考陶山书堂。所谓空间型内容，是指"文化素材经过具体加工，在被称为'空间'的媒介的融合之下形成的无形成果"。概而言之，可以这样认为：陶山书堂这个文化素材，经过具体加工，成为被"庆尚北道安东市陶山面陶山书院路 154 号"这样一个媒体空间具体化的无形成果。

空间型内容与其他内容的区别在于：第一，以空间为媒介形成内容的流通和消费；第二，因为是特定的现实空间而不是不特定的虚拟空间，所以内容的制作是实际进行的；第三，消费者需要花费时间亲自进入该空间；第四，消费费用与其他空间相比相对更高；第五，受特定地区经济、文化、自然环境等因素的影响；第六，具有能够提供丰富体验感的、使故事具象化的内容综合体形象。⑤

本文以空间型内容为视角，重点关注陶山书堂的历史记忆及现在的空间，以及如何把有关儒教的文化资源内容化。在思考构成退溪学问和教育空间的陶山书堂的同时，想象他梦想的"儒教乌托邦"的模样，也将是对儒教研究很有意义的工作。

本文的结构如下。

首先，大致交代陶山书堂的营建过程及其以前的历史。陶山书堂的前身是溪上书堂。1550 年，在退溪宗宅所在的上溪村开始修建寒栖庵用于研究学问、培养后学。之后，随着学生数量增多，又在溪谷修建了

---

① 〔韩〕金渊浩：《对陶山书堂选址及陶山书院的布局的考察》，《退溪学论集》2008 年第 3 期。
② 〔韩〕权伍荣：《退溪〈陶山杂咏〉的理学含义及其传承》，《韩国汉文学研究》2010 年第 46 期。
③ 〔韩〕黄炳基：《陶山书堂的建造和退溪的工夫论》，《安东学研究》2014 年第 13 期。
④ 〔韩〕朴渊圭：《以儒家思维理解陶山书堂之园林——以儒家的再现性和关系性修养特性为中心》，《哲学思想文化》2013 年第 15 期；〔韩〕郑羽洛：《对陶山书院的文化论解读——以日记和游记为中心》，《岭南学》2015 年第 27 期；等等。
⑤ 〔韩〕太智浩：《空间型内容》，通迅书籍（Communication Books），2014，第 10～16 页。

溪上书堂,后来搬进陶山书堂。本文拟站在"空间"的视角,考察其中缘由。

其次,思考退溪在陶山书堂的教学经历及培养后进中展现出的教育哲学。退溪的学问和思想在于体认自然道理,并为此提出了"主敬哲学"。因为在其中存在退溪的哲学指向:让自然法则之"所以然"与人类法则之"所当然"趋于一致。

最后,从现实意义出发提炼前面提到的作为空间型内容的陶山书堂的无形成果,思考陶山书堂的体验战略和追求的愿景。希望这将为我们了解陶山书堂作为儒教文化资源所具有的空间特征,以及陶山书堂的记忆重现所追求的方向性提供思考。我们一同来想象作为生态、文化、美学、伦理空间的陶山书堂。

二 陶山书堂的建筑空间

退溪的祖先曾经把位于退溪宗宅附近的龙头山上的龙寿寺作为家族的家塾。从祖父老松亭李继阳(1424～1488)时起就借用龙寿寺,父亲李埴(1473～1502)与叔父李堣(1468～1517)兄弟一起在这里读书、及第。[①] 之后,退溪在46岁那年(1546)在下溪东岩旁边修建了养真庵,把小溪的名字由"兔溪"改为"退溪",并以此作为自己的号。[②] 从那时起他开始正式考虑回乡之事。1547～1549年是他为官时期,1549年12月辞去丰基郡守之职回到家乡,开始在溪上一带寻找合适的居所。

1550年,他在退溪宗宅所在的上溪村修建了西家和"精舍":寒栖庵。1551年,在保留西家的基础上,把寒栖庵搬到小溪对岸东北方向上,修建了溪上书堂,开始在那里起居。到了1556年,勉进斋琴应埙(1540～1616)等学生出资为其修建溪上书斋,又开始在那里生活。溪上书堂和溪上书斋建成后,学生数量越来越多。在学生们的恳切请求

---

① 〔韩〕丁淳佑:《书堂社会史》,太学社,2013,第96～97页。
② 〔韩〕李滉:《退溪集》卷1《退溪先生年谱》,《韩国文集丛刊》第31册,民族文化推进会,1989。二十五年【明宗大王元年】丙午【先生四十六岁】:"筑养真庵于退溪之东岩。"(先是,构小舍于温溪之南芝山之北,以人居稠密,颇为幽寂。是年,始假寓于退溪之下数三里,于东岩之旁作小庵,名曰养真。溪俗名兔溪,先生以退改兔,因自号焉。)

下，于 1557 年在陶山南边择地开始修建陶山书堂。

1558 年，他委托龙寿寺的僧人法莲建造书堂，在竣工前，王召唤他赴京。为了帮助书堂修建，他寄来了两种可以称为设计图纸的"屋舍图子"。1559 年，法莲去世，修建工作又委托给僧人静一。书堂终于在 1660 年 11 月竣工。书堂共三间，岩栖轩与玩乐斋合称"陶山书堂"并悬挂匾额。① 这就是从溪上书堂移居陶山书堂的过程。另外，法莲与静一都是龙寿寺的僧人，这说明当时的僧人好像对建筑都有自己的一家之见。

> 灵芝之一支东出，而为陶山。或曰：以其山之再成，而命之曰陶山也。或云：山中旧有陶灶，故名之以其实也。……始余卜居溪上，临溪缚屋数间，以为藏书养拙之所。盖已三迁其地，而辄为风雨所坏，且以溪上偏于阒寂，而不称于旷怀。乃更谋迁，而得地于山之南也。爰有小洞，前俯江郊，幽敻辽廓，岩麓悄蒨，石井甘冽，允宜肥遁之所。②

退溪在陶山南侧找到了合适的地方。有人说是因为"其山再成"，所以命之曰"陶山"，有人说因为过去山里有陶灶，所以命之曰"陶山"。但从退溪留下的《陶山书堂》可以看出，他的内心想着的是舜帝和陶渊明。"大舜亲陶乐且安，渊明躬稼亦欢颜。圣贤心事吾何得，白首归来试考盘。"③

退溪打算隐居自然，学习、修炼品性。他想找到一个藏书和养拙的去处。但是，过去的溪上书堂和溪上书斋等所在之地难以抵御风雨，而且溪边又过于寂寞，不适合开阔心胸。而这个地方，向南有一条小山

---

① 〔韩〕琴兰秀：《惺斋集》卷3《陶山书堂营建记事》，《韩国文集丛刊续》第4册，民族文化推进会，2012。（"嘉靖六年丁巳，先生得书堂基址于陶山之南，有感赋二诗，其后再往视陶山南洞，有五言古诗。遂欲移建书堂于此，而有浮屠法莲者，请干其事，而未及结屋。戊午七月，先生赴召入都，写屋舍图子一本，书与碧梧李丈，使之指授莲僧而结构焉。又与赵士敬书曰陶山精舍之卜，最是晚来关心事，莲阇梨勇自担当，不待吾归而欲事营葺。今闻莲僧化去，有此魔事云云。法莲死后，净一者继而营建，与兰秀书曰陶山事，有僧欲任，陶瓦次第，将有可望。然岂如莲僧之勇自担当耶云云。庚申七月始役，十一月堂成。堂凡三间，轩曰岩栖，斋曰玩乐，合而扁之曰陶山书堂。"）

② 〔韩〕李滉：《退溪集》卷3《陶山杂咏【并记】》，《韩国文集丛刊》第29册，民族文化推进会，1989。

③ 〔韩〕李滉：《退溪集》卷3《陶山杂咏【并记】》。

谷，前方可俯视宽阔的河流、田野，山岩下面草木旺盛，石井水喝起来甘洌可口，是个适合隐居的好去处。

清潭李重焕（1690~1756）的《卜居论》提出卜居的主要条件是地理、生利、人心和山水。① 地理是说在选择居所时应考虑其地理特性；生利是说应选择交通、物流便利的地方；人心是说必须对该地区的人心和风俗有所选择；山水是说必须具备旅游胜地的条件。其中，选择地理的条件又包括水口、野势、山形、土色、水利、朝山朝水，称为"风水地理要件"。结合《陶山杂咏》的记载，我们就能知道陶山非常符合风水地理要件。②

> 山之在左曰东翠屏，在右曰西翠屏。东屏来自清凉，至山之东，而列岫缥缈。西屏来自灵芝，至山之西，而耸峰巍峨。……水在山后曰退溪，在山南曰洛川。溪循山北，而入洛川于山之东，川自东屏而西趋，至山之趾，则演漾泓渟，沿溯数里间，深可行舟。③

在风水地理中，风水可用山水代替。灵芝山作为祖山，顺流而下形成主山——陶山，山形秀丽，东翠屏和西翠屏拥有"左青龙""右白虎"的功能。作为主山的灵山并不高，书堂地处风水宝地，地势宽阔，风景绝美，所占方位不偏不倚，所以其周围的山峰和溪水也都向这座山拱揖环抱，可以说具备了"朝山"的要件。④ 退溪与洛川之水相汇，形成了陶山书堂前面的洛东江，成了"水口"，从而形成一种"金鸡抱卵"的格局。陶山书堂就修建在这样的地点。

> 堂凡三间，中一间曰玩乐斋，取朱先生《名堂室记》"乐而玩之，足以终吾身而不厌之语"也。东一间曰岩栖轩，取《云谷诗》"自信久未能，岩栖冀微效之语"也。又合而扁之曰陶山书堂。舍

---

① 〔韩〕安大会：《完译正本择里志》，《卜居论序说》，人文主义（Humanist）出版社，2018，第227页。
② 虽然地理、生利、人心、山水都与风水有关，但是因为这里主要聚焦于空间，所以以地理为主。
③ 〔韩〕李滉：《退溪集》卷3《陶山杂咏【并记】》。
④ 〔韩〕李滉：《退溪集》卷3《陶山杂咏【并记】》。（"为山不甚高大，宅旷而势绝，占方位不偏，故其旁之峰峦溪壑，皆若拱揖环抱于此山然也。"）

凡八间，斋曰时习，寮曰止宿，轩曰观澜，合而扁之曰陇云精舍。堂之东偏，凿小方塘，种莲其中，曰净友塘。又其东为蒙泉，泉上山脚，凿令与轩对平，筑之为坛，而植其上梅竹松菊，曰节友社。堂前出入处，掩以柴扉，曰幽贞门。门外小径缘涧而下，至于洞口，两麓相对。其东麓之胁，开岩筑址，可作小亭，而力不及，只存其处，有似山门者，曰谷口岩。自此东转数步，山麓斗断，正控濯缨潭上，巨石削立，层累可十余丈。筑其上为台，松棚翳日，上天下水，羽鳞飞跃，左右翠屏，动影涵碧，江山之胜，一览尽得，曰天渊台。西麓亦拟筑台，而名之曰天光云影，其胜概当不减于天渊也。盘陀石在濯缨潭中，其状盘陀，可以系舟传觞。每遇潦涨，则与斋俱入，至水落波清，然后始呈露也。①

陶山书堂由陶山书堂和陇云精舍两幢建筑构成。陶山书堂共3间，中间一间是"玩乐斋"，另一间叫"岩栖轩"。陇云精舍共8间，由时习斋、止宿斋、观澜轩构成。现在的陶山书堂，从陶山书院入口进入，右拐沿石墙向南走即到。在低低的基坛上，正面三间，侧面一间。东侧一间是走廊，中间一间是客房，西侧一间是厨房。走廊上悬挂"岩栖轩"的匾额，暖炕间上悬挂"玩乐斋"的匾额，与《陶山杂咏》中记录的一模一样。陇云精舍呈"工"字形，中间四间是暖炕房，称"止宿寮"，前面左右各一间突出来，是走廊，左侧突出部是"时习斋"，右侧突出部是"观澜轩"，似乎完整保留着初创时的规模和基本构成。

退溪非常敬重朱熹（号晦庵，1130～1200），在继承他的学问和思想的同时，通过自身的学习和履历，为朝鲜学术制定了"朝鲜性理学"框架。所以他引用朱熹《名堂室记》中"乐而玩之"之语，悬挂"玩乐斋"匾额，并引用朱熹《云谷二十六咏》中的"自信久未能，岩栖冀微效"，悬挂"岩栖轩"匾额，希望能够像岩石那样长期保持自信。

莲池则取自周敦颐（号濂溪，1017～1073）的《爱莲说》，取名"净友"，幽贞门取自《周易》"天泽履卦"九二爻"履道坦坦，幽人贞吉"。天渊台、濯缨潭、盘陀石、谷口岩等或是陶山书堂之外的天然之物，或是稍做人工修饰的天然之物。可以说，是在天然之物中注入人

---

① 〔韩〕李滉：《退溪集》卷3《陶山杂咏【并记】》。

类想象力，以新视角审视的天然之物。

陶山书堂虽是一座只有 3 间屋子的小型建筑，但在其周围环绕的自然环境中加入了人文元素，体现了退溪实现人与自然和谐统一的理想。这些建筑物由退溪亲自命名，并讴歌其内涵。因此，可以说"退溪并未仅仅把陶山书堂视为一座建筑，而是视之为以建筑为中心形成的人工、人文、天然诸要素的总和"。①

退溪在这样的一个空间里，开心地读书，保持身体健康，俯仰天地自然。② 他把乐山林者分为两大类，并自称努力做后者，③ 表明他怀有把天地自然秩序与人类人为规范合而为一的思想。

三　退溪的教育哲学

退溪自幼丧父，跟随叔父松斋李堣做学问。叔父与父亲一起钻研学问，并不一味追求科举。另外，父亲留下遗志，要求他如果在世上无法实现理想，就招生教授学问。叔父像对待自己的孩子一样，照顾包括退溪在内的兄长的子女，并且为了不让兄长的事业中辍而付出不懈的努力。④ 退溪一直没有忘记继承父亲和叔父遗训培养后学的想法。

退溪在继承父亲和叔父遗训培养后学之际，即使在溪上书堂期间，也并不只是讲解中国经典和性理学，还亲自编撰了《启蒙传疑》《朱子书节要》《自省录》《古镜重磨方》《宋季元明理学通录》等书籍。其中，他在陶山书堂讲学时把《启蒙传疑》作为教材使用。另外，他还特别重视《心经》，其次是《朱子书节要》。因为如果说《心经》是对心学理论和敬工夫一般论的注释的话，《朱子书节要》就是提供人心问

---

① 〔韩〕金东旭：《退溪的建筑观和陶山书堂》，《建筑历史研究》1996 年第 9 期。
② 〔韩〕李滉：《退溪集》卷3《陶山杂咏【并记】》。（"余恒苦积病缠绕，虽山居，不能极意读书，幽愁调息之余，有时身体轻安，心神洒醒，俯仰宇宙。"）
③ 〔韩〕李滉：《退溪集》卷3《陶山杂咏【并记】》。（"观古之有乐于山林者，亦有二焉。有慕玄虚，事高尚而乐者，有悦道义，颐心性而乐者。由前之说，则恐或流于洁身乱伦，而其甚则与鸟兽同群，不以为非矣。由后之说，则所嗜者糟粕耳，至其不可传之妙，则愈求而愈不得，于乐何有。虽然，宁为此而自勉，不为彼而自诬矣。"）
④ 〔韩〕李滉：《退溪集》卷46《先考赠嘉善大夫吏曹参判兼同知义禁府事成均进士赠阴纪事》，《韩国文集丛刊》第30册，民族文化推进会，1989。（"公少与弟堣，笃志力学，博览群书，为文不专事科式……叹曰：苟不得志于世，聚徒授学，可无负吾志……公弟参判堣，又养视教训犹己子，庶不坠先业云。"）

题的解释方略。这就是退溪最重视它们的缘由。① 他的这一教育方法也体现在对书院教学的看法中。

> 若吾东方，则院教新兴，而此典未讲，傥或入院之士，为学之方，不幸而不出于古人为己之学，而惟科目哗竞之事，是尚是务，则虽日从事于书林艺苑之中，而求迹圣贤之门墙，比如适越而北辕，反之于心而无得，揆之于事而太乖，岂不可畏之甚耶？嗟乎，择里择术，孔孟之深戒。为今之士，科举之习，虽不能全废，其视圣贤为己之学，正心修身之道，则内外本末轻重缓急之序，判然如霄壤之不侔矣。②

退溪注意到朱熹在书院里的讲学活动，也把自己的书院论写入岭南各地的书院记文中如《伊山书院记》《迎凤书院记》《研经书院记》《易东书院记》等。③ 退溪认为，虽然书院兴起，但不幸的是大家都只埋头竞争科举。他主张，只有研究古人的为己之学和正心、修身的方法，才能明确本末、轻重、缓急。

之所以如此强调书院的讲学活动应以为己之学和心性修养为中心，是因为当时郡县的学校里仅设置了文具，并未采用贤士们提倡的国学，其教育方式已经崩塌。书院之于退溪，其存在的理由是为了弥补学政的缺陷。他坚信，通过书院教育，让学子们有所归依，只要士风大变，则习俗会日渐美好，王道的教化就会实现。④

书院设"洞主"或"山长"，由他们担任老师负责教学工作。退溪强烈主张，虽然老师不是官员，但必须选拔才德、名望、实状均出类拔萃，堪为一世之师表者。他担心，作为乡校的教授和训导，如果选拔的

---

① 〔韩〕李炳勋等：《从朝鲜书堂中学到的社会教育智慧》，新浪潮，2018，第111～112、123～124页。

② 〔韩〕李滉：《退溪集》卷42《迎凤书院记【后记】》，《韩国文集丛刊》第30册，民族文化推进会，1989。

③ 《伊山书院记》《迎凤书院记》《易东书院记》记载于《退溪集》卷42，《研经书院记》记载于《退溪集》卷43，以《书李大用研经书院记后》为名记载。

④ 〔韩〕李滉：《退溪集》卷9《上沈方伯【通源○己酉】》，《韩国文集丛刊》第29册，民族文化推进会，1989。（"滉窃见今之国学，固为贤士之所关，若夫郡县之学，则徒设文具，教方大坏，士反以游于乡校为耻，其顽敝之极，无道以救之，可为寒心。惟有书院之教，盛兴于今日，则庶可以教学政之缺。学者有所依归，士风从而不变，习俗日美，而王化可成。其于圣治，非小补也。"）

人无法胜任，反会有损书院。① 这是与乡校的区别。

退溪不仅追求为己之学和心性修养，还喜欢追求山林之乐。他认为，山林能根治顽疾，放下担忧，使他安度晚年。他在很多地方都将此称为"山林之乐"。② 如前所述，正因为退溪追求人与自然合一，才可能怀有这种想法。

> 人心备体用，该寂感，贯动静，故其未感于物也，寂然不动，万理咸具，而心之全体无不存。事物之来，感而遂通，品节不差，而心之大用无不行。静则寂而未发之谓也，动则感而已发之谓也。人之所以参三而立极者，不出此两端而已。③

这可以说是对享受自然之乐、陶冶自己的人格、修养心性这些性理学主要概念的解释。他对此进行了综合描述，认为人心具备体用，将其状态分别描述为"寂然不动"和"感而遂通"，以及心的"静时未发"和"动时已发"，综合表达了由天、地之自然与人构成的"三才"标准。

退溪的这种思想还体现在了给宣祖的上疏中。他提出的到达极致境界的方法是，穷究自然法则之"所以然"和人类法则之"所当然"，反复深潜其心，玩索、体认。随着日深月久，功力渐深，就会在自己也不知道的情况下忽然解决，达到"豁然贯通"。这时才明白"体用一源"和"显微无间"的内涵。这就是退溪内心的"真知"。④

退溪在许多地方提出"玩味""体认"的重要性。他说，"吾心知

---

① 〔韩〕李滉：《退溪集》卷9《上沈方伯【通源○己酉】》。（"滉谨按故事，凡书院必有洞主或山长为之师，以掌其教，此一件大事，尤当举行。但此须择于遗逸之士，或闲散之员，而其人才德望，实必有出类超群之懿，卓然为一世师表者，乃可为之。如不得其人，而徒窃其号，则与今教授训导之不职者无异。"）

② 〔韩〕李滉：《退溪集》卷3《陶山杂咏【并记】》（"向之所谓山林之乐者，不期而当我之前矣。然则余乃今所以消积病，豁幽愁，而晏然于穷老之域者，舍是将何求矣?"）；〔韩〕李滉：《退溪集》卷19《答黄仲举》，《韩国文集丛刊》第29册，民族文化推进会，1989。（"但今南北巨患，不朝即夕，而环顾在我，无一可恃，则山林之乐，亦岂必可保也耶?"）

③ 〔韩〕李滉：《退溪集》卷19《答黄仲举》。

④ 〔韩〕李滉：《退溪集》卷6《戊辰六条疏》，《韩国文集丛刊》第29册，民族文化推进会，1989。（"莫不穷其所当然与其所以然之故，沉潜反复，玩索体认而极其至。至于岁月之久，功力之深，而一朝不觉其有沛然融释，豁然贯通处，则始知所谓体用一源，显微无间者，真是其然，而不迷于危微，不眩于精一而中可执，此之谓真知也。"）

觉处，玩味体认，出正意思来，方见得真实无差"。① 他还说，"学者可不体认而扩充之乎？"② 他还说，"为学须如此体认出来，而又加以涵泳玩味之久，自然有会于心而有悦豫处，方是心得也"。③

总而言之，退溪教育哲学的目的是追求自然与人的合一，强调为此必须通过心学体认天理。这正是他如此重视书堂和书院建设的原因。对于批判追求在科举中立身扬名的世风的退溪来说，通过"心得"获得"真知"和社会实践才是重要课题。另外，他还主张，社会天理的目标是实现以"孝、悌、慈"为代表的人伦。

四　陶山书堂的体验战略

通过以上内容，我们对陶山书堂的建筑空间和退溪的教育哲学有了大致了解。那就是，作为旨在实现我的人生我做主的学问的"为己之学"，作为为己之学修养方法的"心性修养"，以天地为代表的自然与向自然靠近的人的努力，即希望达到平等对待作为自然法则之"所以然"和作为人类法则之"所当然"的"天人合一"境界，以及实现这一目标的工夫方法论——"体认"和"玩味"。

在此基础上，本节以空间型内容为视角，思考陶山书堂作为儒教文化资源所能够采取的体验战略。首先，让我们思考一下空间型内容通过空间实现内容流通和消费。陶山书堂现位于庆尚北道安东市陶山面陶山书院路154号，实行年中无休制，随时可去观览。如果预约了文化观光解说员，还可听到详细解说。陶山书堂就在陶山书院内。

在从安东市到陶山书堂途中，有光山金氏的古宅集成村——君子村，游客可在此食宿，体验古宅。在那里可以观览被指定为国家级文化遗产的"濯清亭""后雕堂"等朝鲜王朝时期儒学家庭的儒教文化资源。再走一点就可以看到退溪的高徒——月川赵穆（1524～1606）培

---

① 〔韩〕李滉：《退溪集》卷14《答李叔献问目》，《韩国文集丛刊》第29册，民族文化推进会，1989。

② 〔韩〕李滉：《退溪集》卷17《重答奇明彦》，《韩国文集丛刊》第29册，民族文化推进会，1989。

③ 〔韩〕李滉：《退溪集》卷35《答李宏仲问目》，《韩国文集丛刊》第30册，民族文化推进会，1989。

养后学、修学的月川书堂。月川书堂的匾额为退溪手书。

再往前走一点，便可以看到韩国国学振兴院。这里保存着"儒教册版"和"岭南万人疏"等联合国教科文组织指定的世界遗产，是一个集调查、搜集、保存、研究国学资料于一体的机构。作为保存国学资料最多的代表性机构，韩国各地的自治团体都将其视为振兴国学的标杆。这里保存的儒教文化资源尤其丰富，国学研究、古典翻译、数字国学、教育研修、"美丽故事奶奶事业"、展览、受托事业、档案遗产登记挖掘等韩国国学全部领域的各项工作都在此开展。

经过陶山书堂，翻过陶山，退溪宗宅和陶山书院士文化修炼院就坐落在那里。在退溪宗宅内，可以拜见第16代宗孙李根必翁，听他讲退溪家族的日常生活故事。陶山书院士文化修炼院面向中小学生、大学生和一般人开展教育活动。

上文我们提到，陶山书堂的区位条件非常契合风水地理，其建筑方式朴素、质朴。把陶山书堂置于其内的陶山书院是退溪的弟子们修建的空间，在那里可以感受到退溪以及他的门人的学问和思想。以陶山书堂或陶山书院为中心轴，下方是君子村和月川书堂、韩国国学振兴院，上面是退溪宗宅、陶山书院士文化修炼院。可以说，这里有能够将过去、现在和未来尽收眼底的非常具有代表性的韩国儒教文化资源。把这些场所由点而扩展到线、面，就能够打造出可名为"士文化巡礼路""文人巷漫步"的空间型内容。

由于空间型内容不是由不特定的虚拟空间，而是由特定现实空间构成的，所以能够进行实际的内容创作。这一部分应与今天正在走向现实的"元宇宙"结合。上面提到的陶山书堂和其他儒教文化资源，现在都可以登录官网浏览空间和内容，已然成为一种媒体元素。应当把它们在虚拟世界中进一步向前推进，使之扩展到能够开展社会、经济活动的网络空间——元宇宙中，同时实现与现实空间的融合。

有一点很重要，就是空间型内容需要消费者花时间亲自到现场。因为所谓现场感、场所感给访客带来的感受是无法替代的。但是，如此则需要制定丰富的宣传和营销策略。在陶山书堂前面宽阔的洛东江上开展丰富多彩的休闲活动也是一种有意义的尝试。因为游客可以同时在那里享受山与水的乐趣。这样，陶山书堂提供士文化教育体验，洛东江则可以提供休闲乐趣。士人不是只会写文章，他们也热爱风流。大家可以想象一下江上泛舟，遥望山水，开怀畅饮的景象。

空间型内容还有一个特点，就是消费费用比其他内容要高，因为首先需要亲临现场体验。这就需要开发极富魅力的内容，才能吸引人们花时间和金钱亲自前来。其中最重要的就是把故事具象化，能够让人享受各种体验。最好是故事具象化与士文化体验共同进行。最具代表性的是茶道体验、国乐体验、民画体验、饮食体验等。当然，也需要通盘考虑礼节体验、谒庙体验等具有教育意义的策略。

现在出现一种新的流行趋势——追溯（retro）。它是表示"追忆、回想、回顾"之意的英语单词"retrospect"的缩略词，指的是再现过去传统，现在经常使用"追溯感性"的说法。现在经常看到男男女女老老少少，穿上韩服，戴着纱帽，在能够追溯过去的场所，在本文提到的儒教文化资源现场拍照并上传"照片墙"的场景。如果把这些元素也考虑进来，充分发挥陶山书堂作为空间型内容的作用，就能让陶山书堂作为更有意义的现代空间获得重生。

现在也依然保存着包括陶山书堂在内的陶山书院的相关画作。《陶山书院图》是李澄（1581～?）的作品，描绘了陶山书院一带的风光。《李文纯公陶山图》是金昌锡所画，《陶山书院》是郑鄹（号谦斋，1676～1759）所画，另一幅《陶山书院图》是姜世晃（号豹庵，1713～1791）以卷纸的形式描绘的陶山书院周边的景物和园林。[①] 后代的王和士大夫都希望能够记住、重现退溪的陶山书堂，不仅是先正退溪，他们也想共享他营造、生活过的生活空间。这些生活空间的留白全部被自然景观填满。他们不仅想共享退溪的学问、思想，也想共享退溪享受过的山林之乐。退溪之后所画的各种陶山图也可以是一种想象空间，可以把它们作为空间型内容之一。

包括陶山书堂在内的各种儒教文化资源受到特定地区的经济、文化、自然环境等因素的影响。陶山书堂与河回村一起，受到庆北安东这个地方的经济、文化、自然环境等因素相当大的影响。这个韩国面积最广，被大山包围的自然环境具有强烈的独立性。其能够保存韩国最多的传统文化资源的原因也在于此。

---

① 〔韩〕崔宗贤：《古典中显现的陶山书堂的营造思想研究》，《韩国都市设计学会报》2005年第6期。

能够同时长久保存大韩民国的传统文化和物质文明是一大特长，但与其他地区相比，其也有物产贫乏、经济实力不足的一面。为了解决这些问题，必须搞活文化观光，而要搞活文化观光，就必须进行内容开发。安东是韩国非常具有代表性的观光型城市，有佛教文化资源——凤停寺，有儒家文化资源——陶山书院等世界文化遗产。其中，最能代表安东的空间还是陶山书堂。

结　语

朝鲜王朝时期的书院一般由祭祀先贤的祭享空间、学习经籍的讲学空间、负责支持与管理祭享和讲学的附属空间，以及从外部进入书院的进入空间和书院的周边空间构成。其中，祭享空间、讲学空间和附属空间，被建筑物和围墙环绕，形成固有空间。这就是"前学后庙"布局。① 陶山书院也是如此。

坐落于陶山书院院内的陶山书堂可以说是退溪追求天人合一思想的体现，因为这里贯穿了他的建筑营造和自然经营思想。陶山书堂是一处藏修与游息合一之所。因为在风景秀丽的自然中可以获得健康，身体健康则可尽情读书、学习。尤其是陶山书堂的建筑风格质朴高雅，这一点表明退溪的建筑营造和自然经营思想忠实地反映了性理学之精神。

主张成为事物主体而非客体，追求提升自我品格的为己之学的退溪不仅是为了自己的学习，更是为了继承父亲和叔父的遗训，培养后学才建造了陶山书堂。为己之学通过心学展开，通过心性修养进步。心性修养以体认天理为目标，当然是以朱子学工夫为基础的。

退溪不仅讲授四书三经，还通过对《近思录》《心经》《朱子书节要》的讲解，向弟子们传授朱子学精髓，让他们不埋没于科举，而是专心为己之学。他还编写《近思录》，让弟子们一一寻找能够自我反省的点。退溪尤其重视"敬工夫"，这一点通过退溪学问之集大成著作——《圣学十图》可知。

能够象征退溪学问和思想的空间就是陶山书堂，它也是过去、现在

---

① 〔韩〕李相海：《陶山书堂和陶山书院反映出的退溪书院建筑观》，《退溪学报》2001 年第110 期。

和未来儒教文化资源的象征空间。把陶山书堂作为空间型内容进行思考的原因也在于此。陶山书堂是退溪提出儒学理念、愿景的教育空间，是能够学习自然的生态空间，也是郑鄝和姜世晃以实景作画的美学空间和儒教文化资源宝库的文化空间。

如果仅局限于儒学空间，那么，陶山书堂就是一个退溪希望把舜帝和陶渊明的自然观、人类观同时纳入其中，实现其天人合一思想的空间。退溪理想中的陶山书堂是一个日常繁荣的共享空间，是一个鸢飞鱼跃的世界，即一个能够体认天理流行的空间。它既是一个能够治愈病弱身躯的游息空间，也是一个向自然学习的藏修空间。

经营陶山书堂培养后学的退溪，他的思想到底有哪些内容？通过以下诗句，对退溪思想进行合理推想也似乎是一件很有意义的事件。

我思在何许
岩花开处开
故园非不好
春色总心灰

我思在何许
岩泉鸣处鸣
故林非不好
寒濑自愁声

我思在何许
松冈秋月圆
故溪清夜景
怊怅露华鲜

我思在何许
终南春色青
故山虚翠积
倚杖望玲珑

（责任编辑：秦树景）

勾勒"传统"：欧洲汉学学术传统一瞥

摘　要　海外汉学研究，尤其是欧洲汉学研究，亟须完成勾勒传统这一基础任务。长久以来在认识接触海外汉学的过程中，有学者无意中陷入"自我—他者"的认知建构情境，以"他者"看待海外汉学，导致各汉学传统的异质性在一定程度上被忽视，系统梳理工作尚未完全展开。应当努力悬搁此种认识框架，尊重各汉学传统的内部异质性，从其学术流变入手，总结学术传统。从戴闻达的履历及当时汉学研究的基础设施出发，早期欧洲汉学可视作一个相对统一的学术传统，从其著作中可以发现这一传统有着鲜明的共同体意识，以"朴学—翻译"为方法落实其对"文本—作者"的高度重视。早期欧洲汉学传统与中国同期研究路径相似，且双方有对话，有共同发展学术的意识，足以证明应当冲破"自我—他者"固化思维，广泛开展对话，"如其所是"看待海外汉学不同分支的学术传统。

关键词　欧洲汉学　学术传统　戴闻达　共同体意识

　　李学勤在"列国汉学史系列丛书"总序中提出，海外汉学是在国际上进行的以中国为对象的研究。由此确立的是以地理位置为轴线区分中国学界与国际学界这一对概念组，但究竟地理位置的不同意味着什么，研究对象的相同又对中国学界与国际学界有什么确切影响，李学勤的定义与其说是盖棺定论，倒不如说只是一种启发。到底什么是海外汉

＊　汪培玮，武汉大学哲学学院博士研究生，主要研究方向为海外汉学。

学？海外汉学应当研究什么？海外汉学与中国大陆学术究竟有何关联？这一系列问题亟须回答，以具体阐明海外汉学的属性和特质。

一 "自我—他者" 思维与汉学研究的 "主导性"

在中国学界与国际学界的二分之下，隐藏着一种自我与他者（self and other）的二分建构，"自我"为确立自身不得不依赖一个"他者"的介入。在实际操作中，往往观察到的是一种对"自我"的争夺。确切而言，此处的"自我"已然演变成一种"正统"，既而与"合法性"相关联。海外汉学家往往借"批判审视"的名义，暗示自己与疑古思潮的关联，又不断强调疑古思潮直接脱胎于清代朴学传统，进而彰显自己研究的可靠与可信度。[①]

中国学界往往认为自己不必与外人争夺什么"主导"，"我"就在这片土地上，"我"还用着中文这门古老语言的现代遗存，"我"还浸润在尚未消散的文化传统之中，"我"本来就真正了解"自己"的语境。理所当然，"我"本就是正统的赓续。在"自我"与"他者"这个对子下，二者的内部异质性让位于叙事的整体性维系。"自我"当然是铁板一块的整体，而"他者"自然也可一概论之。对于"自我"而言，"他者"除了确立自身外唯一存在的必要就是被享用，被吸纳为"自我"的一部分。[②] 站在海外汉学的立场上，中国学界作为"我"的"他者"，只是推进"我们"发展的原料，又或是一个"现身说法"的"学术异端"。[③] 站在以中国学界为"自我"的立场上，这个"自我"显得尤为割裂，或是至少不稳定。部分学者好像把海外汉学当作了"指明灯"，葛兆光就曾指出，我们对于海外汉学模仿太多，"西方风气一来，人们就会觉得很新，有点像时装潮流一样，仿佛越新越好，一看到西方的新方法、新理论，经常会有一种震慑感，于是无法在平等的平台上彼

---

① 这一观点受到哈佛大学荣休教授、莱顿大学汉学研究院前院长伊维德（W. L. Idema）的启发。

② 〔法〕伊曼努尔·列维纳斯：《时间与他者》，王嘉军译，长江文艺出版社，2020，第 57 页。

③ 参见 Donald Harper, "The Sexual Arts of Ancient China as Described in a Manuscript of the Second Century B. C.", *Harvard Journal of Asiatic Studies*, Vol. 47, No. 2, 1987, pp. 539 – 593.

此对话、互相批评"。①

　　盲目跟从海外汉学往往缘于"自我"的脆弱，不过即使是正常的"自我"，其天然的膨胀倾向也无助于如实接受海外汉学。不少海外汉学家谈及中国学者不愿正视海外汉学的成果和对研究思路的建议。梅约翰（John Makeham）就曾经指出某些中国学者用文化民族主义式（cultural nationalist）的想象替代具体论证。② 无法否认的是，很多汉学家认为自己的成果并没有得到应有的回应。柯马丁（Martin Kern）在反思早期中国研究时就曾一针见血地指出，"自我—他者"式的认知建构往往只服务于虚假的身份认同。他详细描述了针对海外汉学的几种常见边缘化策略：一是漠视国外学术成果，二是抗拒外语学习，三是沉浸在某种特殊论的幻想中，拒绝与其他同时期文明做比较，"其结果就是形成一种防守性的、本土主义的、自我边缘化的、单语主义以及单一文化的学术"。③ 杰西卡·罗森（Jessica Rawson）也在访谈中谈到她在中国缺乏"针锋相对的交流"。④

　　海外汉学与中国学界交往繁复，无法一一列举，其中隐现着"自我—他者"的认知建构。需要明确，这种范式永远潜藏着以忽视、牺牲异质性来实践、实现自我建构与认同的暗流。换言之，"自我"与"他者"在一场无休无止的"自我"争夺战中；"自我"永远都在他者化"他者"以确保"自我"是"自我"。然而，究竟"自我"是不是铁板一块的"自我"，"他者"是不是整齐划一的"他者"，这种范式并不支持进一步的讨论。反映在具体的海外汉学研究方法中，往往能够观察到这两种现象：一是反复强调海外汉学的他者性，反复强调"他山之石"；二是缺乏对海外汉学各分支不同学术传统的系统梳理。

① 葛兆光：《海外中国学本质上是"外国学"》，搜狐网，2018 年 12 月 24 日，https：//www. sohu. com/a/284145827_176673，最后访问时间：2022 年 10 月 22 日。

② John Makeham，"A Critical Overview of Some Contemporary Chinese Perspectives on the Composition and Date of *Lunyu*，" in Michael Hunter and Martin Kern，eds.，*Confucius and the Analects Revisited*，Leiden：Brill，2018，p. 24.

③ 〔美〕柯马丁：《超越本土主义：早期中国研究的方法与伦理》，《学术月刊》2017 年第12 期。

④ 参见陈民镇《对于海外中国学，我们所知有限：由汪荣祖教授新文引发的思考》，澎湃网，2020 年 7 月 20 日，https：//www. thepaper. cn/newsDetail_forward_8261368，最后访问时间：2022 年 10 月 22 日。

非常遗憾，葛兆光反对亦步亦趋、为中国学界注入自主性的尝试很有可能变相助长了第一种现象。葛兆光强调"外国的中国学虽然称作'中国学'，但它的本质还是'外国学'……其问题意识、研究思路乃至方法常跟它本国的、当时的学术脉络、政治背景、观察立场密切相关。所以我们第一步就应该把'中国学'还原到自己的语境里去，把它看成该国的学术史、政治史、思想史的一个部分，不要以为他们和我们的研究是一回事"。① 葛兆光的论述指出海外汉学有自己的生长语境，但他的论述稍加演绎就会变成"海外汉学与我们完全不同，故而我们没有必要在自己的语境中认真对待它们，更没有必要回应"的封闭主义立场。如果说葛兆光的论述还提供了方法论的见地，某些学者使用的"他山之石"表述更是隐形地前置了一层价值判断。他们实际上想说的是"他山之石可以攻玉"。海外汉学最多就是他山的石头，而中国内部研究才是"玉"，石头与玉孰轻孰重自是不必多言。以这种有色眼镜看待海外汉学，就变成了拿着放大镜找一些细枝末节的错误，然后得到"海外汉学大多谬误，大可不必认真对待"的结论，忽视其对整体性框架变更的贡献。显而易见，这并不是一种正视的目光，更不是一种对话的姿态。

葛兆光给出的启发是，要看到海外汉学具体的学术传统，需要深度进入海外汉学作品的生成脉络之中，仔细总结分析究竟一个学术传统是什么形态，受到什么启发，与谁互动。可惜的是，国内学界尚未系统探索过究竟海外汉学存在多少种学术传统，究竟应该用时间序列还是用地域划分学术传统。

阎纯德认为，汉学可笼统地分为"传统汉学"和"现代汉学"，传统汉学以法国为中心，现代汉学则主要是指20世纪中期以后在美国进行的中国研究。② 诚然，这种分类提供了一种把握汉学的方式，但将地域的不同直接杂糅进时间序列之中是否明智可取，要进一步研究才能整体判断。最为美中不足的是，阎纯德并没有回答什么是传统汉学的特征、什么是现代汉学的特征、现代汉学到底是怎样扬弃传统汉学的等一系列基础问题。何寅与许光华主张直接以地域为划分标准。在他们看

---

① 葛兆光：《海外中国学本质上是"外国学"》，搜狐网，2018年12月24日，https://www.sohu.com/a/284145827_176673，最后访问时间：2022年10月22日。

② 熊文华：《荷兰汉学史》，学苑出版社，2012，第12~13页。

来，在西欧的自然是欧洲汉学，在美国的自然是美国汉学。他们认为当时的汉学"四分天下"，"西欧、美国、日本和苏联各占一方"。① 以地域为划分标准貌似更加简单明确，但是，需要强调的是地域与学术传统之间只存在若即若离的关联，不存在决定性关联。一个欧洲学者完全可以参照美国汉学的模式书写，美国学者也完全可以因仰慕欧洲汉学模式而复刻欧洲模式。② 上述分类之所以不能尽善尽美，根本原因就在于没有意识到学术传统是不可以直接化约进时空范畴的，传统有其自身张力，时空范畴只有在经过反思后才能有助于对传统进行解蔽。需要首先进入的还是汉学家的具体著作。

以荷兰汉学为例，相关研究往往采用谱系叙述方式，即以莱顿大学汉学研究为中心历数一代代汉学家的相关成果，对其生平、就职、著作等外部信息如数家珍，但对具体汉学家写作的体例、主旨、论证方法则语焉不详。③ 熊文华介绍莱顿大学汉学研究院创始人戴闻达时，详细叙述他的师承及随荷兰使团在北京访问的经历，而对他在荀子与近代史上的学术贡献仅仅点到为止，往往简单复读戴闻达在《通报》上发表的文章的标题。④ 直接以戴闻达为对象的研究，目前来看仅有一篇，即从翻译视角对比他和尤锐（Yuri Pine）对《商君书》的翻译用语。⑤ 用语的不同的确需要探讨，但从海外汉学自身脉络来看，戴闻达或尤锐不会认同自己完成的主要工作是"翻译"，"评述"（a critical edition）可能会更加妥善地描述他们的工作性质。需要指出，翻译视角是"自我—他者"建构的某一变形，翻译成立的前提是有一母体、作为母体的"自我"和作为译本的"他者"，以"自我"评校"他者"，"他者"已经作为一种"自我"的资源被享用，很难想象以此种视角可以完成以汉学看待汉学、进入汉学脉络中看待汉学这一急迫任务。

---

① 何寅、许光华主编《国外汉学史》，上海外语教育出版社，2002，第 5 页。
② 例如康思奇（Louis Komjathy）受训于北美传统，其博士学位论文写作却选用欧洲传统模式。参见 Louis Komjathy, *Cultivating Perfection: Mysticism and Self-Transformation in Early Quanzhen Daoism*, Leiden: Brill, 2007。
③ 徐文堪：《也谈荷兰的汉学研究》，《传统文化与现代化》1993 年第 5 期；王筱芸：《荷兰莱顿大学汉学研究群体综述——以 20 世纪 80 至 90 年代为中心》，《国际汉学》2011 年第 1 期；秋叶：《荷兰莱顿大学的汉学研究》，《国际汉学》2016 年第 3 期。
④ 参见熊文华《荷兰汉学史》，第 144～146 页。
⑤ 戴拥军：《〈商君书〉在英语世界的译介与传播研究》，《翻译与传播》2021 年第 1 期。

二　早期欧洲汉学传统再讨论

在具体讨论早期欧洲汉学传统之前，有必要先解决三个问题：一是为什么在强调学术传统异质性的同时，可以将欧洲汉学视为一种普遍的学术传统，即为什么可以只讨论早期欧洲汉学这一传统而不用局限地讨论法国汉学、德国汉学、意大利汉学等；二是为什么早期荷兰汉学可在一定程度上折射、代表欧洲传统；三是为什么戴闻达可以极大地代表荷兰汉学。要回答这三个问题，需要回到荷兰汉学的原初时刻与戴闻达的生平。

任何文明与异质文明之间的接触总是从对语言文字的学习开始的，荷兰与我国的交往自然也不例外。[①] 荷兰汉学始于荷兰政府海外殖民地管理需要。印度尼西亚当时是荷兰在亚洲重要的殖民地，同时是我国沿海居民早期下南洋的重要目的地，拥有大批自福建、广东流出的华人人口。[②] 殖民地政府迫切需要与当地华人建立直接沟通，故而宗主国出面培养汉语人才，解决殖民地的沟通问题。[③] 大致可以推断，以荷兰政府官方派遣人员前往厦门学习汉语为标志，荷兰汉学开始缓慢形成。在戴闻达之前，荷兰汉学历经施古德与高延两位汉学家的苦心经营。据包乐史（Leonard Blussé）回顾，在施古德任教期间，虽然官方要求其培养翻译人才，但他实际上培养的是对中国有浓厚研究兴趣的学者，这一传统和方案在很大程度上被高延所继承。[④] 荷兰汉学自一开始就高度集中在莱顿大学一所研究机构中，而在施古德与高延执掌教鞭时期，莱顿汉学尚未完全形成建制，较多依赖以单一教师为枢纽的紧密师徒制。

---

① W. L. Idema, "Chinese Studies in the Netherlands," *Chinese Studies in the Netherlands*：*Past*, *Present*, *and Future*, Leiden：Brill, 2014, p. 4.

② W. L. Idema, "Chinese Studies in the Netherlands," *Chinese Studies in the Netherlands*：*Past*, *Present*, *and Future*, Leiden：Brill, 2014, p. 3.

③ W. L. Idema, "Chinese Studies in the Netherlands," *Chinese Studies in the Netherlands*：*Past*, *Present*, *and Future*, Leiden：Brill, 2014, p. 5.

④ Leonard Blussé, "Of Hewers of Wood and Drawers of Water：Leiden University's Early Sinologists (1854 - 1911)," in W. L. Idema, ed., *Chinese Studies in the Netherlands*：*Past*, *Present*, *and Future*, Leiden：Brill, 2014, p. 29.

伊维德指出，莱顿汉学经历过一段缓慢的爬坡期，学者们慢慢从对汉语的语言学习过渡至对清代朴学的欣赏。[①] 也就是说，莱顿学者逐渐获得了较高的汉语水平，逐渐参与汉语世界学术讨论而不是仅仅掌握一门语言。在田海（Barend ter Haar）看来，戴闻达的作用，就是促成了这一转型，并且将重视文本、重视朴学这两大特色深度嵌入莱顿汉学这一学术传统之中。在戴闻达任内，莱顿汉学逐渐突破单一教师师承模式，逐步形成汉学院建制及建立了汉学图书馆。戴闻达任教莱顿大学期间正值第二次世界大战，在他的苦心经营、反复周旋下，虽然莱顿大学被迫中止教学，但学脉未断，其基础与积累也基本无恙。应该说，戴闻达执教的 20 余年奠定了莱顿汉学后续发展的基础。田海将这 20 余年形容成莱顿汉学的戴闻达时代（The Duyvendak Era），可见他在莱顿汉学谱系上举足轻重、深远持久的影响。[②]

戴闻达的学术兴趣大致有两次转换，第一次是从荷兰语言文学转换至对中国的兴趣，第二次是从现代中国切换至古代中国。1908 年戴闻达初次注册学生身份，主修荷兰方向（dutch studies），探索本土语言与文学，但很快就被中国这片遥远的土地所吸引，转投高延门下专攻汉语。官方记载显示，戴闻达于 1910 年正式更换专业，然而据田海考证，同年 9 月戴闻达前往法国师从沙畹，若是 1910 年才转换专业，理应无法当年前往巴黎，故而戴闻达应该在 1910 年前就已完成专业更换学汉语言文学。1911 年戴闻达从巴黎返回莱顿，此时高延已离开莱顿前往柏林，戴闻达又前往柏林。随高延学习六个月后，1912 年戴闻达赴北京实地学习。[③] 1912～1918 年他担任荷兰使团的翻译，与北京各界广泛接触。这一时期，他以荷兰语积极写作，向荷兰引介新文化运动以及张勋复辟等中国时事。若是单从戴闻达用荷兰语写作的作品来看，或许对他更恰当的评价恐怕不是"一代朴学大师"，而是"积极的时代观察

---

① W. L. Idema, "Chinese Studies in the Netherlands," *Chinese Studies in the Netherlands*: *Past*, *Present*, *and Future*, Leiden: Brill, 2014, pp. 6 – 7.

② Barend ter Haar, "Between the Dutch East Indies and Philology (1919 – 1974)," in W. L. Idema, ed., *Chinese Studies in the Netherlands*: *Past*, *Present*, *and Future*, Leiden: Brill, 2014, p. 69.

③ 参见 Barend ter Haar, "Between the Dutch East Indies and Philology (1919 – 1974)," in W. L. Idema, ed., *Chinese Studies in the Netherlands*: *Past*, *Present*, *and Future*, Leiden: Brill, 2014, pp. 70 – 71。

者"（a keen observer of his time）。[1]

正当人们以为戴闻达会持续在中国近代史研究上发力时，他突然第二次转向，朝先秦走去，朝中国哲学走去。1924年，戴闻达出版《景善日记》全新译本，进一步引发有关义和团运动的讨论；同年，他在《通报》上发表关于荀子"正名"的文章；1927年，他更是凭借对《商君书》的研究一举获得博士学位。[2] 至此，戴闻达在汉学界证明了自己的实力，一代比肩巴黎、柏林的朴学大师挺立在莱顿汉学的谱系上，他的"时代"在极大程度上奠定了莱顿传统的后续取向。戴闻达的履历以及田海的回忆直观地回答了本节开头的第三个问题，亦隐藏着可以回答前两个问题的线索。

其一，早期欧洲汉学的确是多中心的，但各汉学研究机构存在大范围的、密切的人员交流，巴黎、柏林、莱顿等皆拥有当时赫赫有名的汉学研究机构。傅斯年与胡适的来往信件中屡次提到巴黎、柏林的汉学研究做得极好，需要追赶。[3] 戴闻达在转学汉语言文学不久后既可前往巴黎师从沙畹，返回莱顿后又可自由地跟随其师高延前往柏林学习，可见当时欧洲大学制度相当宽容，可提供广泛的学术交流机会，且不强调在某一特定大学接受完整教育。从莱顿大学历史上所聘教授来看，当时教师层面也有较大流动性。莱顿大学历任教授均经常收到其他学校邀约，其中不乏改任的先例。[4] 施古德拒绝柏林与美国哥伦比亚大学的邀约留任莱顿，高延先后在莱顿与柏林任教，戴闻达受聘后也拒绝哥伦比亚大学终身教职邀约。由此可见，教授的流动也相当频繁，一位教授的影响力、研究范式往往不局限于一所学校、一个国家，会通过跨地域学术网络不断产生回响。如此频繁的交流必然意味着有强大的共同体意识，而伴随着共同体的诞生，必然有一套共享互认的学术规范、学术体系、学

---

[1] Barend ter Haar, "Between the Dutch East Indies and Philology (1919–1974)," in W. L. Idema, ed., Chinese Studies in the Netherlands: Past, Present, and Future, Leiden: Brill, 2014, p. 73.

[2] J. J. L. Duyvendak, "Hsün-Tzu on the Rectification of Names," T'oung Pao, Vol. 23, No. 1, 1924, pp. 251–253; J. J. L. Duyvendak, The Book of Lord Shang: A Classic of the Chinese School of Law, London: Arthur Probasthain, 1928.

[3] 参见王汎森《中国近代思想与学术的系谱》（增订版），上海三联书店，2018，第468页。

[4] W. L. Idema, "Chinese Studies in the Netherlands," Chinese Studies in the Netherlands: Past, Present, and Future, Leiden: Brill, 2014, p. 9.

术倾向，因此早期欧洲汉学家之间如此高强度的交流必然指向一个普遍的早期欧洲汉学学术传统。

其二，早期欧洲汉学界有共同的沟通平台《通报》。1890 年施古德联合亨利·柯蒂埃（Henri Cordier），依托博睿（Brill）出版社当时拥有的汉字活字，创办《通报》（T'oung Pao），此后该杂志一直是海外汉学乃至整个亚洲研究最为显赫的期刊之一。在很长一段时间内，《通报》都由巴黎与莱顿联合主编，凭借这一刊物，莱顿汉学与巴黎学界密切合作，共同形塑了欧洲汉学的中心，播散了他们所认同的学术方法。戴闻达的论文频繁见于《通报》，可谓是稳定地向欧洲汉学输出莱顿方法，又通过《通报》当时巨大的影响力辐射整个学界。广泛而活跃的人员交流加上共同刊物，使早期欧洲汉学拥有一套共享的学术范式，或许这个范式内部是复调的（plural）。

三　共同体意识与"文本—作者"中心

戴闻达著述颇多，横贯中国古今，荀子及《商君书》相关研究是其一生治学浓墨重彩的一笔，也是确立其作为一代汉学大家地位的力作。故而，本文主要依据戴闻达在《通报》上发表的"Hsün-Tzu on the Rectification of Names"（《荀子的正名》）一文与其获得博士学位的 *The Book of Lord Shang*：*A Classic of the Chinese School of Law*（《商君书：中国法家经典》），开展早期欧洲汉学学术传统提炼工作，通过此两例可一窥早期欧洲汉学传统的局部。

首先，戴闻达相关研究的一大特点是明确清晰的共同体意识、对话意识，且这个共同体是包括同期中国学者的。上文提到，当时中国学者如胡适、傅斯年认为欧洲汉学是需要被追赶的，而戴闻达的著述更可反向证明欧洲汉学亦重视中国同期学者的成果。戴闻达在《荀子的正名》一文中首先总结了他的欧洲同行 [傅吾康教授（Prof. Franke）、遂良神父（Father Wieger）、帕克教授（Prof. Parker）] 已做出的贡献，坦率指出他们的研究就《荀子·正名》这一篇目而言基本是边缘性质的。[1] 接

---

[1]　J. J. L. Duyvendak, "Hsün-Tzu on the Rectification of Names," *T'oung Pao*, Vol. 23, No. 1, 1924, p. 222.

下来，戴闻达反复提及胡适的《先秦名学史》及其英文版总计 35 次。戴文总计 32 页，以简单频率换算，近乎每一页都会在正文或是脚注中提及胡适及其《先秦名学史》。在这 35 次中，戴闻达赞同胡适具体解读或是称赞胡适整体贡献达 14 次，反对某些细节处解读 12 次。戴文经常在脚注中仔细对比《先秦名学史》中英文版对同一处细节的处理，不一致处会重点品评，相同则同时留下中英文版页码以备读者查询。如此频繁且细致的征引，可见戴闻达高度重视胡适相关著作，更说明戴闻达此文就是在与胡适对话，在同一共同体内部协力推动学术进展。

还可进一步发现，在几个关键节点上，戴闻达都采纳了胡适的说法，二人所代表的学术传统在当时应是交融之态，双方的认识基本在同一框架下。比如，戴闻达没有变更荀子其人的断代，也没有否认《荀子》与荀子的关联，同意胡适关于荀子大致在公元前 305 年到公元前 235 的定位。[1] 年代看似是基础性史实，实则直接关涉底层认知框架的形成。断代一致说明戴闻达与胡适对荀子所处时空、面对问题、采用话语等均有大致共识，故而解读思路相似，有"接着讲"的可能。再如，戴闻达援引胡适，认为《正名》是中国逻辑的起点之一但遗憾未结出硕果。[2] 可见，戴闻达与胡适对荀子的理解多有一致之处，二人在同一共同体内部。

戴闻达享誉汉学界的《商君书：中国法家经典》更是明证早期欧洲汉学与中国学界有千丝万缕的关联。戴闻达本打算以荀子为题完成博士学位论文，但听说已有同行做相同工作后，毅然决定更换主题。1926 年戴闻达访问北京时，向顾颉刚提起他的计划，顾颉刚特意赠予他一本《商君书》。[3] 戴闻达在前言中直白地感叹自己很幸运可以从顾颉刚手中拿到最好的底本，并表达了深深的谢意。[4] 应该说戴闻达的成功部分归功于顾颉刚提供的原始材料。在前言中，戴闻达还列举了一系列中国学

---

[1] J. J. L. Duyvendak, "Hsün-Tzu on the Rectification of Names," *T'oung Pao*, Vol. 23, No. 1, 1924, p. 222.

[2] J. J. L. Duyvendak, "Hsün-Tzu on the Rectification of Names," *T'oung Pao*, Vol. 23, No. 1, 1924, p. 223.

[3] J. J. L. Duyvendak, *The Book of Lord Shang*: A Classic of the Chinese School of Law, London: Arthur Probasthain, 1928, p. 8.

[4] J. J. L. Duyvendak, *The Book of Lord Shang*: A Classic of the Chinese School of Law, London: Arthur Probasthain, 1928, p. 8.

者如严复、康有为、梁启超对《商君书》所做的评论，并直言他的翻译将以更加翔实的文本批评（textual criticism）回应上述学者发现的诸多困难。① 可见当时学术成果的互通相当顺畅，中国与海外的中国研究基本在同一语境下互相对话。交流交融是当时的主题，双方皆不认为对方是"自我"的"他者"。这也提示当下学界，作为研究者不可随意默认有一个"他者"相对于中国研究，更不可倚仗这个"他者"的建构而放弃对话。

其次，戴闻达相关研究的另一大特点是以"朴学—翻译"（philology-translation）为方法的"文本—作者"中心。早期汉学家因材料有限，往往采取深耕文本竭泽而渔的手法，在文本与文本作者之间反复探寻、来回校读。"文本—作者"中心并不代表双中心、双重点，而是以文本为核心，对作者的关注辅助于对文本的认识，必须认真对待文本的每一处细节、每一个角落。早期汉学家往往高度重视文本作者的生平，以生平、思想变迁来证明文本的语言运用特征。这一中心在具体操作中则以"朴学—翻译"为具体实践方法。田海在概括莱顿汉学特色时亦提及朴学在整个学术传统中的中心地位。② 此处的朴学不单单包括中国传统意义上的小学（音韵、训诂、文字等），还包括目录学、版本学等方法。加入"翻译"来概括方法并不是自我矛盾地重新建构"自我—他者"，而是为了描述朴学方法的最终呈现。在早期欧洲汉学中，针对某一文本的全新译本往往也是精湛而系统的朴学分析。

戴闻达的《荀子的正名》既是对《荀子·正名》的完整英译，又是对荀子的系统研究。值得注意的是，这篇文章并无偏私。戴闻达认同胡适对逻辑部分的重视，也不偏废对《荀子·正名》中关于政治伦理的讨论。戴闻达在正文部分明言此文是对《荀子·正名》既有研究的补充，是一个全新完整的研究。③ 戴闻达非常重视字的本义、通假，如有转训也一定会在注释中单独列出，如特意列出"铍"应为"鈹"，解

① J. J. L. Duyvendak, *The Book of Lord Shang: A Classic of the Chinese School of Law*, London: Arthur Probasthain, 1928, p. 8.

② Barend ter Haar, "Between the Dutch East Indies and Philology (1919 – 1974)," in W. L. Idema, ed., *Chinese Studies in the Netherlands: Past, Present, and Future*, Leiden: Brill, 2014, p. 69.

③ J. J. L. Duyvendak, "Hsün-Tzu on the Rectification of Names," *T'oung Pao*, Vol. 23, No. 1, 1924, p. 223.

为"涩"，故而在正文中展现的是"roughness"（粗糙）。其中呈现的朴学方法、朴学路径值得留意。

《荀子的正名》一文还保留了戴闻达对句读的处理，如判读"异形离心交喻异物名实玄纽"时，反对胡适"异形离心交喻，异物名实互纽"的句读，力主一破为三、恢复"玄纽"原文，将该句释读为"异形离心，交喻异物，名实玄纽"，他认为最后一个分句应当理解为"命名与现实最终相互交织绑定"。① 此处无意评判哪种句读更有道理，对句读的思考确为早期欧洲汉学中朴学传统的重要面向。

在戴闻达代表作《商君书：中国法家经典》一书中，可以窥探到"朴学—翻译"传统更为深层的细节。此书有两部分：导言与《商君书》翻译。② 导言前三章集中回答与作者相关的问题，勾勒出历史中的商鞅，介绍其生平、经典主张，随后过渡至其所属学派。导言最后一部分描述《商君书》文本相关问题，主要梳理文本传承及文本辨伪。导言看似侧重商君本人，实则还是服务于如何处理《商君书》文本这一根本问题。讨论商君生平时，戴闻达主要依赖《史记》《战国策》相关记录，故而叙述重点相对落在商鞅与秦国崛起之间的关联一侧。③ 戴闻达对《史记》中商鞅的记载基本认同，但也不否认其中可能隐藏着部分历史虚构成分。整体上，戴闻达认为《史记》中的记载在《吕氏春秋》《战国策》中均有印证，应当可信。④ 朴学不仅应用于经典文本辨伪，也应用于人物生平辨伪。

在导言的第四章这种手法更为明显。戴闻达对《商君书》展开了目录学、版本学意义上的追踪。在当下海外汉学中，这种"硬功夫"已相对少见。戴闻达专辟一章系统追踪文本，将广义朴学方法运用直接作为正文。戴闻达首先注意到韩非子征引过一次商君律，又留意到《汉书·艺文志》法家条目中有《商君》二十九篇，在兵书条目中还有

---

① J. J. L. Duyvendak, "Hsün-Tzu on the Rectification of Names", *T'oung Pao*, Vol. 23, No. 1, 1924, p. 229.

② J. J. L. Duyvendak, *The Book of Lord Shang: A Classic of the Chinese School of Law*, London: Arthur Probasthain, 1928, p. 3.

③ J. J. L. Duyvendak, *The Book of Lord Shang: A Classic of the Chinese School of Law*, London: Arthur Probasthain, 1928, pp. 12, 25.

④ J. J. L. Duyvendak, *The Book of Lord Shang: A Classic of the Chinese School of Law*, London: Arthur Probasthain, 1928, p. 25.

《公孙鞅》二十七篇。紧接着，他提到诸葛亮对《商君书》颇为重视，又列举《隋书·经籍志》《旧唐书》《新唐书》《群书治要》对该书的记载，宋代其他私人目录也有涉及，最终以《四库全书总目提要》中的记载结束了《商君书》在目录中的回顾。① 戴闻达的梳理基本参照中国王朝顺序，颇见文献功底，对文本流变掌握颇深。不过，戴闻达也承认这些列举只是为了整体勾勒文本的传承问题。紧接着，进入《商君书》的版本整理。② 戴闻达似并不认为民国与清代在学术上完全断裂，在梳理版本时还特地加上了民国时期的《商君书》。③ 戴闻达的梳理不仅标注版本的出版时间，还包括出版社、出版地以及收入何种丛书等信息，积累之深、材料收集之广，在当下汉学研究中也较为罕见。

导言第四章第二节真实展现了朴学辨伪。戴闻达列举宋人看法，认为《商君书》真伪难断，或是从《史记》有关片段演绎而来，又引《四库全书总目提要》认为《商君书》当为商鞅后学之作，商鞅本人无时间写作如此长篇大论，还提及 H. 马伯乐（H. Maspero）的看法，认为传世本《商君书》是六朝伪作。戴闻达认为《四库全书总目提要》的看法有一定道理，商鞅作为秦国重要的政治家，应当无余力专门著书立说，而 24 篇中所用称呼之杂乱、用词之多变、风格之迥异足以证明《商君书》实际语出多头，部分片段有可能转摘自《史记》等其他文献。④ 戴闻达对文本判读的指导原则大致来自顾颉刚提出的古史层累说，具体到《商君书》的文本上，他认为传世本《商君书》只有原初版本残章断简，后期编者不断增补，纳入许多模仿之作。⑤ 戴闻达参考高本汉整理的语言学规律，发现传世本中确有少数措辞符合六朝用语习惯，可以大概断定《商君书》最终成形于南朝时期。戴闻达对文本中

---

① J. J. L. Duyvendak, *The Book of Lord Shang：A Classic of the Chinese School of Law*, London：Arthur Probasthain, 1928, pp. 75 – 77.

② 此处戴闻达原文使用的 printed edition 实际上是印刷版本的意思，printed edition（印刷）往往与手稿（manuscript）相对，可能并不完全等同于我国版本学意味中的版本。

③ J. J. L. Duyvendak, *The Book of Lord Shang：A Classic of the Chinese School of Law*, London：Arthur Probasthain, 1928, p. 78.

④ J. J. L. Duyvendak, *The Book of Lord Shang：A Classic of the Chinese School of Law*, London：Arthur Probasthain, 1928, p. 81.

⑤ J. J. L. Duyvendak, *The Book of Lord Shang：A Classic of the Chinese School of Law*, London：Arthur Probasthain, 1928, p. 83.

的重复现象也提出了新的解释，认为这往往代表该篇章是后期增衍而成，后人不知当时措辞细节只得重复特定语词。[①] 整体来看，戴闻达通过朴学手段将《商君书》的内在机理及其边界清晰地勾勒了出来。

结　语

把中国学界和国际学界分立为"自我"与"他者"，这种"自我—他者"认知应该为当下中国学界与国际学界缺乏实质性对话负责，也要为至今还未完成对海外汉学学术传统系统性总结这一工程负责。海外汉学研究应对海外汉学有具体而细致的认识，有必要走出"自我—他者"建构，从早期模棱两可的海外汉学分类中推进一步，厘清中国学界与国际学界的具体分野情况。

本文是以戴闻达为主要考察对象勾勒早期欧洲汉学学术传统的一次尝试。早期欧洲汉学并无明显国别界限，各国汉学研究人员频繁流动，又有统一沟通平台，可基本认为有一广受认同的学术传统、学术规范。荷兰位于法德两个主要汉学研究地之间，荷兰师生与法德甚至瑞典交流密切，故而以荷兰汉学窥见早期欧洲汉学学脉应有相当可取性。戴闻达高度影响荷兰汉学传统，故可从其著作中提炼学术传统。通过分析可以发现，早期欧洲汉学有强烈的共同体意识，该共同体包括当时中国学界，在一些基本框架上与中国当时认知无异，双方密切沟通，集共同体之通力推进学术研究。同时，早期欧洲汉学在方法论旨趣上往往以"文本—作者"为中心，强调对单一文本的深度挖掘，具体方法上强调"朴学—翻译"的学术手段，与中国常用手法近似。故而，对"自我—他者"认识结构应格外谨慎，防其遮蔽，展开真正的对话。

（责任编辑：张恒）

---

① J. J. L. Duyvendak, *The Book of Lord Shang: A Classic of the Chinese School of Law*, London: Arthur Probasthain, 1928, p. 81.

黑格尔哲学史视野中
孔子思想的评述与重构*

——以《论语》文本为主

韩　星**

摘　要　黑格尔是德国古典哲学的集大成者，他以西方哲学发展史为主线，考察了包括中国哲学在内的世界哲学，可惜他对中国哲学，特别是孔子评价不高。本文对黑格尔视野中的孔子思想加以评述，并以《论语》文本为主重构孔子思想体系。孔子思想体系的基本构成是一个形而上、形而中、形而下三元和合的整全结构：形而上层面的性与天道、统合形而上与形而下的形而中之仁、形而下层面的学与艺。孔子在生命成长过程中，由内圣而外王，下学而上达，完成其圣人人格，构建其思想体系。

关键词　黑格尔　哲学史　孔子　《论语》

一　黑格尔对孔子《论语》误解的评述

黑格尔出于"西方中心主义"，认为"东方及东方的哲学之不属于哲学史……东方的思想必须排除在哲学史以外"，"真正的哲学是自西

---

*　本文系2020年度教育部哲学社会科学研究重大委托项目"儒家思想的当代诠释"（20JZDW010）的阶段性成果。

**　韩星，曾子研究院特聘专家、尼山学者，主要研究方向为中国思想文化、儒学、经学。

方开始"，① 但他讲哲学又不得不从东方哲学讲起，并且以"中国哲学"为开端。在"中国哲学"中他讲了三个部分：孔子、《易经》、道家。其中"孔子"部分所占比重最少，这与孔子在中国哲学史上的地位、在中国文化中的影响显然不相配，而且对孔子《论语》多有误解。他说，孔子的思想"是一种道德哲学……孔子的传记曾经法国传教士们由中文原著翻译过来。从这传记看……我们看到孔子和他的弟子们的谈话〔按即"论语"——译者〕，里面所讲的是一种常识道德，这种常识道德我们在哪里都找得到，在哪一个民族里都找得到，可能还要好些，这是毫无出色之点的东西。孔子只是一个实际的世间智者，在他那里思辨的哲学是一点也没有的——只有一些善良的、老练的、道德的教训，从里面我们不能获得什么特殊的东西。西塞罗留下给我们的'政治义务论'便是一本道德教训的书，比孔子所有的书内容丰富，而且更好。我们根据他的原著可以断言：为了保持孔子的名声，假如他的书从来不曾有过翻译，那倒是更好的事"。② 黑格尔承认孔子的思想是一种道德哲学，但他马上又说《论语》里所讲的只是西方随处可见的常识道德，缺乏思辨哲学，那孔子的哲学就不是哲学了？在他眼里的孔子只是一个实际的世间智者，算不上哲学家，但他后面又说："孔子才是中国人的主要的哲学家。"③ 这是否自相矛盾呢？黑格尔读过耶稣会士所译的《论语》译本，他对孔子的认识只是凭不严谨的译本，只看到那零散的道德教训，而没有真正理解孔子的思想结构。

他又说："孔子的道德教训所包含的义务都是在古代就已经说出来的，孔子不过加以综合。道德在中国人看来，是一种很高的修养。但在我们这里，法律的制定以及公民法律的体系即包含有道德的本质的规定，所以道德即表现并发挥在法律的领域里，道德并不是单纯地独立自存的东西，但在中国人那里，道德义务的本身就是法律、规律、命令的规定。所以中国人既没有我们所谓法律，也没有我们所谓道德。那乃是一个国家的道德。当我们说中国哲学，说孔子的哲学，并加以夸羡时，则我们须了解所说的和所夸羡的只是这种道德。这道德包含有臣对君的

① 〔德〕黑格尔：《哲学史讲演录》第一卷，贺麟、王太庆译，商务印书馆，1959，第95、98 页。
② 〔德〕黑格尔：《哲学史讲演录》第一卷，贺麟、王太庆译，第119~120 页。
③ 〔德〕黑格尔：《哲学史讲演录》第一卷，贺麟、王太庆译，第132 页。

义务，子对父、父对子的义务以及兄弟姊妹间的义务。这里面有很多优良的东西，但当中国人如此重视的义务得到实践时，这种义务的实践只是形式的，不是自由的内心的情感，不是主观的自由。所以学者们也受皇帝的命令的支配。凡是要想当士大夫、作国家官吏的人，必须研究孔子的哲学而且须经过各样的考试。这样，孔子的哲学就是国家哲学，构成中国人教育、文化和实际活动的基础。"① 黑格尔认为孔子道德缺乏创造性，只是对前人的综合。这实际上不理解孔子在中国思想史上"集大成"的历史地位和影响。他说中国人把道德看得很高，西方人把法律看得很重，法律中包含道德。其实中国尽管以道德为最高，也有礼法结合的中华法系，与道德相辅相成。他说"中国人那里，道德义务的本身就是法律、规律、命令的规定"其实是不准确的。其结论是"中国人既没有我们所谓法律，也没有我们所谓道德。那乃是一个国家的道德"，孔子哲学是"国家哲学"，只是看到了孔子道德哲学的实践应用，未能从孔子道德哲学本身来深入研究。他没有把握孔子哲学思想的精髓和《论语》的思想体系，并没有完全把握中国文化的内核。孔子哲学的核心范畴是"仁"，黑格尔并没提及。

黑格尔对《易经》的评价，似乎比对孔子评价要高，他认为《易经》卦"是一种符号，具有一定的意义。中国人说那些直线是他们文字的基础，也是他们哲学的基础。那些图形的意义是极抽象的范畴，是最纯粹的理智规定。〔中国人不仅停留在感性的或象征的阶段〕，我们必须注意——他们也达到了对于纯粹思想的意识"。② 卦是有一定意义的"极抽象"范畴，是"最纯粹"的理智规定，是中国哲学的基础。这显然是对《易经》哲学高度的肯定，但他马上又以西方哲学的标准评价说，《易经》"并不深入，只停留在最浅薄的思想里面。这些规定诚然也是具体的，但是这种具体没有概念化，没有被思辨地思考，而只是从通常的观念中取来，按照直观的形式和通常感觉的形式表现出来的。因此在这一套具体原则中，找不到对于自然力量或精神力量有意义的认识"。③ 显然，他是用西方哲学的思辨特征来评判中国《易经》哲学，而"找不到对于自然力量或精神力量有意义的认识"说明他没有读

---

① 〔德〕黑格尔：《哲学史讲演录》第一卷，贺麟、王太庆译，第125页。
② 〔德〕黑格尔：《哲学史讲演录》第一卷，贺麟、王太庆译，第120页。
③ 〔德〕黑格尔：《哲学史讲演录》第一卷，贺麟、王太庆译，第120~121页。

懂《易经》，因为《易经》的经典意义正是把自然力量（天）和精神力量（人）融会在一起的天人合一。特别遗憾的是黑格尔没有研究《易传》。《易传》历来认为是孔子所作，是对《周易》古经的哲学阐发。马王堆汉墓出土帛书载孔子曰："后世之士疑丘者，或以《易》乎？""《易》，我复其祝卜矣，我观其德义也"，孔子在尊重《周易》祝卜功能的基础上主要阐发其道德义理，所以梁启超认为"这是孔子哲学的中坚，研究孔子学说最要紧的材料"。① 可惜黑格尔没有涉及，这是很大的缺憾。

二 怎样解读《论语》，理解孔子的思想体系？

解读《论语》，理解孔子的思想体系，对于研究孔子儒家思想的重要性不言而喻。徐复观认为："现代谈中国哲学史的人，几乎没有人能从正面谈孔子的哲学，更没有人能从《论语》谈孔子的哲学……心里并瞧不起《论语》。认为里面形而上的意味太少，不够'哲学'。"② 针对现代新儒学的几位大家受到西方哲学的影响，注重孔子形而上学思想的构建，他颇不以为然，"拿西方的形而上学来理解儒家的思想，尤其是混上黑格尔的东西，是冒着很大的危险，增加两方的混乱，无半毫是处"。③ "孔子在人类文化史中的地位，不因其合西方哲学的格套而有所增加，也不因其不合西方哲学的格套而有所减少。今日中国哲学家的主要任务，是要扣紧《论语》，把握住孔子思想的性格，用现代语言把它讲出来，以显现孔子的本来面目，不让许多浮浅不学之徒，把自己的思想行为，套进《论语》中去，抱着《论语》来糟蹋论语。"④ 因此，他要还孔子以本来面目，"孔子乃是在人人可以实践、应当实践的行为生活中，来显示人之所以为人的'人道'；这是孔子之教，于一切宗教乃至形而上学，断然分途的大关键"。⑤ 这就是说，孔子是在人的生命实践中显示儒家的人道，孔子的思想与宗教神学和形而上学不同，这成为

---

① 梁启超：《孔子与儒家哲学》，中华书局，2016，第11页。
② 徐复观：《向孔子的思想性格回归》，《中国思想史论集续篇》，上海书店出版社，2004，第282页。
③ 徐复观：《有关中国思想史中一个基题的考察——释〈论语〉"五十而知天命"》，《中国思想史论集续篇》，第255页。
④ 徐复观：《向孔子的思想性格回归》，《中国思想史论集续篇》，第283页。
⑤ 徐复观：《中国人性论史（先秦篇）》，上海三联书店，2001，第100页。

中国文化与其他文化分途的关键。

孔子作为一个西周乃至上古文化的继承者和集大成者，他以平治天下为己任，针对春秋时代的时势，思考社会整合有序、个人与社会协调发展、人民安居乐业的途径，他的思想不像西方哲学家那样是人为地在斗室里构建出来的，而是在自己生命成长、人格提升过程中，在不自觉的、开放的思维方式中构建了自己的"思想体系"。"《论语》在形式上是很散漫的语言，只要深入进去，便可发现彼此间内在的密切关联，这即是孔子思想的有血有肉的统一与系统的有机体。研究孔子的人，应当把这种由内在关系而来的有机体，用现代有逻辑结构的语言表达出来，使内容的统一系统，表现为形式的统一系统。这当然是一件难事。但不可因畏难而另以一套性格不同的思想去代替它。"① 笔者认为，我们今天可以重构这个思想体系，由《论语》可见孔子思想体系的构成是一个形而上、形而中、形而下三元和合的整全结构。

（一）形而上层面的性与天道

这方面内容历来就有误解，《论语·公冶长》云："子贡曰：夫子之文章，可得而闻也。夫子之言性与天道，不可得而闻也。"把此部分内容与上面黑格尔的话联系起来，容易使人认为孔子思想缺乏性与天道的形而上维度，造成对孔子思想的误解和贬低。其实，孔子并不是没有形而上的维度，而是需要我们正本清源，重新诠释。

在笔者看来，"夫子之言性与天道，不可得而闻也"，可能是子贡追思孔子生平言论，发觉夫子很少言及性与天道，故发此议论。由于性与天道的形而上性高深并且需要证悟，孔子没有拿来教育一般的弟子，而是与颜回这样有"中人以上"素质的学生有过交流印证，《庄子》里孔子的"心斋"和颜回的"坐忘"之说可以作为旁证。至于"中人以下"素质的学生自然就"不可得而闻也"。因此，孔子"性与天道"应该是子贡未曾闻，而非孔子未曾言。至于子贡未曾闻也许还有其他原因，子贡在孔门十哲中以"言语"闻名，利口巧辞，善于雄辩，且有干济才，办事通达，曾任鲁国、卫国之相。他还善于经商，曾经在曹国、鲁国两国经商，富致千金，为孔子弟子中首富。子贡在言语、政

---

① 徐复观：《向孔子的思想性格回归》，《中国思想史论集续篇》，第289页。

绩、理财经商等方面表现卓越，有目共睹，故其名声甚至超过了他的老师孔子，以至于当时鲁国的大夫叔孙武叔就公开说："子贡贤于仲尼。"但子贡在天道与性命方面缺乏悟性，生命境界不高，与孔子不可相提并论。这一点他自己也很清楚，所以当鲁国的另一大臣子服景伯把叔孙武叔的话转告给子贡时，子贡谦逊地说："譬之宫墙，赐之墙也及肩，窥见室家之好。夫子之墙数仞，不得其门而入，不见宗庙之美、百官之富。"（《论语·子张》）岂止孔子，他与颜回也有很大差距。颜回是孔子最得意的弟子，为"德行"之首，家境贫困，居陋巷，箪食瓢饮，但好学不倦，终身不仕。他悟性很高，但讷言如愚，一直追随孔子。孔子曾说："语之而不惰者，其回也与！"（《论语·子罕》）"吾与回言终日，不违，如愚。退而省其私，亦足以发，回也不愚。"（《论语·为政》）。孔子对颜回有很高的评价："回也，其心三月不违仁。"（《论语·雍也》）连子贡都自叹不如，有一次孔子问子贡："女与回也孰愈？"子贡马上说："赐也何敢望回？回也闻一以知十，赐也闻一以知二。"（《论语·公冶长》）子贡认为颜回能"闻一以知十"，孔子认为子贡说得不错。这样我们就可以理解，孔子应该是怕像子贡这样生命境界不高的学生会误解性命天道方面的思想，所以没有对他们讲过。

此外，孔子哲学的一个根本特征是不离事而言道，他作《春秋》就是"我欲载之空言，不如见之于行事之深切著明也"（《史记·太史公自序》）。孔子一般不做空泛的议论，所以他的弟子就很难听到"性与天道"方面的教诲了。

"罕言"不是没有，回到《论语》文本，我们可以发现其中道、德、天（命）、鬼神思想都可以归在形而上层面。《论语》中有许多谈道论德的文字，有道与德单言，有道与德联言，如：

> 朝闻道，夕死可矣。（《里仁》）
> 人能弘道，非道弘人。（《卫灵公》）
> 德之不修，学之不讲，闻义不能徙，不善不能改，是吾忧也。
> （《述而》）
> 志于道，据于德，依于仁，游于艺。（《述而》）
> 君子谋道不谋食。（《卫灵公》）
> 中庸之为德也，其至矣乎！民鲜久矣。（《雍也》）

执德不弘，信道不笃，焉能为有？焉能为亡？（《子张》）

为政以德，譬如北辰，居其所而众星共之。（《为政》）

因此，道和德是孔子《论语》中的重要范畴，无论是分言还是合言，都具有本体意义，是其他道德条目的本原和归宿。在孔子心目中，"道"为无形无象的本体，"德"为分得"道"本体而合于道的伦理道德境界。应该强调，孔子的道和德并不是我们今天理解的"道德"规范，他在谈论道和德时都有形而上意蕴，同时与具体的人生和社会联系在一起，如他谈人格修养过程，认为一个人应该认识"道"、追求"道"、献身于"道"，而且还断定"道"是世界上任何人都不能不遵循的。他说："谁能出不由户？何莫由斯道也？"（《论语·雍也》）"道"就像人们进出的门户一样，是天下众人所共同经由、所共同遵守的。他说："吾道一以贯之。"（《论语·里仁》）这"一以贯之"的"道"便是"己欲立而立人、己欲达而达人"（《论语·雍也》）和"己所不欲，勿施于人"（《论语·卫灵公》）的忠恕之道，也即实践"仁"的基本途径。他说："天下有道，则礼乐征伐自天子出；天下无道，则礼乐征伐自诸侯出；……天下有道，则庶人不议。"（《论语·季氏》）这是孔子考察历史并结合现实，对当时社会的整体评价。他终生致力于"复礼"，复兴西周那样的礼乐秩序，认为不能光就礼乐本身而言，还要追寻礼乐背后的"道"，这个"道"类似于历史规律、文化精神、社会理想、政治理念等。牟宗三说孔子的"道"是对历史文化的反省、点醒而形成的超越时空的常道："中国历史，发展至孔子，实为反省时期。此种反省，吾人名曰人类之觉醒。就史实言，亦曰历史发展之点醒。此种点醒，为功甚大。乃人类之眼目，历史之光明也。经此点醒，意义乃显。意义显，则可以明朗过去之潜在，并可垂统于来世。此意义即古人所谓'道'也。"因此，"儒家之道为常道，为时时在实现中，为时时在转进其形态也……既为常道，又有此普遍性，故可以居于高一层地位而为推动社会之精神原则也"。①

同时，孔子关于"道"的言说是立足于人性、人伦、历史文化而

① 牟宗三：《儒家学术之发展及其使命》，《牟宗三先生全集》第9卷，台北：联经出版事业有限公司，2003，第7、9页。

言的，不是空悬的，是与他的个人生命、生活实践以及当时社会政治的批判反省结合在一起的，赋予他一种超越生死的历史使命感、社会责任感。对"道"的追求具有绝对的价值，"于道最为高"（《汉书·艺文志》），"笃信好学，守死善道"（《论语·泰伯》），即使现实中不能实现"道"，也要坚守而不能放弃。这是一件必须"生死与之"之事，"朝闻道，夕死可矣"（《论语·里仁》）。"道"有至高无上的价值，世俗的任何东西都不能与它相比，也不能用它来交换，"君子谋道不谋食。耕也，馁在其中矣；学也，禄在其中矣。君子忧道不忧贫"（《论语·卫灵公》）。士君子要"志于道"，要立志"弘道"，不要把"道"当作弘扬个人名声的工具。士应当坚持"道"的理想，在得志的时候，"以道事君""与民由之""泽加于民"，甚至"兼善天下"。反之，如果不得志，便"天下有道则见，无道则隐"（《论语·泰伯》），"邦有道，则仕；邦无道，则可卷而怀之"（《论语·卫灵公》）。总论孔子在《论语》中屡屡言及的"道"，其内涵可以包括道德品质、合理行为、正当方式、伦理规范、清明政治、学说主张、真理方法以及技艺、道路等等。徐复观说："从《论语》看孔子毕生所学所教的，可用一个'道'字加以概括……因为道的概括性很大，所以在《论语》一书中所用的'道'字，有层次的不同，有方向的各异，尤以用在政治上者为多。但追到最后，都可以说是同条共贯的。道的基本性格，即是孔子思想的基本性格。"[①]"孔子'言性与天道'，是孔子在自己生命根源之地——性，证验到性即是仁；而仁之先天性、无限的超越性，即是天道；因而使他感到性与天道，是上下通贯的。"[②]

《论语》中的"道"本质上就是"仁道"。《论语·里仁》载子曰："富与贵是人之所欲也，不以其道得之，不处也；贫与贱是人之所恶也，不以其道得之，不去也。君子去仁，恶乎成名？君子无终食之间违仁，造次必于是，颠沛必于是。"无论富贵与贫贱，都要以是否合道作为得与去的标准，这道就是"仁"。曾子说："士不可以不弘毅，任重而道远。仁以为己任，不亦重乎？死而后已，不亦远乎？"（《论语·泰伯》）儒家士人以道为己任，即以仁为己任。

---

① 徐复观：《向孔子的思想性格回归》，《中国思想史论集续篇》，第284页。
② 徐复观：《中国人性论史（先秦篇）》，第88页。

《论语》中涉及"德"的范畴有39次，主要体现孔子的德治思想，具体包括"博施济众""宽厚""信""选贤用能""节用爱人""敬事""公平"等等。如《论语·学而》载："道千乘之国，敬事而信，节用而爱人，使民以时。"《论语·尧曰》："宽则得众，信则民任焉。敏则有功，公则说。"他要求当权者遵守恭、敬、惠、义等道德原则，即"君子之道四焉：其行己也恭，其事上也敬，其养民也惠，其使民也义"（《论语·公冶长》）。这里以恭、敬、惠、义等道德原则要求君子，强调身教重于言教，使道与德得以贯通。孔子所说的"德"在思想方法和原则上就是中庸之德。《论语·颜渊》："子张问崇德辨惑。子曰：'主忠信，徙义，崇德也。爱之欲其生，恶之欲其死。既欲其生，又欲其死，是惑也。'"这是解释"崇德"的具体方法。"信""义"均与人所受之正命相涉，故崇德应以此为标准。爱恶交织，不能决断，是因为没有以"信""义"为标准，故感到困惑。他最感到忧虑的事情是人们不能修德："德之不修，学之不讲，闻义不能徙，不善不能改，是吾忧也。"（《论语·述而》）

《论语》记载孔子涉"天"言论有18条，其义有主宰之天，如"获罪于天，无所祷也"（《论语·八佾》），"予所否者，天厌之"（《论语·雍也》），"天之将丧斯文也，后死者不得与于斯文也；天之未丧斯文也，匡人其如予何"（《论语·子罕》），"吾谁欺？欺天乎？"（《论语·子罕》）"天丧予"（《论语·先进》）；有自然之天，如"天何言哉？四时行焉，百物生焉"（《论语·阳货》）；有道德之天，如"天生德于予，桓魋其如予何？"（《论语·述而》）上天已经赋予他"德"，使他有一种自信，坚信天命在兹，世俗的任何力量都是不可能撼动的。"唯天为大，唯尧则之"（《论语·泰伯》），"不怨天，不尤人，下学而上达，知我者其天乎"（《论语·宪问》）。还有命运之天，"死生有命，富贵在天"（《论语·颜渊》）。

《论语》所载孔子涉及"命"的言论较多，具有"天命"意义者有6条，"五十而知天命"（《论语·为政》），"亡之，命矣夫"（《论语·雍也》），"道之将行也与，命也；道之将废也与，命也。公伯寮其如命何！"（《论语·宪问》）"畏天命"（《论语·季氏》），"不知命，无以为君子也"（《论语·尧曰》）。这类"命"或"天命"均指天对人的定命，这与主宰之天相联系。至于"子罕言利与命与仁"一条，历来聚讼纷纭，有学者断言孔子少言"命"。但综合孔子天命观，恰当的解释应是"罕言利"而"与命"，即承认"命"。"伯牛有疾，子问之。自牖执其手，曰：'亡之，命矣夫！斯人也，而有斯疾也。'"（《论语·雍也》）"季康子问：'弟子孰为好学？'孔子对曰：'有颜回者好学，不幸短命死矣！今也则亡。'"（《论语·先进》）这些地方所说的"命"，显然是支配个人之遭遇的"命运"，是指自然或社会的某种必然性，往往是不能由人的努力所改变的。

然而，孔子所更为关怀的是赋予其道德使命感的"天命"。子曰："不知命，无以为君子也"（《论语·尧曰》），此处所谓的"命"，是指道德使命或"天命"。在个人的精神修养过程中，"知天命"是极其重要的一个环节，是衡量一个人生命价值的标准。"知天命"，认知了天之所命，也就是认知人的本性，并能自然发挥，以实现人的本性臻于至善。孔子总结自己的一生："吾十有五而志于学，三十而立，四十而不惑，五十而知天命，六十而耳顺，七十而从心所欲不逾矩。"（《论语·为政》）按照《论语正义》"学不外道与礼也"，"志于学"就是志于"道"和"礼"；"三十而立"指懂得了礼，因为孔子说"立于礼"（《论语·泰伯》），又说"不学礼，无以立"（《论语·尧曰》）；"四十而不惑"指这个时候，孔子成了知者，因为《论语·子罕》和《论语·宪问》中都有"知者不惑"的表述；在学习了"道"、懂得了"礼"、掌握了"知"以后，孔子才知道了"命"，把"知天命"放在更高层次。可见，"知天命"在孔子的心目中占有很重要的地位。知天命者，见利不必趋，见害不必避，唯"义"是从；反之，人不知天命，则一定考虑现实利益，见利必趋，见害必避，何以为君子？所以，"知天命"对于孔子来说就是一种生命境界。到了晚年，孔子愈发相信天命，并把知天命视为成为君子、圣人的必备条件。所以《论语·季氏》中有"君子三畏"之说："畏天命，畏大人，畏圣人之言。小人不知天命而不畏也，狎大人，侮圣人之言。"这三畏被放在了同一平台上，三者之间是相通的。大人、圣人之言是天命的其他表现形式，君子可以在大人或圣人之言处聆听天命，那么大人或圣人之言便是天命意志的人间使者。

鬼神，《论语》中说"子不语怪、力、乱、神"（《论语·述而》），即对鬼神之事不轻易表态，采取存而不论的态度，可见一种鲜明的理性精神。但孔子并没有否定神，只是"敬鬼神而远之"（《论语·雍也》）。敬就必然有所敬的对象，这句话间接承认了鬼神的存在。孔子很重视"礼"，特别是丧葬和祭祀之礼。丧葬之礼是人去世时其后人举行的系列追悼和葬埋仪式，祭祀之礼是在不同时间追思祖先的仪式。孔子强调"生，事之以礼；死，葬之以礼，祭之以礼"（《论语·为政》）。为什么？从内容来说是伦理道德，因祭祀之礼中灌注了孝道思想，以礼对待父母是孝道的表现；从形式上当然也默认了祖先有灵魂，人死成鬼神。《论语·先进》载："季路问'事鬼神'，子曰：'未能事人焉能事鬼？'曰：'敢问死？'曰：'未知生焉知死？'。"可知孔子对鬼神在态度上是存疑的，但他觉得丧葬和祭祀之礼还是有必要的，这是维持伦理道德的一种教化方法。孔子在其他地方也有许多关于鬼神等超自然力量的言论，《礼记·祭义》载孔子学生宰我问孔子"吾闻鬼神之名，不知其所谓"时，孔子回答得就很精彩："气也者，神之盛也。魄也者，鬼之盛也。合鬼与神，教之至也。"这里孔子把鬼神直接解释为气魄。另外，孔子相信有鬼神等超自然力量的存在，但不要去过分追究。所以，他主张必须虔诚地祭祀："祭如在，祭神如神在。子曰：'吾不与祭，如不祭。'"（《论语·八佾》）这里对祭祀所持态度直指祭祀者的本心，强调的是对祭祀对象的尊崇以及自身的崇敬之心，至于被祭祀之鬼神是否存在倒是次要的。在谈论鬼神时，孔子总是有意识地将所谈内容从对鬼神之分析阐释转移到人事上来，以人对鬼神所应持的态度来类比人事行为。如在说"非其鬼而祭之，谄也"之后便紧接着说"见义不为，无勇也"（《论语·八佾》），可见孔子始终关注的是如何在社会生活中完成自身的人格建立，所以有"未能事人，焉能事鬼"（《论语·先进》）的人文说教。

（二）统合形而上与形而下的形而中之仁

何谓形而中？徐复观提出了介于形而上之谓道与形而下之谓器之间的"形而中者谓之心"。还有一些学者有类似的说法，兹不列举。形而中源于历史久远的三才观念。三才即天地人，三才之道即天道、地道、人道。天地之间人居中而立，天道犹形而上，地道犹形而下，人道犹形而中，这样就形成了儒家以人道为本的人文主义思想体系，在尊天重地前提下确立人的主体性，并集中地体现在"仁学"上。正是在这个意义上，可以说"形而中之仁"。

孔子以人道为本。《礼记》中的《中庸》《表记》都载孔子说："仁者，人也。"《孟子·尽心上》说："仁也者，人也；合而言之，道也。"朱熹《孟子集注》说："仁者，人之所以为人之理也。然仁，理也；人，物也。以仁之理，合于人之身而言之，乃所谓道者也。"①"仁"是人之为人的根本，是底线，也是应该追求的最高境界。人道基本内容是仁、义、礼、智、忠、信、恭、宽、敏、惠等，"仁"是其核心之核心，统摄并包含其他诸德，即所谓"仁"统全德。冯友兰说："《论语》所讲的仁，有些是'四德'（仁、义、礼、智）或'五常'（仁、义、礼、智、信）之一，而居其首；有些是全德之名，包括诸德。""作为四德之一的仁，是一种道德范畴伦理概念"，"作为全德之名的仁，是人生的一种精神境界"，是"最高的境界——天地境界"。②这就是说，"仁"的主体内涵是人道，但其最高境界则上达天道。因为是众德之首，即"仁"是核心之核心；因为上达天道，具有超越性，可以包诸德，具全德之名。牟宗三说："孔子建立'仁'这个内在的根以遥契天道，从此性与天道不致挂空或悬空地讲论了。如果挂空地讲，没有内在的根，天道只有高高在上，永远不可亲切近人。因此，孔子的'仁'，实为天命、天道的一个'印证'（Verification）。"③

前述孔子思想中有关的道、德、天（命）、性与天道方面的内容其实就是其形而上层面的展开，而这些观念都或多或少与仁有关系。《论语·述而》载子曰："志于道，据于德，依于仁，游于艺。"这可以说是孔子思想的纲要，集中体现了仁的形而中地位。何晏《论语集解》："志，慕也。道不可体，故志之而已。据，杖也。德有成形，故可据。依，倚也。仁者功施于人，故可倚。艺，六艺也。不足据依，故曰游。"④朱熹《论语集注》："此章言人之为学当如是也。盖学莫先于立志，志道，则心存于正而不他；据德，则道得于心而不失；依仁，则德性常用而物欲不行；游艺，则小物不遗而动息有养。学者于此，有以不失其先后之序、轻重之伦焉，则本末兼该，内外交养，日用之间无少间

---

① （宋）朱熹：《四书章句集注》，中华书局，1983，第367页。

② 冯友兰：《对孔子所讲的仁的进一步理解和体会》，《孔子研究》1989年第3期。

③ 牟宗三：《中国哲学的特质》，上海人民出版社，1997，第32页。

④ （清）阮元校刻《十三经注疏》，中华书局，2009，第5390页。

隙，而涵泳从容，忽不自知其入于圣贤之域矣。"① 江谦《论语点睛补注》："道、德、仁、艺，只是仁耳。行之，谓之道；得之，谓之德；守之，谓之仁；取之左右逢源，著于事物，谓之艺。"② 可见，这里的"道"是天道（形上之道），是人之为人必须遵循的总原则、总目标，所以人要"志于道"；"德"者得也，得道也，道体现在人身上就是德，是人的一切行为的依据；"仁"是人德性之本，符合"仁"的行为才是道德行为，故依于仁；至于"艺"，即"六艺"。因此，道、德也就是仁道、仁德，是仁的形而上之维，道、德、仁三者相通而归于仁；"艺"就内容而言是形而下的六艺，但其形而上依据的是道、德，其精神内涵是统摄形上形下的形而中之"仁"，故"仁"可通形上形下，即朱熹所谓的"仁通乎上下"。③

（三）形而下层面的学与艺

为学之道是《论语》的出发点和基础。钱穆说："《论语》二十篇开始即曰：'学而时习之，不亦悦乎。有朋自远方来，不亦乐乎。人不知而不愠，不亦君子乎。'孔子一生为人，即在悦于学而乐于教……又曰：'若圣与仁，则我岂敢。我学不厌而教不倦。'又曰：'十室之邑，必有忠信如丘者焉，不如丘之好学也。'则孔子之自居，在学在教，不在求为一圣人。"④"孔门论学，范围虽广，然必兼心地修养与人格完成之两义。"⑤ 他以自己的生命诠释为学之道，为学之道也成为他生命的底色。《论语》一开始就说学而时习之，因为人非学不足以成人。子曰："弟子入则孝，出则悌，谨而信，泛爱众，而亲仁。行有余力，则以学文。"《论语·学而》孔子讲了为学的次第和重心，实行实践孝悌等五事是人生的根本，有余力了再去研究学问，即首先学做人，处理好各种人伦关系，在生活中修行仁道，其次才是学习书本上的文化知识。甚至整部《论语》可以说主要是教人学做人，怎么做一个君子，在君子的基础上希贤希圣，学为圣贤。

---

① （宋）朱熹：《四书章句集注》，第 94 页。
② （明）蕅益大师：《四书蕅益解》，佳芳印刷公司，1994，第 294 页。
③ （宋）黎靖德编《朱子语类》，中华书局，1994，第 843 页。
④ 钱穆：《论语新解》，生活·读书·新知三联书店，2002，"再版序"，第 1 页。
⑤ 钱穆：《论语新解》，第 5 页。

"六艺"具体内容是礼、乐、射、御、书、数，是孔子以前周王官学要求学生掌握的六种基本才能，是西周贵族教育课程体系。《周礼·地官·保氏》中载"养国子以道，乃教之六艺：一曰五礼，二曰六乐，三曰五射，四曰五御，五曰六书，六曰九数"，[①] 共计36类技艺。

孔门所"学"的具体内容就是"艺"，孔子强调在"志于道，据于德，依于仁"的前提下"游于艺"。如何理解"游于艺"？何晏《论语集解》："艺，六艺也，不足据依，故曰游。"皇侃《论语义疏》："游者，履历之辞也。艺，六艺，谓礼、乐、书、数、射、御也。其轻于仁，故不足依据，而宜遍游历以知之也。"[②] 皇侃解释为遍游经历。朱熹《论语集注》："游者，玩物适情之谓。艺，则礼乐之文，射、御、书、数之法，皆至理所寓，而日用之不可阙者也。朝夕游焉，以博其义理之趣，则应务有余，而心亦无所放矣。"[③] 朱熹描述的游艺的心理情感特征，是指对待"艺"的学习态度和学习方式，类似于今日的快乐学习。可见，孔门的"学"与"艺"指是生活化、审美化的实践性技能、技术和艺术。孔子就是多才多艺多能的圣人。《论语·子罕》载太宰问子贡曰："夫子圣者与？何其多能也？"子贡曰："固天纵之将圣，又多能也。"子闻之，曰："太宰知我乎？吾少也贱，故多能鄙事。君子多乎哉？不多也。"周大夫太宰带着疑虑问子贡：孔子是位圣人吧，为什么这样多能呢？言外之意是圣人不一定都多能。子贡回答说，孔子是上天要让他成为圣人，又使他这么多能。意思是说孔子不是一般的圣人，上天使孔子具备大圣之德，又使他多能。这说明圣人不是不食人间烟火的"超人"，他就在我们中间，过着和我们一样的生活，有多种才能技艺。而孔子听了以后给弟子说明他之所以多能，是因为小时候地位卑下，所以能做许多一般人不会做的卑贱之事，具备多种技能。《论语·子罕》载牢曰："子云，'吾不试，故艺'。"在《四书章句集注》中，朱子将此章与前一章合为一章，今人钱穆从之，而笔者还是赞同邢昺《论语注疏》，"此章论孔子多技艺之由，但与前章异时而语，故分之"，但可以与上一章结合起来看。孔子的弟子子牢就接着说，我们的老师说过，他年轻时没有被任用为官，所以会许多技

---

① （清）阮元校刻《十三经注疏》，第1575页。
② （梁）皇侃义疏《论语义疏》，高尚榘校点，中华书局，2013，第153页。
③ （宋）朱熹：《四书章句集注》，第94页。

艺。这样，两章内容相关联，是孔子的弟子用来补充说明孔子多才多艺是由于年轻时没有机会去做官，有时间广泛地学习，所以掌握了诸多技艺。

"游于艺"后来就成为儒家必备的修养，《礼记·少仪》："士依于德，游于艺。"《礼记·学记》："大学之教也，时教必有正业，退息必有居学。不学操缦，不能安弦；不学博依，不能安诗；不学杂服，不能安礼。不兴其艺，不能乐学。故君子之于学也，藏焉，修焉，息焉，游焉。夫然，故安其学而亲其师，乐其友而信其道，是以虽离师辅而不反也。"① 古代大学就通过各种游艺活动使学生快乐学习、安心学习，这样学生就会亲近师长，乐于交友，并深信所学之道，即使离开师长监督，也不会违背所学的道理。"游于艺"是儒家教育思想的重要内容之一，作为人特有的生活方式，是在生活实践中志道、据德、依仁的学习方式，是融真善美为一体、天地人合一的"下学上达"之途，具有全面发展的人类文明普遍价值。

三 生命成长与思想构建

孔子在生命成长过程中，由内圣而外王，下学而上达，完成其圣人人格，构建其思想体系。

在《论语》中，孔子推崇的尧、舜、禹、汤、文、武、周公都是古代既圣且王的"圣王"，是完满地体现了内圣外王之道的人物。《论语·泰伯》载子曰："大哉，尧之为君也。巍巍乎，唯天为大，唯尧则之。荡荡乎，民无能名焉。巍巍乎，其有成功也。焕乎，其有文章。""大哉"是孔子赞尧帝为君之辞。巍巍乎，唯有天是如此高大。天之高大，唯尧能则之。何晏《论语集解》引孔安国注："则，法也。"尧能取法乎天，尧即如天之大。荡荡乎，尧的大德广远无际，民众莫能名其状况。子曰："无为而治者，其舜也与？夫何为哉！恭己正南面而已矣。"（《论语·卫灵公》）无为而治的意思，是说舜自己不做什么事，而能平治天下。究其原因，当如何晏《论语集解》所说的："任官得其

---

① （清）阮元校刻《十三经注疏》，第3274、3296页。

人。"① 子曰："巍巍乎，舜禹之有天下也，而不与焉。"（《论语·泰伯》）意思是舜禹具有崇高的德性，掌握国家大权却丝毫不为自己谋私利。尧、舜、禹的禅让，是孔子心目中"大道之行，天下为公"的典范。

可惜到了孔子时代，圣王不再，于是有"内圣外王"之说。孔子虽然没有直接说过"内圣外王"，但在他的思想里内圣与外王是统一的。从内圣外王的角度看，在孔子的思想体系中，"仁"与"礼"对应，是其思想的两大支柱，一是以"仁"为支柱的修己之学，二是以"礼"为支柱的治人之学，而以"中庸"为基本原理的"中和论"把这两部分结合成了一个完整体系。② "仁"是人的内在品性，人生价值的源头和根本，属于内圣；外在之"礼"是以内在的"仁"为依据发用于人生修养的礼节、生活实践的礼仪和社会制度的创建，属于外王。这样把仁与礼、内圣与外王分言，但不能割裂，二者的基本关系是仁主内而礼主外，仁为本而礼为用。本于"仁"才可以"内圣"，才会有"外王"。概言之，"内圣"是"仁"所培育的精神修养的至高境界，"外王"则是"仁"在社会生活中发用的最高境界。二者皆以"仁"为原则和根基，即"仁"贯通于内圣与外王。③ 钱穆说："仁者，自内言之，则为人我相通之心地；自外言之，则为人我兼得之功业。""仁虽本诸心，犹必见之事焉。"④ 牟宗三说："仁义的德性是不能单独封在个人身上的，仁体是一定要向外感通的。"⑤

《论语·宪问》中多处讨论"修己"，如"修己以敬""修己以安人""修己以安百姓"。刘宝楠《论语正义》云："君子，谓在位者也。修己者，修身也。以敬者，礼无不敬也。安人者，齐家也。安百姓，则治国平天下也……凡安人、安百姓，皆本于修己以敬。"⑥ 对于一个有德有位的君子，修身为本，礼无不敬，才能治国平天下。所谓"修己"即"内圣"；"安人""安百姓"，即"外王"。"修己"为本，"安人""安百姓"为末，本末一体，不可分割，是孔子对古代圣与王一分为二后

① （清）阮元校刻《十三经注疏》，第 5467 页。
② 韩星：《孔子学说体系构成新解》，《西安电子科技大学学报》（社会科学版）2001 年第 1 期。
③ 韩星：《〈论语〉仁学体系新诠》，《黑龙江社会科学》2020 年第 2 期。
④ 钱穆：《四书释义》，九州出版社，2010，第 60～61 页。
⑤ 牟宗三：《生命的学问》，广西师范大学出版社，2005，第 34 页。
⑥ （清）刘宝楠：《论语正义》，中华书局，1990，第 604 页。

新的整合。梁启超说："儒家哲学，范围广博。概括说起来，其用功所在，可以《论语》'修己安人'一语括之。其学问最高目的，可以《庄子》'内圣外王'一语括之。做修己的功夫，做到极处，就是内圣；做安人的功夫，做到极处，就是外王……《论语》说'修己以安人'，加上一个'以'字，正是将外王学问纳入内圣之中，一切以各人的自己为出发点。以现在语解释之，即专注重如何养成健全人格。人格锻炼到精纯，便是内圣；人格扩大到普遍，便是外王。"①

在孔子的生命成长中，由下学而上达，完成其圣人人格。何谓"下学上达"？《论语·宪问》载子曰："不怨天、不尤人，下学而上达。知我者其天乎！"概括主要观点如下。

第一，下学人事，上达天命。何晏《论语集解》引孔安国云："下学人事，上知天命。"皇侃《论语义疏》云："下学，学人事；上达，达天命。"今人钱穆先生解释说："下学，学于通人事。上达，达于知天命。于下学中求知人道，又知人道之原本于天。由此上达，而知道之由于天命，又知道之穷通之莫非由于天命，于是而明及天人之际，一以贯之。天人之际，即此上下之间。天命我以行道，又命我以道之穷，是皆天。"② 以"人事"对应"天命"，下学通人事，上达知天命，实现天人一贯。

第二，下学上达天道。刘宝楠《论语正义》引《后汉书·张衡传》"盖闻前哲首务，务于下学上达，佐国理民"，解释说："是上达者，谓达于佐国理民之道。"颜师古也说："上达，谓通于天道而畏威。"刘宝楠最后得出"上达是上通于天"的结论。③

第三，下学人事，上达天理。朱熹《论语集注》引程子曰："盖凡下学人事，便是上达天理。"④《朱子语类》中说："下学者，事也；上达者，理也。理只在事中。若真能尽得下学之事，则上达之理便在此。"⑤

第四，形而下之器上达形而上之道。王阳明《传习录》云："夫

<hr>

① （清）梁启超：《儒家哲学》，中华书局，2016，第95页。
② 钱穆：《论语新解》，第409~410页。
③ （清）刘宝楠：《论语正义》，第591页。
④ （宋）朱熹：《四书章句集注》，第158页。
⑤ （宋）黎靖德编《朱子语类》，第1139页。

目可得见，耳可得闻，口可得言，心可得思者，皆下学也；目不可得见，耳不可得闻，口不可得言，心不可得思者，上达也。如木之栽培灌溉，是下学也。至于日夜之所息，条达畅茂，乃是上达。"① 章学诚《文史通义·内篇·原学上》："盖言学于形下之器，而自达于形上之道也。"②

笔者认为前两种解释更贴近《论语》本义，后两种哲学意味更强，但有点超离孔子的生命形态。"下学上达"是由"下学"人事入手修养至"上达"天道的层次，即达到天地境界，成就圣人人格，实现天人合一，连续、融通、一体，"人不隔天，天人合德，正就是孔子的生命境界"。③

"下学上达"是儒家为学要旨，朱熹《论语集注》引程子曰："学者须守下学上达之语，乃学之要。"④ "下学"如前述形而下的学与艺，具有很强的实践性，其基本目标是学做人，最高目标是造就君子，成就圣贤。由下学以上达，学以成人，学以致道，上达天道，超凡入圣。《论语·子张》载子夏说："百工居肆以成其事，君子学以致其道。""肆"是百工学习制作器物的地方，百工在这里面观察、学习、制作、揣摩，最后学成一门技艺。在互相学习中就能够精益求精，制作出精良之器。子夏以"百工居肆"比喻君子的学习，要像百工学习制作器物那样学习基本的知识技能，不通过学习不可能掌握，更不用说理解知识的内涵和融会贯通了；与百工不同的是君子不能仅仅满足于器物层面，"君子不器"，君子要知道器上有道，要通过学习悟道、明道，进而达到道的境界。那么"道"是什么呢？就是天道，也就是仁道。牟宗三说："下学上达，自知天知，即以人格之与天接、之与天契。此就是渊渊其渊、浩浩其天也。""由实践而践仁，由仁之呈现而见天道。未有离开仁之实践而空言天道为如何如何也。由仁之实践而表现仁，仁为人道，亦为天道。"⑤ 仁是人道，也是天道，下学上达，在生命实践中，

---

① （明）王守仁：《王文成公全书·卷之一·传习录上》，中华书局，2015，第16页。
② 叶瑛校注《文史通义校注》，中华书局，1985，第147页。
③ 蔡仁厚：《孔子的生命境界——儒学的反思与开展》，吉林出版集团有限责任公司，2010，第5页。
④ （宋）朱熹：《四书章句集注》，第158页。
⑤ 牟宗三：《儒家学术之发展及其使命》，《牟宗三先生全集》第9卷，第12页。

以形而中之仁，合天道人道为一体。正如梁漱溟所说："儒家修学不在屏除人事，而要紧功夫正在日常人事生活中求得锻炼。只有刻刻慎于当前，不离开现实生活一步，从'践形'中求所以'尽性'，惟下学乃可以上达。"①

孔子的一生经过下学上达，至"从心所欲不逾矩"就超凡入圣，进入了致广大、尽精微、通神明的圣人境界。《朱子语类》中说："问'下学而上达'。曰：'学之至，即能上达，但看着力不着力。十五而志乎学，下学也；能立，则是上达矣。又自立而学，能不惑，则上达矣。层层级级达将去，自然日进乎高明。'"② 朱熹认为十五志学是下学，"三十而立"就是上达了。钱穆《论语新解》说："此章乃孔子自述其一生学之所至，其与年俱进之阶程有如此。学者固当循此努力，日就月将，以希优入于圣域……自志学而立而不惑，皆下学；自此以往，则上达矣。知天命，故不怨天；耳顺，故不尤人。此心直上达天德，故能从心所欲不逾矩，而知我者惟天。知命耳顺，固非学者所易企，而不怨不尤，则为学者所当勉。行远自迩，登高自卑，千里之行，起于足下，学者就所能为而勉为之，亦无患乎圣学之难窥矣。"③ 他认为，孔子以自己一生的学养与生命成长阶段为例，是要告诉后学按照这样的道路与方向努力就可以优入圣域；志学、而立、不惑是下学，知天命、耳顺、从心所欲是上达。

由此可见，"下学上达"是孔子生命成长的过程，也是孔子践仁知天、超凡入圣的过程。牟宗三说："孔子践仁知天，未说仁与天合一或为一，但依宋明儒，其共同倾向则认为仁之内容的意义与天之内容的意义到最后完全合一，或即是一。"④ 蔡仁厚也说："'下学'，以明通人事；'上达'，以契证天道、天德。天道所显发的生生之德，与我心所固有的生生之仁，自然在人的自觉实践中契应通合而为一。"⑤ 孔子由下学上达，最后"从心所欲不逾矩"，就达到了与天道完全合一的圣人境界。"孔子追求的道，不论如何推扩，必然是解决人自身问题的人

---

① 梁漱溟：《儒佛异同论》，《梁漱溟全集》第 7 卷，山东人民出版社，1989，第 160 页。
② （宋）黎靖德编《朱子语类》，第 1140 页。
③ 钱穆：《论语新解》，第 29～30 页。
④ 牟宗三：《心体与性体》（一），《牟宗三先生全集》第 5 卷，第 19 页。
⑤ 蔡仁厚：《孔子的生命境界——儒学的反思与开展》，第 4 页。

道，而人道必然在'行'中实现。行是动进的，向前的，所以道也必是在行中开辟。《论语》中所涉及的问题，都有上下浅深的层次，但这不是逻辑上的层次，而是行在开辟中的层次；因此，这是生命的层次，是生命表现在生活中的层次。'下学而上达'（《宪问》），应从这种方向去了解，否则没有意义。"① "下学上达"是"行"出来的，是孔子生命成长和人格实现的过程，要从生命层次和生命表现在生活中的层次来理解才贴合孔子的本意。

孔子人格境界的证成，也就是其思想体系构建的过程，与西方哲学家通过逻辑思辨构建结构严谨、体系严密的哲学体系不同，"《论语》中许多语言，不是由逻辑推论出来的，不是凭思辨剖析出来的，而是由孔子的人格直接吐露出来的"，"孔子思想则是顺着具体的人的生活、行为的要求而展开的，所以必然是多面性的，包罗许多具体问题的。站在希腊哲学的格套看，这种思想，是结构不谨严而系统不显著的。但孔子是要求显发具体生命中的理性，将这种理性实现于具体行为之上。孔子对道的迫切感，乃来自他对人生、社会、政治中理性与反理性的深切体认，必须以理性克服反理性，人类才能生存、发展。这是生路与死路的抉择。因此，孔子思想的合理性，不是形成逻辑的合理性，而是具体生命中的理性所展现的合理性。孔子思想的统一，是由具体生命理性的展开、升华的统一，展开、升华中的层级性。这不是逻辑推理的线状系统，而是活跃着生命的立体系统"。② 所以，孔子的思想本质上是这一种"生命哲学"或"生命学问"。牟宗三认为，"孔子直接把住了生命，承当了生命，亦安顿了生命"，③ 因此，孔子的学问是"生命的学问"。他还指出："读西方哲学是很难接触生命的学问的。西方哲学的精彩是不在生命领域内，而是在逻辑领域内、知识领域内、概念的思辨方式中。所以他们没有好的人生哲学……西方人有宗教的信仰，而不能就其宗教的信仰开出生命的学问。他们有'知识中心'的哲学，而并无'生命中心'的生命学问……"④ 蔡仁厚也说："中国哲学的传统，基本

---

① 徐复观：《向孔子的思想性格回归》，《中国思想史论集续篇》，第284～285页。
② 徐复观：《向孔子的思想性格回归》，《中国思想史论集续篇》，第284、289页。
③ 牟宗三：《寂寞中的独体》，新星出版社，2005，第104页。
④ 牟宗三：《生命的学问》，第31页。

上就是生命的学问"，① "儒家学问重视实践，而不着重于知识理论的论证和概念的思辩。因为它的重点并不落在'知识'上，而是落在'行为'上。它不太着重于满足理论的要求，而是着重于满足实践的要求。所以儒家之学可以说是行为系统的学问，而不是知识系统的学问。它很重视所学的和所做的通而为一，所知的和所行的打成一片。因此，主张学行合一、知行合一。这都是重实践的表示。因为重实践，所以就特别正视这个实践的主体——生命，它以自己的生命作为学问的对象，因而形成了以生命为中心的所谓'生命的学问'"。② "生命的学问"重点在行为而不在知识，在实践而不在理论，由此以生命为对象，构成行为系统的学问而不是知识系统的学问。

《论语》以"仁"为其思想体系的核心。在《论语》中，有58章涉及仁，一共有109个"仁"字，可见孔子对仁的重视。就今人看来，仁的概念内涵很丰富，但孔子并没有给仁以确定的定义，只是根据对象、情景的不同，采取不同的阐述方式，表达不同的思想内容，在现实生活中"能近取譬"地揭示仁的不同内涵，给后人留下了不断诠释发挥的空间。"仁"的观念在孔子以前就有了，在春秋时代只不过是"德"之一目，到了孔子手里获得了大大提升，成为诸多德目的总德，孝、悌、忠、信、知、勇、诚、敬、恕、礼、义、廉、耻、温、良、恭、俭、让、宽、惠等都是"仁"的推衍和发展。孔子继承发展了前人的观念，以"仁"为首要之德、全面之德，并统摄诸德，以"仁"为核心发展成系统的"仁学"体系，成为其思想体系的主体。孔子的"仁学"不是纯粹哲学思辩构建出来的，它是统合形而上和形而下的形而中学，是在其生命的实践中展开和完成的，贯通天道与人道、宇宙与人生。"若以《论语》为准，衡之孔子的真精神乃在仁，仁是其真生命之所在，是其生命之大宗。"③

"仁"作为至高的生命境界就是圣人的境界。《论语·雍也》载子贡问孔子："如有博施于民而能济众，何如？可谓仁乎？"子曰："何事于仁，必也圣乎！"朱熹《论语集注》云："仁以理言，通乎上下。圣

---

① 蔡仁厚：《孔子的生命境界——儒学的反思与开展》，第154页。
② 蔡仁厚：《了解儒家学问的几个要点——五月十二日讲于政大东方文化社》，《鹅湖》1976年7月。
③ 牟宗三：《心体与性体》（一），《牟宗三先生全集》第5卷，第227页。

以地言，则造其极之名也……言此何止于仁，必也圣人能之乎!"①
"仁"是贯通形上形下的道理，"圣"是实践"仁"达到了生命境界的
最高层次，即朱熹所谓"圣是行仁极致之地"。达到"仁"的极致是
"圣"，"不是仁上面更有个圣"。②孔子这里说的既是"仁"与"圣"
的区别，也是"仁"的一般层次和最高境界的差异："圣"实际也是
"仁"，是最高境界的"仁"。郑家栋说："儒家哲学是仁学，而仁学在
本质上乃是'圣'学，圣学即是关于'天人之际'的学问，'天人之
际'处理的乃是人与终极存有的关系问题。孔子儒家的'仁'正是在
'圣'的意义上而非'爱'的意义上成为宗教的。仁作为'爱'是现
实的、具体的，仁作为'圣'则是超越的、普遍的。""仁的圆满实现
就是圣。"③"仁"在生命成长中的圆满实现就是圣人。

结　语

以《论语》为主，可见孔子思想体系的基本构成是由形而上层面
的性与天道、统合形而上与形而下的形而中之仁、形而下层面的学与艺
三个维度统合而成的，其中"仁学"是其思想体系的主体。孔子在生
命成长过程中，由内圣而外王，下学而上达，完成其圣人人格，构建其
思想体系，这与西方哲学家通过逻辑思辨构建结构严谨、体系严密的哲
学体系不同，是一种"生命的学问"，重点在行为而不在知识，在实践
而不在理论，以生命为对象，构成行为系统的学问而不是知识系统的学
问。通过对孔子思想体系的重构，我们可以更好地理解孔子及其创立的
儒学思想体系的性质、功能，理解为什么孔子成为其后儒家学者取之不
尽、用之不竭的思想源泉，为什么儒学在中国古代思想文化发展史上占
有如此显赫而居中制衡、不可取代的历史地位，并在中国历史上产生了
如此巨大、持久、广泛的影响。今天，即使儒学存在的经济土壤、社会
条件、政治制度已不复存在，而儒学仍然引起中国乃至世界广泛的关注
和浓烈的兴趣，儒学研究成为学术研究的热点，儒学复兴成为中华传统

---

① （宋）朱熹：《四书章句集注》，第 92 页。
② （宋）黎靖德编《朱子语类》，第 843、844 页。
③ 郑家栋：《断裂中的传统——信念与理性之间》，中国社会科学出版社，2001，第 285、
　　284 页。

文化传承发展的重要一极。需要重建中国文化的主体性，在此基础上吸收消化外来文化，让儒家思想走出国门、走向世界，参与世界多元文明的交流融汇，为世界文明新秩序的塑造提出中国人的主张，为推动人类文明进步贡献思想力量。

（责任编辑：杨传召）

李瀷《论语疾书》对朱子学的
继承与开拓[*]

唐明贵^{**}

摘　要　　作为朝鲜王朝著名实学思想家的李瀷，在其《论语疾书》中，对朱子学既有继承也有开拓。一方面，他对朱子之学采取了扬弃的态度，不唯朱注马首是瞻，这反映了李氏实事求是的态度；另一方面，他又强调实学，注重考据、自得和经世致用，在朝鲜儒学走向经世致用之学的过程中发挥了主导作用。

关键词　　李瀷　《论语疾书》　朱子学

李瀷（1681～1763），字子新，号星湖，朝鲜王朝著名实学思想家。他自幼聪颖好学，"以经书为先，继以史记、诸子百家"，^① 兼及天文、地理、历史、经济、军事、文学、数学、医学、生物学等。著有《星湖僿说》《星湖文集》《藿忧录》《星湖疾书》等。其中《星湖疾书》包括《四书》《小学》《诗经》《家礼》《近思录》《心经》等，乃模仿朱熹《张横渠画像赞》之作，"'疾书'者，取《张横渠画像赞》'妙契疾书'之义也"，^② "'妙契'，则吾岂敢，疾其书之义，则吾窃有

*　本文系国家社科基金重大项目（21VGQ018）和国家社科基金重大项目"域外《论语》学研究"（16ZDA108）的阶段性成果之一。

**　唐明贵，聊城大学哲学系教授，主要研究方向为《论语》学史。

① 〔韩〕李秉休：《星湖先生家状》，《星湖全集》，韩国景仁文化社，1999，第189页。

② 〔韩〕李秉休：《星湖先生家状》，《星湖全集》，第180页。

取焉"。① 因此，"疾书"是指"在研读学习时有得即录"。② 兹以《论语疾书》为例，管窥其诠释特色。

一　学宗朱说

李瀷师承朝鲜朱子学者李退溪，他曾自言："退翁，吾师也。"因此，他对朱子之学是非常喜欢和推崇的："危坐一室，取经传及有宋程朱、我东退溪书，俯读仰思，刃迎缕解。"③ 在其看来，孔子之教载于《论语》："物莫灵于人，人莫大于圣，圣莫盛于吾夫子，而教莫备于论语。"在《论语》传承过程中，朱子《论语集注》成为孔子之道的唯一嫡传："天地间何可以无此书？周人摈之而诸子传之，秦人火之而壁简复出，异说纷纠而折中于朱子，斯文定于一而集注于是乎孤行。噫！世教何可以无此解？此幸之幸也。"因此，要想研习《论语》，必须先研读《论语集注》："欲看此书，须先究此注；欲究此注，须先得其心。得朱子之心，夫子之心又庶几可推也。何谓心？朱子之为此注，其于旧说，苟可以因，则因之，不苟新也；或前后异见，则易之，不苟弃也。用此知朱子之心与天地同恢，与古今同公，无一毫系吝，而唯义之从也。"④ 只有通过《论语集注》，才能推得孔子之心。有鉴于此，在《论语疾书》中，他对朱子《论语集注》有所称赞和补益。

首先，李瀷称赞朱注。由于学崇朱学，故李瀷高度称赞朱熹对《论语》的注释。如《八佾》篇中的"夷狄之有君，不如诸夏之亡也"，朱子引程子曰："夷狄且有君长，不如诸夏之僭乱，反无上下之分也。"又引尹氏曰："孔子伤时之乱而叹之也。亡，非实亡也，虽有之，不能尽其道尔。"⑤ 在李瀷看来，这一注释深得经文意旨："韩子《原道》作'不及诸夏'之义。然人而无伦，与禽兽无别。夷狄有君，岂不反胜耶？此章上下皆因僭乱而发，圣人方斥其逼犯，必照夸誉之理。集注深

① 〔韩〕李秉休：《星湖先生家状》，《星湖全集》，第 189 页。
② 〔韩〕宋河璟：《论语疾书题解》，《国际儒藏·韩国编·四书部·论语卷二》，华夏出版社、中国人民大学出版社，2010，第 90 页。
③ 〔韩〕蔡济恭：《星湖先生墓碣铭》，《星湖全集》，第 193 页。
④ 〔韩〕李瀷：《论语疾书序》，《国际儒藏·韩国编·四书部·论语卷二》，第 91 页。
⑤ （宋）朱熹：《四书章句集注》，中华书局，1983，第 62 页。

得其意。"① 又《子罕》篇"文王既没，文不在兹乎"，朱子注曰："道之显者谓之文，盖礼乐制度之谓。不曰道而曰文，亦谦辞也。"② 李瀷对此也比较认可："德之纯者，显而为文，兼表里而言者也。集注云'道之显'者，得其旨矣。"③ 其符合《诗经·维天之命》"维天之命，于穆不已。于乎不显，文王之德之纯"。

其次，引证朱子他说。在对《论语》诠释的过程中，朱熹对于相同的经文在不同的地方做了不同的解释，李瀷有时也引以证之，以便更好地理解经文。如《为政》篇"为政以德"章，朱注曰："北辰，北极，天之枢也。居其所，不动也。共，向也，言众星四面旋绕而归向之也。"④ 对于这一注释，朱子还有他说，李瀷引之曰："何以见得众星之拱？如朱子说，置一个射糖盘子，用力斡旋不休，则凡盘中之物，大小远近莫不推转内向，至中央桩子而后止。盖缘盘之旋转，外面渐急，内面渐缓，至中心缓极而不动。盘中之物亦莫不一边急而一边缓，渐推向缓处走，其势然也。众星在天，各守躔度，虽不移动，其一意内向，据此可知。'为政以德'，何异于是？"⑤ 借射糖盘子之喻，很形象地对"居其所而众星共之"做了解读。

最后，疏解朱注。在解释《论语》时，李瀷对其中的部分朱注予以了疏解。如《为政》篇"为政以德"，朱子引范祖禹曰："为政以德，则不动而化、不言而信、无为而成。所守者至简而能御烦，所处者至静而能制动，所务者至寡而能服众。"李瀷对此注释曰："所守者只一个德，则简矣。所处者敛藏于方寸之内，则静矣。所务者不出于身心之外，则寡矣。"⑥ 对其中的"简""静""寡"又做了补充说明。同篇"攻乎异端，斯害也已"，朱子引范祖禹曰："攻，专治也，故治木石金玉之工曰攻。异端，非圣人之道，而别为一端，如杨墨是也。其率天下至于无父无君，专治而欲精之，为害甚矣！"李瀷对此予以进一步申说："异端，如杨墨之类。孟子时，其祸如许，则夫子时，必有其兆

---

① 〔韩〕李瀷：《论语疾书》，《国际儒藏·韩国编·四书部·论语卷二》，第98~99页。
② （宋）朱熹：《四书章句集注》，第110页。
③ 〔韩〕李瀷：《论语疾书》，《国际儒藏·韩国编·四书部·论语卷二》，第116页。
④ （宋）朱熹：《四书章句集注》，第53页。
⑤ 〔韩〕李瀷：《论语疾书》，《国际儒藏·韩国编·四书部·论语卷二》，第94页。
⑥ 〔韩〕李瀷：《论语疾书》，《国际儒藏·韩国编·四书部·论语卷二》，第94页。

矣。杨疑于义，墨疑于仁，故学者多欲去治而精之。然毫厘之差，谬以千里，其流之弊，将至于无君无父。故圣人早知而预戒之，故集注云'为害甚矣'。'已'者，甚辞也。"① 这一补说有利于人们进一步理解经文和注文。《公冶长》篇"女与回也孰愈"，朱子引胡安国曰："子贡方人，夫子既语以不暇，又问其与回孰愈，以观其自知之如何。闻一知十，上知之资，生知之亚也。闻一知二，中人以上之资，学而知之之才也。子贡平日以己方回，见其不可企及，故喻之如此。夫子以其自知之明，而又不难于自屈，故既然之，又重许之。此其所以终闻性与天道，不特闻一知二而已也。"② 对这一说法，李瀷进一步申说："凡事莫不有本，如丧主于哀，则其本哀而已。节目虽多，莫非以哀斟酌为之节。颜子闻丧礼，则便晓其本在哀，故所以都晓其许多。子贡不能如此，只就其中善自较量，权轻重而执中。此其有知十知二之分也。如曾子、子贡，卒闻'一贯'之道，则其终也，皆几于知十矣。故集注云'不特闻一知二而已'。"③ 这一解释更通俗明白。又《子路》篇有"举尔所知。尔所不知，人其舍诸"，朱子引程子曰："人各亲其亲，然后不独亲其亲。仲弓曰'焉知贤才而举之'、子曰'举尔所知，尔所不知，人其舍诸'便见仲弓与圣人用心之大小。推此义，则一心可以兴邦，一心可以丧邦，只在公私之间尔。"④ 李瀷就此释曰："上古不独亲其亲，至大道隐，而人各亲其亲矣。各亲其亲，如所谓'老吾老'也；不独亲其亲，如'以及人之老'也。若要不独亲其亲，须从各亲其亲始；各亲其亲，则不独亲其亲者又可以庶几矣。引此为喻，云尔当姑举尔知，而举错不失，则人亦将各举其知，是谓不独举其知也。"⑤ 以家庭伦理关系为例，借喻人才选拔。

二　质疑前注

在李瀷看来，"圣贤遗书，终不可以悉晓"，⑥ 尤其是 "《论语》义

---

① 〔韩〕李瀷：《论语疾书》，《国际儒藏·韩国编·四书部·论语卷二》，第 96 页。
② （宋）朱熹：《四书章句集注》，第 77 页。
③ 〔韩〕李瀷：《论语疾书》，《国际儒藏·韩国编·四书部·论语卷二》，第 104 页。
④ （宋）朱熹：《四书章句集注》，第 141 页。
⑤ 〔韩〕李瀷：《论语疾书》，《国际儒藏·韩国编·四书部·论语卷二》，第 121 页。
⑥ 转引自白承锡《李瀷及其〈诗经疾书〉》，《古典文学知识》1998 年第 1 期。

最奥，语最简，圣人之言，达则便止，而彻上彻下也。固非一蹴可透，又截去上面所为发而只存夫子之结辞，不似《庸》《学》之有规矩，《孟子》之多敷演，所以为尤难晓解也"。为了便于人们习读，后人多有注释，但这些注释"当时取舍""初或有中"，[1] 也难免有些失当之处，"便有乖妄"。[2] 即便是朱子的《四书章句集注》亦是如此，"看经岂不难乎，朱子以后，笺释之具备，莫如《庸》《学》二书，其深义奥诀，置不论，《中庸》十九章注，宾弟子兄弟之子，此之字，即弟字之误；《大学》经一章注，止于至善之地而不迁，此止字，即至字之误。今古诸儒皆不能看得出也。但曰一字致疑则妄也，考校参互则罪也，朱子之文尚如此，况古经乎？东人之学，难免鲁莽矣"，[3] "朱子释亦或不免有未详难晓……其无考证处，安保其一一无疑乎"。[4] 有鉴于此，他指出，在研习过程中，没有必要一味拘泥于前人注释，而应该辩证地来看待。

一是认为朱注可疑。如《八佾》篇"与其媚于奥，宁媚于灶，何谓也"，朱注曰："王孙贾，卫大夫。媚，亲顺也。室西南隅为奥。灶者，五祀之一，夏所祭也。凡祭五祀，皆先设主而祭于其所，然后迎尸而祭于奥，略如祭宗庙之仪。如祀灶，则设主于灶陉，祭毕，而更设馔于奥以迎尸。故时俗之语，因以奥有常尊，而非祭之主；灶虽卑贱，而当时用事。喻自结于君，不如阿附权臣也。贾，卫之权臣，故以此讽孔子。天，即理也；其尊无对，非奥灶之可比也。逆理，则获罪于天矣，岂媚于奥灶所能祷而免乎？言但当顺理，非特不当媚灶，亦不可媚于奥也。谢氏曰：'圣人之言，逊而不迫。使王孙贾而知此意，不为无益；使其不知，亦非所以取祸。'"[5] 在李瀷看来，"集注有可疑者三，一是灶陉及奥毕竟一神，若如集注，则如曰'媚此神于至奥之后，不如媚之于此神在灶之时'，以此取比于人主权臣之别，未见妥当也；二是五祀均也，似不当举灶为言也；三是奥者，室中之事，虽迎灶神，当祭于堂，不必引入于室中。《郊特牲》云：'诏祝于室，坐尸于堂。'祝

① 〔韩〕李瀷：《论语疾书·序》，《国际儒藏·韩国编·四书部·论语卷二》，第91页。
② 〔韩〕李瀷：《论语疾书》，《国际儒藏·韩国编·四书部·论语卷二》，第91页。
③ 转引自白承锡《李瀷及其〈诗经疾书〉》，《古典文学知识》1998年第1期。
④ 转引自白承锡《李瀷及其〈诗经疾书〉》，《古典文学知识》1998年第1期。
⑤ （宋）朱熹：《四书章句集注》，第65页。

取牲膟营燎于炉炭，入告神于室。灌后尸出堂，坐户西而南面也。祭祖尚然，岂以祭灶而自灶迎入于室中耶？"既然朱注有可疑之处，那么应该对此如何作解呢？李氏指出："愚谓《仪礼·馈食（记）〔礼〕》'尸卒食，而祭饎爨、雍爨。'爨者，老妇之祭也。老妇者，先炊也。食竟而祭，为其有功于人人得饮食，故祭报之也。'《家语》云："臧文仲安知礼"，"燔柴于灶"。'……《礼记》以'瓮'作'奥'，郑注云'"奥"当作"爨"'，'或作"灶"'，疏云'诸《礼记》本有作"灶"字'也。盖老妇之祭不当于奥，而《家语》之文如此，则其误明甚。而老妇之祭于灶，实宜故也。臧孙以为火神而燔柴，则妄，故圣人讥之固当。而设祭于灶，则其义当然。奥者，祭祖之所，而灶则祭老妇之所也。贾之意盖曰：'媚于祖神，不如媚于老妇之神。如欲求食，使其媚于家主，不如媚于炊妇。故以祭为喻，比人主权臣之间也。'"① 李瀷指出了《孔子家语》的错误，明确了经文的意思。又《公冶长》篇孔子在回答孟武伯所问子路、冉求、公西赤"仁乎"这一问题时，都说"不知其仁"，李瀷对此指出："于仲弓及三子，俱称'不知其仁'。上文集注云：'仁道至大，非全体而不息者，不足以当之。'圣人固不得（以）〔而〕轻许之也。三子之不及于全体而不息，则必矣。今云'不知'者，似是不许之意，而集注却云'不能必其有无'，可疑。"② 因此，李瀷认为朱注所言可疑。

二是否定朱注。《学而》篇"不患人之不己知，患不知人也"，朱注引尹氏曰："君子求在我者，故不患人之不己知。不知人，则是非邪正或不能辨，故以为患也。"③ 李瀷指出："'人不知己'处下'邪正'字不得。所谓'不知人'，恐是人有贤能，而我不知之也，以上下文势推之也。集注却以'邪正'为言，更详之。"④ 李瀷认为其中"邪正"用得不当。又《八佾》篇"君子无所争，必也射乎！揖让而升，下而饮，其争也君子"，朱注曰："揖让而升者，大射之礼，耦进三揖而后升堂也。下而饮，谓射毕揖降，以俟众耦皆降，胜者乃揖不胜者升，取觯立饮也。言君子恭逊不与人争，惟于射而后有争。然其争也，雍容揖

---

① 〔韩〕李瀷：《论语疾书》，《国际儒藏·韩国编·四书部·论语卷二》，第 100~101 页。
② 〔韩〕李瀷：《论语疾书》，《国际儒藏·韩国编·四书部·论语卷二》，第 104 页。
③ （宋）朱熹：《四书章句集注》，第 53 页。
④ 〔韩〕李瀷：《论语疾书》，《国际儒藏·韩国编·四书部·论语卷二》，第 94 页。

逊乃如此，则其争也君子，而非若小人之争矣。"① 李瀷认为其中所说的"射礼"中"无下而饮之事"，"'升'与'降'为对，'上'与'下'为对，'下'非'升'之对也。《射礼》曰升、曰降，未尝以'上、下'言。有曰上射、下射，以地位言也。射之礼，以东为上，以西为下。故上射在东，下射在西。射毕，舍豐于西楹之西，不胜者就饮焉。至是虽上射亦下而西，故下而饮也"。②

三是否定朝鲜人的注释。朝鲜人在中国经典原文基础上，用朝文加上音义、助词、词尾和译文，此之谓谚解。对其中的不当之处，李瀷也予以批判。如《述而》篇"盖有不知而作之者，我无是也"，他指出："人盖有不知而作之者，而圣人无是。言人之过而下'盖'字，见其忠厚之至。今谚释作问辞看，非是。"③ 又《先进》篇子张问善人之道，孔子曰："不践迹，亦不入于室。"朱注曰："善人，质美而未学者也。程子曰：'践迹，如言循途守辙。善人虽不必践旧迹而自不为恶，然亦不能入圣人之室也。'张子曰：'善人欲仁而未志于学者也。欲仁，故虽不践成法，亦不蹈于恶，有诸己也。由不学，故无自而入圣人之室也。'"④ 李瀷围绕这一解释指出："凡人未至于圣，宜循途守辙。循途守辙，即依元本。今善人者，合下质美，虽不依本子，所行自好。然既不知学，何由入室？故正文'践迹'之下，若添个'自不为恶'之意看，则其义自明。注说如此，故下一'虽'字也。正文既无此句，而谚释赚连'虽'字为解，错矣。其下有'亦'字，可见二句是对举之说。"⑤

三　注重考据

李瀷所处时代恰逢清康熙二十年（1681）至乾隆二十八年（1763）间，此时重视名物训诂的朴学较兴盛。与之相呼应，李瀷在《论语疾书》中呈现了类似的致思路线，注重对《论语》中名物典制的探究。

---

① （宋）朱熹：《四书章句集注》，第63页。
② 〔韩〕李瀷：《论语疾书》，《国际儒藏·韩国编·四书部·论语卷二》，第99页。
③ 〔韩〕李瀷：《论语疾书》，《国际儒藏·韩国编·四书部·论语卷二》，第114页。
④ （宋）朱熹：《四书章句集注》，第127～128页。
⑤ 〔韩〕李瀷：《论语疾书》，《国际儒藏·韩国编·四书部·论语卷二》，第119页。

一是对儒家经典的考察。如他曾对《曾子》一书进行了考察，指出："曾子之言，未泯者亦多。《汉·艺文志》'曾子十八篇'，自隋唐以来，亡八篇，存者十篇。《大戴礼》自四十九至五十八，凡十篇，皆曾子之言，即与其弟子公明仪、乐正子春、单居离、曾元、曾华之徒讲论而为之者也。论者或以为非圣门法语，然董子对策已引其书曰：'尊其所闻则高明，行其所知则光大。'然则，其书固在董子之前矣。今若删其烦乱，取其精要，又采四书及《小戴》中语合为一书，日从事而究极之，则庶几谢子尽心之训矣。"① 李瀷还引明儒杨慎之说对石经的发展简史予以说明："汉灵光和六年，刻石镂碑，载五经文于太学讲堂前。蔡邕以（熙）〔熹〕平四年，定正六经文字，自书于碑，使工镌刻，立于太学门外。魏正始中，立古、篆、隶三体石经。刘曜入洛，焚毁过半。魏世宗神龟元年，从崔光之请，补石经。天宝中，刻九经于长安。五代孟昶在蜀刻九经，最为精确。朱子《论语》注引石经者，谓孟蜀石经也。宋淳化中，刻于汴京，今犹有存者。"②

二是对名物之间的区别予以辨析。如《为政》篇"大车无輗，小车无軏"，李瀷对其中的輗、軏以及与之有关的物件进行了解读："輗、軏皆辕端之名。大车用直，小车用曲。不曲，则辕高而轮低，不合于坐乘。若任载者，何必然？用曲或妨于牢固矣。上言横木者，横其木也；下言衡者，即横木之名，承上而省文也。钩衡者，以軏持衡也，牛车缚輗，亦取其固。字书云：'耕者以曲木加于牛项谓之軏。'项，领下也。意者以衡驾在牛项，又以曲木加于项上而缚于衡也。《六书》云'輗乃持衡者，大车载重歧衡'，'与小车不同'。所谓歧衡，似指辕端与衡相接处也。今之大车，必两端而加衡，所谓歧衡也。"③ 又《阳货》篇"夫三年之丧，天下之通丧也"，李瀷借此对古代的丧服制度予以申说："凡服，三从兄弟出于高祖，则三月；再从兄弟出于曾祖，则五月；从兄弟出于祖，则九月；亲兄弟，同出于父，则期。以此推之，祖父母及伯叔父母，宜皆九月，父母宜期，此所谓'至亲以期断'者也。然圣人有作制为加隆之法，祖父母及伯叔父母加为之期，父母加为之三年，余亲依旧不动。盖以期断者，只如宰我之言谷登火改之义也。我实有见

① 〔韩〕李瀷：《论语疾书》，《国际儒藏·韩国编·四书部·论语卷二》，第92页。
② 〔韩〕李瀷：《论语疾书》，《国际儒藏·韩国编·四书部·论语卷二》，第119页。
③ 〔韩〕李瀷：《论语疾书》，《国际儒藏·韩国编·四书部·论语卷二》，第96页。

乎此，而不解有加隆之制，盖恩薄而不知跂及者也。子曰：'汝安则为之。'苟可安心而为之，是直情而径行也，岂圣人之所望哉？先言不安之端，而以见其安之之非义，所以深责之也。"①

三是对《论语》中的人物予以解读。如《雍也》篇"有澹台灭明者，行不由径，非公事，未尝至于偃之室也"中有"澹台灭明"，李瀷对这个人物予以申说："《家语》，子曰：'以容取人，则失之子羽；以辞取人，则失之宰予。'又曰：'吾欲以颜状取人也，则于灭明改之矣；吾欲以言辞取人也，则于宰我改之矣；吾欲以容貌取人也，则于子张改之矣。'于《弟子解》又云：'澹台灭明有君子之姿，孔子尝以容貌望其才。其才不充孔子之望，然其为人公正无私。'《史记》云：'子羽状貌〔甚〕恶。欲事孔子，孔子以为材薄。既已受业，退而修行。南游至江，从弟子三百人，设取予去就，名施乎诸侯。孔子〔闻之〕，曰："吾以言取人，失之宰予；以貌取人，失之子羽。"'《索隐》云：'子羽有君子之容，而行不胜其貌；宰我有文雅之辞，而智不充其辩。'诸说不同，而以此章之意推之，其为笃行则信矣，《史记》之说近之。或者夫子有貌取失之之语，而以宰我事偶之，故有许多言议，夫子则本谓其貌丑而行笃耶？《括地志》云：'昔者澹台子羽赍千金璧渡河，阳侯波起，两蛟夹舟。子羽曰："吾可以义求，不可以威劫。"操剑斩蛟，蛟死，乃投璧于河，三投而辄跃出，乃毁璧而去，亦无怪意。'其说诞妄不可采，而要亦笃行之一证。"② 通过引经据典，李瀷对澹台灭明的事迹予以考证。

四 别出新见

李瀷在对《论语》的诠释过程中，不愿意拘泥前见，而是喜发新见。其侄李秉休曾这样评价说："先生之学不喜依样，要以自得。经文注说之间，有疑必思，思而得之，则疾书之，不得，则反复思之，必得乃已。故《疾书》中概多前儒未发之旨。"③ 这主要体现在两个方面。

一是在断句方面，如《学而》篇"巧言令色，鲜矣仁"，大多数

---

① 〔韩〕李瀷：《论语疾书》，《国际儒藏·韩国编·四书部·论语卷二》，第130页。
② 〔韩〕李瀷：《论语疾书》，《国际儒藏·韩国编·四书部·论语卷二》，第109～110页。
③ 〔韩〕李秉休：《星湖先生家状》，《星湖全集》，第180页。

学者都以此断句，但李瀷却另起炉灶，指出："'鲜矣仁'者，'鲜矣'为一句，与'鲜仁'不同，故专言鲜也。必专言者，明其极鲜也。如曰'鲜矣哉，仁！'"① 认为应在"鲜矣"处断句，以突出"鲜"字。此说恐不如原断句更符合经义。《里仁》篇"朝闻道，夕死可矣"，李瀷更起新断句曰："'朝闻道夕死'当为一句读，此倒句法也。'可'属'闻道'，不属'死'字，若曰'虽夕死而朝闻道可也'云尔。凡人之情，或以年纪已暮，死期不远，而乃以闻道为无益，故勉之云：'纵使夕死，及是朝也，又不可不闻道。'比如悦口之刍豢在前，岂可因将死而不饱？宜若及未死而愈欲亟进之也。"② 此说有一定的道理。

二是在经义自得方面，如在对《论语》的诠释中，李瀷把仁、心、气、理、性搭挂起来，指出："仁者，性也，性即理也。理中有四，仁居其一。仁之发则爱，爱即情也。何以知其有这仁？由情而推测也。故曰彼仁者，即爱之所由生者是也。此以理言也。心，气也，心统性，四德莫非心之所该。然仁为全德，故曰心之德也。此以气言也。非气，理无挂搭处故也。"③ 把气也作为与理具有同等位置的概念，体现了与朱子不同的学术理念。《学而》篇"贤贤易色"，朱熹解曰："贤人之贤，而易其好色之心，好善有诚也。"④ 而李瀷却不这样认为，他指出："古之学文，非如今世词章决科之比，必将讲究论说，有益于身己也。若不先自著脚于孝弟，则亦不屑于学文。此以初学者言也。此章云'贤贤易色'，贤贤者，尊师也。尊师而受益者，又不过学文之事。如欲忠孝之穷至理义，不尊师，则无以致也。此以君子终身之学言也。故上章言孝弟，此章兼言事君。事君非初学之所践也。谓之'贤贤'，则又不比学文之践而已。而况以之'易色'，则好之深而得之于己也。"⑤ 将其中的"贤贤"释为"尊师"，将"易色"释为"好之深而得之于己"，与朱注"贤人之贤"和"易其好色之心"是有区别的。

① 〔韩〕李瀷：《论语疾书》，《国际儒藏·韩国编·四书部·论语卷二》，第 92 页。
② 〔韩〕李瀷：《论语疾书》，《国际儒藏·韩国编·四书部·论语卷二》，第 101～102 页。
③ 〔韩〕李瀷：《论语疾书》，《国际儒藏·韩国编·四书部·论语卷二》，第 92 页。
④ 〔宋〕朱熹：《四书章句集注》，第 50 页。
⑤ 〔韩〕李瀷：《论语疾书》，《国际儒藏·韩国编·四书部·论语卷二》，第 92 页。

五　经世致用

《论语疾书》不仅表达了李瀷经世致用的著书目的，而且也体现了其经世致用的经学特征。在他看来，"穷经，将以致用也。说经而不措于天下万事，是徒能读耳。子所雅言，诗书执礼。诗以道志，书以道事，礼以道行，皆相为用，而不可阙者也。后之学者，读诗专于讽诵，行礼专于揖逊，叩之政事则蔑如，奚可哉？子曰：'诵诗三百，授之以政，不达；使于四方，不能专对。虽多，亦奚以为？'盖矫其弊也"。① 李氏还就《论语》专门指出："凡《论语》之言，多有为而发，圣人非无端而有此说也。见人有善恶不同而即事论辨，如其所由言者不可不著，别必加之于首，如'八佾''雍彻'之类是也。虽有其由，而其断之之辞自成道理，则只存夫子之言，如子路'鼓瑟'、子贱'君子'之类是也。然考证传记，推究本意，意味愈深。如集注所谓'必因僭礼乐而发'者，看得衬切。若悬空泛说一个礼乐，则何必不仁也？不义者亦同然也。惟且不仁者欲用之，故圣人言之。一部《论语》，须以此意看。"② 主张做学问不能乖离现实，而应专注于现实社会。

在治国理政方面，在李瀷看来，一是为政者要维持政治秩序，不能让臣下僭越。在解释《八佾》篇时，他指出："礼者，吉凶之通名。奢俭属乎吉，易戚属乎凶，吉凶皆礼也。过则为奢易，不及则为俭戚。过不必止于文胜，凡涉僭而逾分者，乃过之大者也。下文以管仲'三归'等为不俭，而人便疑其知礼。即无论其说之当否，当时之俗即以僭不俭者即归之礼也。此章必因礼之有僭奢者发。知丧之必以戚为本，则礼之本于俭盖明矣。大抵此篇至第六章，皆因僭乱者发。而至季氏旅泰山，又引林放为证，则此章之为僭发者尤晓然。盖'三归、反坫'，管仲之不俭，而三家亦类之。当时以为知礼，故放疑而为问。夫俭则不奢，不奢则不僭在其中。天下之无治，莫非一个僭奢为之机括，弃奢归俭，便是继文以忠也。使时君苟知此意，则礼乐之兴犹庶几可待。时人方且靡靡不觉，独放欲得之，故夫子大之。"③ 他批评了《论语》中列举的僭

---

① 转引自白承锡《李瀷及其〈诗经疾书〉》，《古典文学知识》1998 年第 1 期。
② 〔韩〕李瀷：《论语疾书》，《国际儒藏·韩国编·四书部·论语卷二》，第 98 页。
③ 〔韩〕李瀷：《论语疾书》，《国际儒藏·韩国编·四书部·论语卷二》，第 98 页。

乱行为，认为这是天下无治的原因。在他看来，"当时皇纲解纽，等威无章，大夫而僭诸侯，诸侯而僭天子者有之。至于陪臣僭天子之礼乐，则悖之极也"。①

二是为政者要懂得恤下。《为政》篇"孝慈则忠"，朱注曰："孝于亲，慈于众，则民忠于己。"② 李瀷就此进一步阐释道："'君子不出家而成教于国'，故孝者所以事亲，慈者所以御众，家齐于上而效捷于下。推孝事君，民必效之；惟慈使众，民必悦之，所以为劝忠也。不曰敬上恤下，而以孝慈为言，所以深探其本。集注云'慈于众'，即恤下之谓也。"③ 由孝慈引申到事亲、御众，揭示了为政之本。恤下的表现就在于减赋。在诠释《颜渊》篇"年饥，用不足，如之何"时，李瀷指出："财出于民只有此数，不在下则在上。哀公之世，君民皆贫，何也？归于权贵也，四分公室，三子者尽征而贡于公，所以三子益富，而公日不足也。公无奈于三子，而欲加赋取足，殊不知虽什取八九，适足为三子之附益，而公室之不足犹夫耳。若纾彻，则三子之权可以稍杀，而君与民庶几少振，故有若云尔。然是时，三子僭侈专恣，公之力可以加赋，而不能以减赋也，彻与不彻岂公之所得自由？若果加赋，则百姓不足，而君与之速亡。彼三子者归咎公室，专意肥己。有若之意，其欲警切公欤。"④ 如果加赋，只能使权贵受益，哀公和百姓还是受贫。

三是为政者要做到为利天下。在诠释《里仁》篇"放于利而行，多怨"时，李瀷由此生发道："'利者，义之和也'，天地间元有此理。利若无人己之别，则何所往而不可？圣人者，以四海为家，固欲同仁而极利之，则愈利愈善，惟恐其一毫之不利也。若主一国，则利吾国而未必利他国；主一家，则利吾家而未必利他家；主一身，则利吾身而未必利他身，此利己而不利人。私也，非公利也，所以不可行也。若利吾身、吾家，而达之天下亦无害者，亦不害为公利。如耕田而食，凿井而饮，虽无利于他人，而吾何惮不为也？使天下之民各有耕凿之利，天下斯利矣，此圣人之所欲也。然专放于此，则虽耕凿之间，又将有争畔争

---

① 〔韩〕李瀷：《论语疾书》，《国际儒藏·韩国编·四书部·论语卷二》，第98页。
② （宋）朱熹：《四书章句集注》，第58页。
③ 〔韩〕李瀷：《论语疾书》，《国际儒藏·韩国编·四书部·论语卷二》，第96页。
④ 〔韩〕李瀷：《论语疾书》，《国际儒藏·韩国编·四书部·论语卷二》，第120页。

汲之弊，所以致怨也。"① 他认为圣人之利是想达到"同仁而极利"的目的，这是高层次的"利"。还有"不害为公利"的私利，此利虽不利他者，但亦不足为惧。

总之，李瀷的《论语疾书》，一方面对朱子之学采取了扬弃的态度，不唯朱注马首是瞻，反映了李氏实事求是的态度。另一方面，他强调实学，注重考据、自得和经世致用，在朝鲜儒学走向经世致用之学的过程中发挥了主导作用："若举其大要，则其于经学，由集注以溯六经之旨，而间多先儒之所未发，皆出于深思自得也。其论礼，必弃奢而从俭。其论经济，必损上而益下。皆探本挈要，各有科条，可举而措，异乎世儒陈腐无用之空言也。"②

（责任编辑：张兴）

---

① 〔韩〕李瀷：《论语疾书》，《国际儒藏·韩国编·四书部·论语卷二》，第102页。
② 〔韩〕《星湖全集》第3册，《韩国文集丛刊》第200辑，民族文化促进会，1997，第178～179页。

魏晋《论语》学研究[*]

——以《世说新语》为讨论中心

曾敬宗[**]

摘　要　《世说新语》书中大量取用《论语》典实之现象颇为令人注目，且二书皆用条列与简短形式进行载录，故有学人认为《世说新语》是部"新《论语》"之书。职是之故，试图以《世说新语》中对《论语》之接受材料作为研究对象，透过全面梳理与解析，朗现《论语》在魏晋时期所产生的影响，从中亦可体察时人如何实践孔学精神，除此之外也希望透过资料的转换，进而对目前魏晋《论语》学之研究成果进行补充。

关键词　《世说新语》　《论语》　书名篇章　孔门人物　孔学精神

一　魏晋时期《论语》的影响

　　《论语》一书乃孔子与弟子、时人应答之语录作品，依理而言，此书最能直接展现孔子的思想学说与人格形象。因此，自古以来即被士大夫视为必读典籍，由此而产生的历代对《论语》的批注，更是中国学术史上研究孔子学说的重要文献。我们若从接受的角度来观察魏晋时期《论语》的传播情形，可以发现魏晋时期对《论语》的爱好实不亚于《周易》、《老子》与《庄子》等"三玄"。例如：

---

　　*　本文系国家社科基金后期资助项目"魏晋玄学之反玄理路研究与文献辑要"（19F2XB077）的阶段性成果。

　**　曾敬宗，文学博士，东莞理工学院文学与传媒学院副教授，主要研究方向为中国哲学史、儒学。

桓公初报破殷荆州，曾讲《论语》，至"富与贵，是人之所欲，不以其道得之不处"。玄意色甚恶。①

据《桓玄别传》与《隆安记》的记载，可知桓玄与殷仲堪本为交情甚好的故友，后因殷仲堪之猜忌与谗害，桓玄于是发兵击灭殷仲堪，当刚获打败殷仲堪的消息时，桓玄此刻正在讲论《论语·里仁第四》："子曰：'富与贵，是人之所欲也，不以其道得之，不处也。贫与贱，是人之所恶也，不以其道得之，不去也。君子去仁，恶乎成名？君子无终食之间违仁，造次必于是，颠沛必于是。'"②《论语》此则主要言君子不会因富贵、贫贱而去仁、违仁，孔子这段话为何会使得桓玄脸色极为难看呢？应该是这场景深深地讽刺了他图谋篡夺皇位的野心。桓家以武兴家，《方正》篇曾载桓温替儿子求娶王坦之的女儿，结果被其父王述批评曰"兵，那可嫁女与之"，③ 由此可知桓家当时门第并不高，被视为一介武夫，兵家在日常生活中都在谈讲《论语》，更何况是士人家中呢？因此由桓玄讲《论语》，可看出《论语》对魏晋人的重要性是不言而喻的。又如：

袁悦有口才，能短长说，亦有精理。始作谢玄参军，颇被礼遇。后丁艰，服除还都，唯赍《战国策》而已。语人曰："少年时读《论语》、《老子》，又看《庄》、《易》，此皆是病痛事，当何所益邪？天下要物，正有《战国策》。"既下，说司马孝文王，大见亲待，几乱机轴。俄而见诛。④

此则主要载明袁悦服膺《战国策》一事，《战国策》多记战国纵横策士捭阖游说之术，而魏晋时期雅尚"清谈"，此书正可在辩论技巧上提供极大助力，故被袁悦视为天下要物。文中有言《论语》、《老子》、《庄子》与《周易》是病痛事，对时用帮助不大，其原因应是玄学发展至东晋时期，若要在内容上推陈出新着实有其困难度，故才有"王导

① 余嘉锡笺疏《世说新语笺疏·尤悔·17》，中华书局，2007，第909页。
② （魏）何晏集解，（梁）皇侃义疏《论语集解义疏·里仁第四》，中华书局，1998，第182页。
③ 余嘉锡笺疏《世说新语笺疏·方正·58》，第394页。
④ 余嘉锡笺疏《世说新语笺疏·谗险·2》，第1044页。

过江止道三理"之旧闻，① 袁悦也明白此时要在内容上有所创获，势必要有新方法的导入，方能更上一层楼，故才极力吸收《战国策》的养料，精进自身的言说话语能力，其"有口才，能短长说"应该是受到了《战国策》的影响，而"有精理"恐怕仍是受益于《论语》、《老子》、《庄子》与《周易》。然而，值得进一步注意的是他所言之为学门径，其言"少年时读《论语》、《老子》，又看《庄》、《易》"，虽然袁悦言此四典籍皆是病痛事，无所帮助，但其用意乃在突出《战国策》的重要性，并非否定此四书的价值，若立足后设角度以观，如非以此四本经典的知识体系为谈助，其何以能立足于谈界？众所周知，魏晋时期《老子》《庄子》《周易》为清谈界的三部经典教科书，被当时士人视为极重要的"谈资"，后世艳称为"三玄"，故从袁悦的读书次第，可知《论语》是他在读三玄之前，最先研读的书籍，可见《论语》在当时的重要性实不亚于《老子》《庄子》《周易》。除此之外，从梁代皇侃《论语集解义疏》的叙中，可知光是皇侃自己的义疏就参引了 13 家两晋时期《论语》批注，② 若是再进一步从各种书籍之中梳理出魏晋时期的《论语》批注，就不只是这 13 家而已。因此，从魏晋时期各阶层对《论语》的喜爱程度与将近 60 家的批注情况而言，这都显示出魏晋时期对《论语》的爱好实不亚于"三玄"，或可列为第四玄。③

---

① 余嘉锡笺疏《世说新语笺疏·文学·21》，第 249 页。

② "晋大保河东卫瓘字伯玉，晋中书令兰陵缪播字宣则，晋广陵大守高平栾肇字永初，晋黄门郎颍川郭象字子玄，晋司徒济阳蔡谟字道明，晋江夏大守陈国袁宏字叔度，晋著作郎济阳江淳字思俊，晋抚军长史蔡系字子叔，晋中书郎江夏李充字弘度，晋廷尉大原孙绰字兴公，晋散骑常侍陈留周坏字道夷，晋中书令颍阳范宁字武子，晋中书令琅琊王珉字季琰，右十三家为江熙字大和所集。侃今之讲，先通何集，若江集中诸人有可采者，亦附而申之。"参见（魏）何晏集解，（梁）皇侃义疏《论语集解义疏·叙》，第 157 页。

③ 关于魏晋时期《论语》批注往往有以玄解经的现象："何注始有玄虚之语。如'子曰：志于道'。注云'道不可体，故志之而已'。'回也其庶乎，屡空'。注云一曰'空，犹虚中也'。自是以后，玄谈竞起。……孙绰云：'耳顺者，废听之理也，朗然自玄悟，不复役而后为。'……李充云：'圣人无想，何梦之有？……'缪协云：'圣人体无哀乐，而能以哀乐为体，不失过也。'……郭象云：'以不治治之，乃得其极。'……江熙云：'圣人体是极于冲虚，是以忘其神武，遗其灵智。'……顾欢云：'夫无欲于无欲者，圣人之常也；有欲于无欲者，圣人之分也；二欲同无，故全空以目圣；一有一无，故每虚以称贤。'太史叔明申之云：'按其遗仁义、忘礼乐……忘有顿尽，非空而何？……'此皆黄疏所采，而皇氏玄虚之说尤多。"参见（清）陈澧《东塾读书记·卷二·论语》，黄国声主编《陈澧集》第 2 册，上海古籍出版社，2008，第 31～32 页。

经上论述可知《论语》一书在魏晋时期仍有一定的重要性与影响力，然而若进一步审视当前学界对魏晋《论语》学的研究情况，会发现学者经常以"批注文献"为研究探讨的对象，① 这样的研究视角确实能观察出魏晋南北朝《论语》批注的专业向度，② 然而可能无法察照出时人将《论语》应用于日常生活的情况，故吾人可透过不同视野之探究，从中体察《论语》如何影响魏晋时人，看出魏晋时期除了"尚玄"之外，亦非常"重儒"，可谓儒玄并行，从而朗现《论语》对魏晋时期的影响。③

二　书名篇章之命题

《世说新语》书名原为《世说》，此"说"与《论语》之"语"在字义上近似，在唐朝之后《世说》新增"新语"二字而成为《世说新语》，此举更可见唐人深知《世说》对《论语》的继承与发展，"语"字可见其继承向度，"新"字可看出其发展面向，若进一步观察二书之体裁，可明显知道二书均是以条列案例之方式而成书的，因此《论语》可视为记录孔子的"语录"；《世说》可看成展现名士的"笔记"，④ 从书名与体裁均可见刘义庆有意识拟仿《论语》。

在阅读《世说新语》一书之后，不难发现该书前四篇之篇名与孔

---

① 唐明贵：《〈论语〉学的形成、发展与中衰：汉魏六朝隋唐〈论语〉学研究》，中国社会科学出版社，2005；宋钢：《六朝论语学研究》，中华书局，2007；关春新：《魏晋南北朝"论语学"研究》，中国社会科学出版社，2012。

② 庄大钧、石静：《魏晋南北朝经学学术编年》，凤凰出版社，2015，第6页。

③ 目前，有许多学人撰文探讨《论语》对《世说新语》的影响，然大多讨论《世说新语》如何运用《论语》的典故，尚未讨论魏晋时人如何实践孔学精神。如王秀红《〈论语〉对〈世说新语〉的影响》，《兰州铁道学院学报》2003年第2期；许琰《试论〈世说新语〉对〈论语〉的改造运用》，《兰州交通大学学报》2004年第2期；余群《试论〈论语〉对〈世说新语〉的影响》，《学术交流》2004年第10期；彭昊《论〈论语〉对〈世说新语〉人物品评的影响》，《船山学刊》2008年第1期；姚莹《论〈世说新语〉对〈论语〉的继承》，《文教资料》2013年第32期；贾名党《论刘义庆的经学思想——以〈世说新语〉引〈诗经〉、〈论语〉为例》，《中北大学学报》（社会科学版）2015年第6期；阮先薇《从人物语言看〈世说新语·语言〉对〈论语〉的继承与发展》，《南京理工大学学报》（社会科学版）2015年第2期；牛廷顺《〈论语〉对〈世说新语〉的影响》，《许昌学院学报》2015年第4期。

④ 宁稼雨：《诸子文章流变与六朝小说的生成》，《南开学报》1998年第4期。

门四科"德行""言语""政事""文学"是一样的，① 其实不仅篇名一样，就连同编撰次第也是一致的，而其篇幅也类于《论语》这种简短形式，就某种层面而言，可以隐约感觉出《论语》的影响力。除此之外，其他篇章之命题也颇见孔学精神，例如《尤悔》篇，此篇所载多为政治军事，涉及身家性命者。尤，过失也；悔，悔恨也：尤悔即言过失悔恨之事。《尤悔》共收录 17 则，专记魏晋士人因其言行之过失，导致懊恼悔恨之憾事，用以提醒世人谨言慎行，以免追悔莫及，其中最有名的如王导"吾虽不杀伯仁，伯仁由我而死"② 之典实。周顗在元帝面前用尽心力保全王导家人之性命，无奈只因酒后"今年杀诸贼奴，当取金印如斗大系肘后"这玩笑话，引起王导很深的误会，③ 故而怀恨在心，终致使自身被王敦杀害，周顗言论的不谨慎，王导行为的偏误，造成了这场千古憾事。

> 子张学干禄。子曰："多闻阙疑，慎言其余，则寡尤；多见阙殆，慎行其余，则寡悔。言寡尤，行寡悔，禄在其中矣！"④

《论语》此则言明为官之道必须多听闻，多观察，谨言慎行。魏晋时期可说是一动荡不安的年代，如《晋书·卷四十九》言"魏晋之际，天下多故，名士少有全者"，⑤ 知识分子在仕途为官，若稍有不慎，轻则引来牢狱之灾，重则惨遭灭族之祸，故不可不慎，刘义庆编撰《尤悔》，可谓深体孔子之言。

又如《识鉴》篇，识鉴者，洞察时势的识见与鉴别人物的能力也。据《晋书·卷九十四》"魏晋去就，易生嫌疑"，⑥ 魏晋是中国政治非常混乱的时代，而西、东晋之际政争乱象又居其中之最，皇室内部之争引爆八王之乱，不久之后又爆发永嘉之乱，皇室被迫南渡，北方世家大族

---

① "子曰：'从我于陈蔡者，皆不及门也。'德行：颜渊、闵子骞、冉伯牛、仲弓。言语：宰我、子贡。政事：冉有、季路。文学：子游、子夏。"参见（魏）何晏集解，（梁）皇侃义疏《论语集解义疏·先进第十一》，第 234 页。

② （唐）房玄龄等：《晋书·卷六十九》，中华书局，1974，第 1853 页。

③ 余嘉锡笺疏《世说新语笺疏·尤悔·6》，第 1053 页。

④ （魏）何晏集解，（梁）皇侃义疏《论语集解义疏·为政第二》，第 169 页。

⑤ （唐）房玄龄等人：《晋书·卷四十九》，第 1360 页。

⑥ （唐）房玄龄等人：《晋书·卷九十四》，第 2426 页。

亦纷纷渡江避难，结束西晋短暂的统一局面，士人处在这朝不保夕的时局，见机尤显重要，如张翰见秋风起而思菰菜羹、鲈鱼脍，山涛论孙子、吴起用兵本意，正因察其隐微征兆而为时人所称道。除了见机之外，识人亦显重要，见机与识人可说是相辅相成，为识鉴学的一体两面，魏晋时期盛行人物品评之风，其中刘劭《人物志》为一探究选才用人的杰出著作，可谓人物识鉴学之集大成者。向来论者皆认为魏晋品鉴风气源于汉末清议，其实在中国历史上，人物识鉴思想源远流长，其中《论语》较早涉及此论题。《论语》记录许多孔子对人物识鉴的看法，如《学而》："不患人之不己知，患不知人也"，[①] 可见"知人"的重要性，至于如何知人，孔子也提出一些看法，如《为政》："视其所以，观其所由，察其所安，人焉廋哉，人焉廋哉"，[②] "所以""所由""所安"三面向其实已完整涵盖事件前、中、后的整个历程，足以让人心无所遁形。除此之外，孔子还提出"听其言而观其行"，[③] "察言而观色"，[④] "不知言，无以知人也"，[⑤] "观过，斯知仁矣"，[⑥] "君子耻其言而过其行"，[⑦] 此均可见孔子对人物识鉴的重视。

在《识鉴》28 则中多为人物品鉴，其中第 13 则记杨朗被时人称为"知人"，第 16 则载褚裒之"知人鉴"，均可见刘义庆对孔子知人典实之运用。另外，第 18～20 则关于刘惔论殷浩、桓温之记载亦可见孔子"视其所以，观其所由，察其所安"观人之法。孔子可谓刘惔钦慕学习之对象，从《德行·35》与《品藻·50》之载录可清楚看出，若刘惔如此钦慕孔子，甚而在日常生活中实践其学说，想必对孔子思想应颇有理会，故运用孔子"视其所以，观其所由，察其所安"观人之法，进而肯定桓温的能力，但也忧其不臣之志。例如：

> 小庾临终，自表以子园客为代。朝廷虑其不从命，未知所遣，

---

① （魏）何晏集解，（梁）皇侃义疏《论语集解义疏·学而第一》，第 165 页。
② （魏）何晏集解，（梁）皇侃义疏《论语集解义疏·为政第二》，第 168 页。
③ （魏）何晏集解，（梁）皇侃义疏《论语集解义疏·公冶长第五》，第 190 页。
④ （魏）何晏集解，（梁）皇侃义疏《论语集解义疏·颜渊第十二》，第 247 页。
⑤ （魏）何晏集解，（梁）皇侃义疏《论语集解义疏·尧曰第二十》，第 303 页。
⑥ （魏）何晏集解，（梁）皇侃义疏《论语集解义疏·里仁第四》，第 183 页。
⑦ （魏）何晏集解，（梁）皇侃义疏《论语集解义疏·宪问第十四》，第 264 页。

乃共议用桓温。刘尹曰："使伊去，必能克定西楚，然恐不可复制。"①

桓公将伐蜀，在事诸贤咸以李势在蜀既久，承藉累叶，且形据上流，三峡未易可克。唯刘尹云："伊必能克蜀。观其蒲博，不必得，则不为。"②

此两则均可看出刘惔不认同大家的看法，故文中以"共""唯"对举以彰显之。刘惔曾视桓温为"孙仲谋、司马宣王一流人"，③桓温在刘惔心中是位多谋善断、雄霸一方、持重隐忍、觊觎帝位之人，正因如此，若将军事战略要地荆州交由他来治理，虽可平定西楚，但也将埋下无穷后患，故当大家商议让桓温担任荆州刺史时，刘惔担心此举将反使桓温如虎添翼，朝廷日后恐无法控制。刘惔是如何观察知桓温性格与野心的呢？刘惔是从其赌博态度观察出来的，赌博往往能看出一个人的冒险精神与决断能力，以此由小观大，由此及彼，正是孔子"视其所以，观其所由，察其所安"方法之运用。除此之外，刘惔也曾论断殷浩以退为进，仍心存魏阙，如：

王仲祖、谢仁组、刘真长俱至丹阳墓所省殷扬州，殊有确然之志。既反，王、谢相谓曰："渊源不起，当如苍生何？"深为忧叹。刘曰："卿诸人真忧渊源不起邪？"④

殷浩初以守丧为名展现其确然之志，殊不知此是其以退为进之钓名方式，后因简文帝欲抗衡桓温而受重用，却由于北伐失利遭桓温弹劾而被废为庶人，经过一段书空咄咄的落寞日子后，桓温欲以尚书令用之，殷浩援笔答书，生怕丝毫谬误而错失此官职，竟反复开合书信数十次，此举可见其名利心之重。⑤然刘惔从何得知殷浩颇具名利之性格，恐应

①余嘉锡笺疏《世说新语笺疏·识鉴·19》，第475页。
②余嘉锡笺疏《世说新语笺疏·识鉴·20》，第476页。
③余嘉锡笺疏《世说新语笺疏·容止·27》，第730页。
④余嘉锡笺疏《世说新语笺疏·识鉴·18》，第475页。
⑤"殷浩累辞征辟，有似乎清然，自其末年达桓温一事观之，向之所谓清者，有利心焉。"参见清高宗《日知荟说·卷四》，文渊阁《四库全书》第717册，第723页。

从清谈场合观察而来，据《文学》第 26、33、46 则可知殷、刘二人谈功应在伯仲之间，互有输赢，但当刘恢一不小心"堕其云雾中"，殷浩还会以挑衅的姿态，调侃刘恢"恶，卿不欲作将善云梯仰攻"，此可见其好强争胜性格，有此性格之人，怎可能无名利心？以上刘恢之论殷浩、桓温二人，均可见其运用孔子"视其所以，观其所由，察其所安"观人之法，"所以"是指行为事实的客观呈现，"所由"则是探其动机与出发点，"所安"则为观察事后心境之表现，从日常生活情事之细微观察，甄别人物之性格，进而做出精准的识鉴。

三 孔门人物之拟喻

刘义庆《世说新语》书中大量取用《论语》文献之现象颇为令人注目，据范子烨《"楂梨桔柚，各有其美"：〈世说新语〉语言的审美风格和诗性特征》一文的统计，《世说新语》引用《论语》典故高达 37 次，[①] 此应可观察出《世说新语》对《论语》的重视程度。《世说新语》中除了对《论语》典故运用之外，另尚可注意魏晋时人常以《论语》中的人物进行拟喻，诸如孔子、颜回、子贡、曾参、闵子骞等人，此现象应与魏晋时期盛行人物品评识鉴之风气有着莫大关系。下文对这些文献进行逐一的审视与解析，从中观察魏晋时人如何在生活中对孔门人物进行拟喻的。

（一）孔子

> 孙齐由、齐庄二人小时诣庾公，公问齐由"何字"答曰："字齐由。"公曰："欲何齐邪？"曰："齐许由。"齐庄"何字"答曰："字齐庄。"公曰："欲何齐？"曰："齐庄周。"公曰："何不慕仲尼而慕庄周？"对曰："圣人生知，故难企慕。"庾公大喜小儿对。[②]

庾亮与孙放之对话颇为机趣，庾亮"何不慕仲尼而慕庄周"之言，在某种程度上仍见魏晋士人以孔子为学习效法之典范。其实除了庾亮之

---

① 范子烨：《中古文学的文化阐释》，台北：成文书局，2011，第 19 页。

② 余嘉锡笺疏《世说新语笺疏·言语·50》，第 130 页。

外，谢安也曾以"贤圣去人，其间亦迩"之语激励子侄，^① 认为人人都有成为圣贤的可能性，^② 此皆可见魏晋时人对学圣的渴慕。孙放的回语更是充满清谈韵味，其言"生知"为"生而知之者"之缩写，^③ 此章原载孔子区分人的资质天赋之差异，意在勉人努力向学。孙放却刻意误用孔子之意，说明自己慕庄周之因，孙放之言与王弼"圣人有情说"用意非常类似，^④ 都意在调和儒道二家，于此可见其聪慧不凡。

> 刘尹在郡，临终绵惙，闻阁下祠神鼓舞。正色曰："莫得淫祀！"外请杀车中牛祭神。真长答曰："丘之祷久矣，勿复为烦。"^⑤

刘惔病危弥留之际，家人举行杀牛祭神仪式，透过祈祷希望能够起死回生，刘惔回答之语引用的是孔子病重时说的"丘之祷久矣"之言，^⑥ 孔子认为生死有命，且日常行为合乎天理正道，此举等于是长久的祈祷，不须等到将死之时才来祭祀求神庇佑，故不欲子路请祷，刘惔临终之时以孔子之言自况，不许家人淫祀，可见其知命态度。除此之外，刘惔更以孔子自拟，如：

> 刘尹谓谢仁祖曰："自吾有四友，门人加亲。"谓许玄度曰："自吾有由，恶言不及于耳。"二人皆受而不恨。^⑦

刘惔借用孔子之语，以颜回比附谢尚，以子路比拟许询，使己受益良多，刘惔此举拟附其背后更重要的是他以孔子自居，而将他人视为弟

---

① 余嘉锡笺疏《世说新语笺疏·言语·75》，第 161 页。

② "子曰：'仁远乎哉？我欲仁，斯仁至矣！'"参见（魏）何晏集解，（梁）皇侃义疏《论语集解义疏·述而第七》，第 210 页。

③ "孔子曰：'生而知之者，上也；学而知之者，次也；困而学之，又其次也；困而不学，民斯为下矣！'"参见（魏）何晏集解，（梁）皇侃义疏《论语集解义疏·季氏第十六》，第 279 页。

④ （晋）陈寿：《三国志·卷二十八》，（南朝宋）裴松之注，中华书局，2004，第 795 页。

⑤ 余嘉锡笺疏《世说新语笺疏·德行·35》，第 42 页。

⑥ "子疾病，子路请祷。子曰：'有诸？'子路对曰：'有之。诔曰祷尔于上下神祇。'子曰：'丘之祷久矣！'"参见（魏）何晏集解，（梁）皇侃义疏《论语集解义疏·述而第七》，第 211 页。

⑦ 余嘉锡笺疏《世说新语笺疏·品藻·50》，第 626 页。

子门人，颇为自负。但从谢、许二人接受其品评，并且不遗憾，这亦可见刘惔在二人心中之分量。

苏峻时，孔群在横塘为匡术所逼。王丞相保存术，因众坐戏语，令术劝酒，以释横塘之憾。群答曰："德非孔子，厄同匡人；虽阳和布气，鹰化为鸠，至于识者，犹憎其眼。"①

苏峻之乱时，孔群差点被匡术杀害，事后王导立足于稳定东晋之大局，欲化解其仇恨，故借机让匡术向孔群敬酒赔不是，希望取得孔群之谅解，然因积恨已深，仇隙终难解矣。孔群首先抬出孔圣人当挡箭牌，告诉王导我是一般人，德行本来就比不上孔子。其次语带双关，孔子曾畏于匡，② 他也差点命丧匡术之手，设喻精妙，用典婉转暗讽王导无识。

陈元方年十一时，候袁公。袁公问曰："贤家君在太丘，远近称之，何所履行？"元方曰："老父在太丘，强者绥之以德，弱者抚之以仁，恣其所安，久而益敬。"袁公曰："孤往者尝为邺令，正行此事。不知卿家君法孤？孤法卿父？"元方曰："周公、孔子，异世而出，周旋动静，万里如一。周公不师孔子，孔子亦不师周公。"③

陈纪第一次回答袁公"强者绥之以德，弱者抚之以仁"时，即以儒家仁政德治的政治观叙述其父陈寔的为政之法，孔子曾云为政应"导之以德"，④ "教之"，⑤ "不教而杀谓之虐"，⑥ "君子之德风也，小

---

① 余嘉锡笺疏《世说新语笺疏·方正·36》，第375页。

② "子畏于匡。曰：'文王既没，文不在兹乎？天之将丧斯文也，后死者，不得与于斯文也。天之未丧斯文也，匡人其如予何？'"参见（魏）何晏集解，（梁）皇侃义疏《论语集解义疏·子罕第九》，第219~220页。另外，"子畏于匡，颜渊后。子曰：'吾以女为死矣！'曰：'子在，回何敢死？'"参见（魏）何晏集解，（梁）皇侃义疏《论语集解义疏·先进第十一》，第239页。

③ 余嘉锡笺疏《世说新语笺疏·政事·3》，第195页。

④ （魏）何晏集解，（梁）皇侃义疏《论语集解义疏·为政第二》，第166页。

⑤ （魏）何晏集解，（梁）皇侃义疏《论语集解义疏·子路第十三》，第252页。

⑥ （魏）何晏集解，（梁）皇侃义疏《论语集解义疏·尧曰第二十》，第302页。

人之德草也，草上之风必偃"，① 此皆可见陈寔力行儒家以仁德治理天下之理念。陈纪对父亲"久而益敬"之美言亦转化为《公冶长》篇中孔子对晏婴"久而敬之"之评语，② 此皆可见陈纪对《论语》的精熟情况。而对于袁公的无礼攀附，陈纪以周公、孔子为比拟的回答更显得不卑不亢，既不得罪于袁公，亦无损其父，可谓进退中绳。从中我们亦可见周、孔为圣贤之典范，魏晋时人经常以之进行喻拟。

> 桓茂伦云："褚季野皮里阳秋。"谓其裁中也。③

"阳秋"本为"春秋"，因简文帝司马昱之母郑太后名为阿春，为避其讳而改"春"为"阳"，《春秋》暗含孔子褒贬之大义，皮里阳秋应为皮里春秋，是指外无臧否而内有褒贬。桓彝以此品评褚裒，应指褚裒行不言之言，内心自有裁断，谢安亦曾评曰："褚季野虽不言，而四时之气亦备"，④ 谢安之评语，与孔子"无言"有着类似的场景，⑤ 暗指褚裒仿效孔子。

（二）颜回

> 谢仁祖年八岁，谢豫章将送客，尔时语已神悟，自参上流。诸人咸共叹之曰："年少一坐之颜回。"仁祖曰："坐无尼父，焉别颜回？"⑥

此则记谢尚年少夙慧神悟之情事，时人誉之为颜回，孔子曾赞扬颜回"其心三月不违仁"，⑦ "贤哉"，⑧ "好学、不迁怒、不贰

---

① （魏）何晏集解，（梁）皇侃义疏《论语集解义疏·颜渊第十二》，第247页。
② "子曰：'晏平仲善与人交，久而人敬之。'"参见（魏）何晏集解，（梁）皇侃义疏《论语集解义疏·公冶长第五》，第191页。
③ 余嘉锡笺疏《世说新语笺疏·赏誉·66》，第546页。
④ 余嘉锡笺疏《世说新语笺疏·德行·34》，第42页。
⑤ "子曰：'予欲无言！'子贡曰：'子如不言，则小子何述焉？'子曰：'天何言哉？四时行焉，百物生焉，天何言哉？'"参见（魏）何晏集解，（梁）皇侃义疏《论语集解义疏·阳货第十七》，第287页。
⑥ （明）李贽：《初谭集》，中华书局，2009，第88页。
⑦ "子曰：'回也，其心三月不违仁，其余，则日月至焉而已矣。'"参见（魏）何晏集解，（梁）皇侃义疏《论语集解义疏·雍也第六》，第197页。
⑧ "子曰：'贤哉回也！一箪食，一瓢饮，在陋巷，人不堪其忧，回也不改其乐。贤哉回也！'"参见（魏）何晏集解，（梁）皇侃义疏《论语集解义疏·雍也第六》，第198页。

过"，① 故可知颜回为孔子的得意门生，且以德行著称。然谢尚之对语，可谓似谦逊，又似谐傲。谦逊是指谢尚自认不如颜回，岂敢接受这样的美誉。谐傲则指谢尚开了宾客一玩笑，他们又不是孔子，怎能识别颜回呢？如此的话，谢尚确实以颜回自居，傲视睥睨众人。

> 羊公还洛，郭奕为野王令。羊至界，遣人要之。郭便自往。既见，叹曰："羊叔子何必减郭太业！"复往羊许，小悉还，又叹曰："羊叔子去人远矣！"羊既去，郭送之弥日，一举数百里，遂以出境免官。复叹曰："羊叔子何必减颜子！"②

此则记羊祜与郭奕认识交友之过程，可分三阶段来看。初次见面，郭奕将羊祜视为我辈知己；再次见面，郭奕深觉羊祜超越我辈远矣，这颇类似于颜回赞叹孔子学问道德之"仰之弥高，钻之弥坚"；③第三次见面后，郭奕更将羊祜比为颜回，欣赏羊祜因送别出境而被免官，可见在郭奕眼中羊祜身上有着颜回之特质而深深吸引着他。

> 戴安道既厉操东山，而其兄欲建式遏之功。谢太傅曰："卿兄弟志业，何其太殊？"戴曰："下官'不堪其忧'，家弟'不改其乐。'"④

戴逵性高洁，隐居东山，常以礼度自处，深以放达为非道，曾撰《放达为非道论》《竹林七贤论》辨析名士放达行为之真假，撰文批评元康放达之行是"乡原似中和，所以乱德；放者似达，所以乱道"。⑤然而其兄戴逯则认为生在乱世理应出仕当官，运用公权力阻止坏人为作恶为虐，进而建立不朽的功业。兄弟二人志业迥然不同，故引发谢安的

---

① "哀公问：'弟子孰为好学？'孔子对曰：'有颜回者好学，不迁怒，不贰过，不幸短命死矣！今也则亡，未闻好学者也。'"参见（魏）何晏集解，（梁）皇侃义疏《论语集解义疏·雍也第六》，第195页。
② 余嘉锡笺疏《世说新语笺疏·赏誉·9》，第500~501页。
③ （魏）何晏集解，（梁）皇侃义疏《论语集解义疏·子罕第九》，第221页。
④ 余嘉锡笺疏《世说新语笺疏·栖逸·12》，第776页。
⑤ （清）严可均辑《全上古三代秦汉三国六朝文·全晋文卷一百三十七》，河北教育出版社，1997，第1425页。

好奇之问。戴逵的回答亦非常巧妙，其运用孔子对颜回"不改其乐"赞语来形容其弟之志业，[1] 以"不堪其忧"之常人来比拟自己，表明自身不能忍受贫穷生活，戴逵不惜贬低自己，进而衬托其弟之高志，可见其兄弟情谊深厚，其实不只其兄将戴逯比拟为颜回，就连戴逵本身也非常欣赏颜回，曾撰《颜回赞》，[2] 故可知戴逯对其弟戴逵知之甚深。

> 桓宣武与袁彦道樗蒲，袁彦道齿不合，遂厉色掷去五木。温太真云："见袁生迁怒，知颜子为贵。"[3]

桓温与袁耽进行樗蒲博戏，袁耽因所掷出的博齿不合己意，于是气急败坏甩掉它们。袁耽此举似有些小题大做，掷五木虽说有其技巧性，然总有运气成分，哪能每次都能顺合己意？然若对其赌品有些了解，大概就不会觉得奇怪。《任诞》曾载袁耽在守丧期间与桓温债主进行博戏的情形，可谓嗜赌如命，此次博戏袁耽赢了数百万两，在离开赌局前，拿下布帽丢向对手说："汝竟识袁彦道不？"此语意谓对手竟敢班门弄斧，[4] 真是个不知死活的家伙。可见袁耽对自己赌术的自信与赌品不佳的情况，赢钱时都已经如此目中无人，难怪输钱时会迁怒赌具。温峤见此情况就说："看到袁耽迁怒五木，才体会出颜回品行修养的难能可贵。"

（三）子贡

> 石崇每与王敦入学戏，见颜、原象而叹曰："若与同升孔堂，去人何必有间！"王曰："不知余人云何，子贡去卿差近。"石正色云："士当令身名俱泰，何至以瓮牖语人！"[5]

石崇"去人何必有间"之语，意指一般人亦可成圣贤，王敦则讥刺

---

[1] （魏）何晏集解，（梁）皇侃义疏《论语集解义疏·雍也第六》，第198页。

[2] "神道天绝，理非语象。不有伊人，谁怜谁仰。际尽一时，照无二朗。契彼玄迹，冥若影响。"参见（清）严可均辑《全上古三代秦汉三国六朝文·全晋文卷一百三十七》，第1423页。

[3] 余嘉锡笺疏《世说新语笺疏·忿狷·4》，第1039页。

[4] 余嘉锡笺疏《世说新语笺疏·任诞·34》，第880页。

[5] 余嘉锡笺疏《世说新语笺疏·汰侈·10》，第1036页。

石崇与颜回、原宪相去甚远，反而与子贡差不多。颜回安贫乐道，在孔门弟子中以德性著称；而原宪褐衣蔬食，蓬户瓮牖，不减其乐，[1] 此二人的共同性为"安贫乐道"。子贡利口能言，善于经商，累积惊人的财货，可谓富可敌国。王敦如此拟喻显然认为石崇富逾王室，与子贡类近，王敦如此讥讽并不过分，《汰侈》共载录12则故事，其中有6则记载石崇骄纵奢侈之情况，尤其与王恺斗富情事更是令人瞠目结舌。然石崇对于王敦之讥评非常不以为然，认为读书人应身名俱泰，内圣与外王兼具，石崇此语反映出当时士人调和自然与名教之思想。

> 谢混问羊孚："何以器举瑚琏？"羊曰："故当以为接神之器。"[2]

羊孚所举"瑚琏"之典，出自《公冶长》孔子与子贡之对话，[3] 孔子最后以瑚琏进行比拟，瑚琏为古代宗庙祭祀时用以盛黍稷之器具，孔子之喻指子贡为重要之政治人才。子贡名列孔门四科之言语，利口能言，《史记》曾载"子贡一出，存鲁，乱齐，破吴，强晋而霸越"，亦可见子贡具有政治长才。羊孚何以器举瑚琏，在某种层面上是对子贡廊庙之材欣羡向往，希望自己也能如同子贡一样，在政治上有所作为。

（四）曾参、闵子骞

> 魏明帝为外祖母筑馆于甄氏，既成，自行视，谓左右曰："馆当以何为名？"侍中缪袭曰："陛下圣思齐于哲王，罔极过于曾、闵；此馆之兴，情钟舅氏，宜以'渭阳'为名。"[4]

曹叡起初因母甄氏失宠而迟迟未能立嗣，后因与曹丕猎鹿子而起怜

---

① "原宪居鲁，环堵之室，茨以生草，蓬户不完，桑以为枢；而瓮牖二室，褐以为塞，上漏下湿，匡坐而弦。子贡乘大马，中绀而表素，轩车不容巷，往见原宪。原宪华冠縰履，杖藜而应门。子贡曰：'嘻！先生何病？'原宪应之曰：'宪闻之，无财谓之贫，学而不能行谓之病。今宪，贫也，非病也。'子贡逡巡而有愧色。"参见郭庆藩辑《庄子集释·让王第二十八》，台北：华正书局，1997，第975～976页。
② 余嘉锡笺疏《世说新语笺疏·言语·105》，第186页。
③ "子贡问曰：'赐也何如？'子曰：'汝器也。'曰：'何器也？'曰：'瑚琏也。'"参见（魏）何晏集解，（梁）皇侃义疏《论语集解义疏·公冶长第五》，第187页。
④ 余嘉锡笺疏《世说新语笺疏·言语·13》，第86页。

爱之心，深深打动文帝，因此正式被立为储君，后来即位为明帝，有感于母恩，故在舅家甄府兴建馆舍以表孝心，臣下缪袭建议以"渭阳"为名以展情钟舅氏，"渭阳"典出《诗经·秦风·渭阳》"我送舅氏，曰至渭阳。何以赠之？路车乘黄"，这是一首表达甥舅情谊的诗。[①] 文中缪袭回答之语出现曾参与闵子骞二人，曾参在病重之时召集门人，请他们看看自己的手、脚情况，其认为身体发肤受之父母，不应使之受伤，让父母担心，这是孝顺的表现，[②] 闵子骞更是被孔子赞许为孝顺之人。[③] 虽然缪袭回答之语以曾参、闵子骞为喻拟对象称许明帝之孝心，颇有阿谀取容之意味，然其运用《论语》《诗经》之处，仍可见其机智与学识。

四　孔学精神之影响

若通读《世说新语》一书，可得知《世说新语》一书对《论语》之取用类型，以历史典故之引用为主，而以孔门人物之拟喻为辅，然而除此之外，在研读过程中隐约感觉尚有孔学精神之影响此一向度。

　　向雄为河内主簿，有公事不及雄，而太守刘淮横怒，遂与杖遣之。雄后为黄门郎，刘为侍中，初不交言。武帝闻之，敕雄复君臣之好，雄不得已，诣刘，再拜曰："向受诏而来，而君臣之义绝，何如？"于是即去。武帝闻尚不和，乃怒问雄曰："我令卿复君臣之好，何以犹绝？"雄曰："古之君子，进人以礼，退人以礼；今之君子，进人若将加诸膝，退人若将坠诸渊。臣于刘河内，不为戎

---

① （宋）朱熹：《诗经集注》，万卷楼图书股份有限公司，1996，第62页。

② "曾子有疾，召门弟子曰：'启予足！启予手！诗云：战战兢兢，如临深渊，如履薄冰。而今而后，吾知免夫！小子！'"参见（魏）何晏集解，（梁）皇侃义疏《论语集解义疏·泰伯第八》，第212页。除此之外，范宣"身体发肤，不敢毁伤"之语，亦是化用曾子之言。"范宣年八岁，后园挑菜，误伤指，大啼。人问：'痛邪？'答曰：'非为痛，身体发肤，不敢毁伤，是以啼耳！'宣洁行廉约，韩豫章遗绢百匹，不受。减五十匹，复不受。如是减半，遂至一匹，既终不受。韩后与范同载，就车中裂二丈与范，云：'人宁可使妇无裈邪？范笑而受之。'"参见余嘉锡笺疏《世说新语笺疏·德行·38》，第47页。

③ "子曰：'孝哉闵子骞，人不闲于其父母昆弟之言。'"参见（魏）何晏集解，（梁）皇侃义疏《论语集解义疏·先进第十一》，第234页。

首，亦已幸甚，安复为君臣之好？"武帝从之。①

向雄莫名其妙遭受长官刘淮的杖遣，心中当然满是委屈与不满，虽然武帝强势介入协调，向雄迫于皇命不得不前去拜访刘淮，但其内心嫌隙尚未完全放下，自然只是应付武帝之命令。而向雄回答武帝"不为戎首，亦已幸甚，安复为君臣之好"之语，真正流露常人之性，向雄对刘淮之态度，可谓实践孔子"以直报怨"之精神，②无怪乎武帝也不忍再逼迫他"以德报怨"，故而顺从其意。

> 刘真长、王仲祖共行，日旰未食。有相识小人贻其餐，肴案甚盛，真长辞焉。仲祖曰："聊以充虚，何苦辞？"真长曰："小人都不可与作缘。"③

魏晋极为重视门第观念，通常将普通百姓、奴隶吏役称为小人，但有时也泛指人品低下者，如《雅量·10》庚子嵩针对刘庆孙行借款构陷之事评曰："可谓以小人之虑，度君子之心"，此小人应指品行不佳者。而刘惔"小人都不可与作缘"之言，此典出于《阳货》孔子"唯女子与小人难养也"，④ 刘惔所言"不可与作缘"为不可与之打交道之意，孔子所言难养之意为难以相处，两者意义近似。刘惔不愿接受餐肴之馈赠，其中或许有门第自矜之因素，但生怕"小人怀惠"⑤"小人喻于利"⑥ 的成分也不容忽视。况且文中载言，"肴案甚盛"，此应非一般老百姓在短暂时间内所能办成之事，恐怕是有心人士别有居心之作为，也难怪刘惔不得不苦辞，以免日后"近之则不逊，远之则怨"，由此可

---

① "或曰：'以德报怨，何如？'子曰：'何以报德？以直报怨，以德报德。'"参见（魏）何晏集解，（梁）皇侃义疏《论语集解义疏·宪问第十四》，第 265 页。

② "或曰：'以德报怨，何如？'子曰：'何以报德？以直报怨，以德报德。'"参见（魏）何晏集解，（梁）皇侃义疏《论语集解义疏·宪问第十四》，第 265 页。

③ 余嘉锡笺疏《世说新语笺疏·方正·51》，第 387 页。

④ "子曰：'唯女子与小人为难养也！近之则不逊，远之则有怨。'"参见（魏）何晏集解，（梁）皇侃义疏《论语集解义疏·阳货第十七》，第 289 页。

⑤ "子曰：'君子怀德，小人怀土。君子怀刑，小人怀惠。'"参见（魏）何晏集解，（梁）皇侃义疏《论语集解义疏·里仁第四》，第 184 页。

⑥ "子曰：'君子喻于义，小人喻于利。'"参见（魏）何晏集解，（梁）皇侃义疏《论语集解义疏·里仁第四》，第 185 页。

见孔子精神已内化为刘惔言行之准则。这可能才是刘义庆将此则置于《方正》之真正缘故。再如：

> 庾公乘马有的卢，或语令卖去。庾云："卖之必有买者，即当害其主。宁可不安己而移于他人哉？昔孙叔敖杀两头蛇以为后人，古之美谈，效之，不亦达乎！"①

庾亮"宁可不安己而移于他人哉"之言行，其实暗合孔子"己所不欲，勿施于人"的胸怀。②《白氏六帖》更清楚地记录了庾亮引用孔子之言，亮曰："己所不欲，不施于人。"③ 此更明显可看出庾亮在日常生活中实践孔子恕道之精神。④

> 晋简文为抚军时，所坐床上尘不听拂，见鼠行迹，视以为佳。有参军见鼠白日行，以手板批杀之，抚军意色不说，门下起弹。教曰："鼠被害，尚不能忘怀，今复以鼠损人，无乃不可乎？"⑤

从简文帝教曰之语，可见其认为还是"人"比较重要。《乡党》曾载孔子家中马厩失火，退朝之后回到家中，一获知消息，就直接问"伤人乎？"⑥ 完全没有提及马匹损失情况，简文帝不肯以鼠损人之精神似乎暗契孔子"伤人乎"之心意。

> 谢公闻羊绥佳，致意令来，终不肯诣。后绥为太学博士，因事

---

① 余嘉锡笺疏《世说新语笺疏·德行·13》，第 39～40 页。

② "仲弓问仁。子曰：'出门如见大宾，使民如承大祭。己所不欲，勿施于人。在邦无怨，在家无怨。'仲弓曰：'雍虽不敏，请事斯语矣！'"参见（魏）何晏集解，（梁）皇侃义疏《论语集解义疏·颜渊第十二》，第 234 页。

③ "庾亮有的卢，殷浩以不利主，劝卖之。亮曰：'己所不欲，不施于人。'"参见余嘉锡笺疏《世说新语笺疏·德行·31》引《白氏六帖二十九》，第 33 页。

④ "子贡问曰：'有一言而可以终身行者乎？'子曰：'其恕乎！己所不欲，勿施于人也。'"参见（魏）何晏集解，（梁）皇侃义疏《论语集解义疏·卫灵公第十五》，第 272 页。

⑤ 余嘉锡笺疏《世说新语笺疏·德行·37》，第 46～47 页。

⑥ "厩焚，子退朝，曰：'伤人乎？'不问马。"参见（魏）何晏集解，（梁）皇侃义疏《论语集解义疏·乡党第十》，第 231 页。

见谢公，公即取以为主簿。①

> 戴公从东出，谢太傅往看之。谢本轻戴，见但与论琴书。戴既无吝色，而谈琴书愈妙。谢悠然知其量。②

《方正·60》与《雅量·34》可合观，羊绥为人清淳简贵，不幸早亡，王子敬痛悼曰"是国家可惜人"，此可见羊绥之佳，谢安因其才德并具欲重用他，若是常人定当高兴前往逢迎奉承以获取官位，然羊绥始终不肯屈服于权贵，此可见其人风骨。孔子曰："君子病无能焉，不病人之不己知也。"③ 只要有真才实学，机会到来自然会受器重，后来羊绥因公事与谢安见面，谢安也不计前嫌，即任用其为主簿，此可见谢安之胸怀气量。另一则谢安虽然轻视戴逵，可是戴逵仍以"人不知而不愠"的态度面对谢安，继续专注于琴艺书道，此可谓"不患人之不己知，患其不能也"，④ 谢安终被其才学气量打动，诚心相待。不管是羊绥的不肯诣，抑或是戴逵的无吝色，可说是孔子"不患莫己知，求为可知也"精神的具体展现。⑤

> 谢公夫人教儿，问太傅："那得初不见君教儿？"答曰："我常自教儿。"⑥

谢安"我常自教儿"一语，是指以自身行为为榜样，从而潜移默化，让孩子从中体会"实践工夫"的真切力量。从谢安反驳刘夫人之言，可见其强调身教重于言教，此种教育方式为孔子"予欲无言"教育精神之再现，《阳货》中曾载孔子生怕弟子只是表面上"知道"，而忽略"行道"的重要性。⑦ 因此，孔子在日常生活中常以身教方式

---

① 余嘉锡笺疏《世说新语笺疏·方正·60》，第399页。
② 余嘉锡笺疏《世说新语笺疏·雅量·34》，第442页。
③ （魏）何晏集解，（梁）皇侃义疏《论语集解义疏·卫灵公第十五》，第272页。
④ （魏）何晏集解，（梁）皇侃义疏《论语集解义疏·宪问第十四》，第264页。
⑤ （魏）何晏集解，（梁）皇侃义疏《论语集解义疏·里仁第四·14》，第184页。
⑥ 余嘉锡笺疏《世说新语笺疏·德行·36》，第46页。
⑦ "子曰：'予欲无言！'子贡曰：'子如不言，则小子何述焉？'子曰：'天何言哉？四时行焉，百物生焉，天何言哉？'"参见（魏）何晏集解，（梁）皇侃义疏《论语集解义疏·阳货第十七》，第287页。

点化弟子。

> 王蓝田为人晚成，时人乃谓之痴。王丞相以其东海子，辟为掾。常集聚，王公每发言，众人竞赞之，述于末坐曰："主非尧舜，何得事事皆是？"丞相甚相叹赏。①

王述之痴在某种程度上可解释为"率真"。《忿狷·2》曾载其性急，对于食之不可得的鸡子，既掷且碾，完全呈现他欲食之，却又屡不可得的焦躁愤怒。然其真率颇受名流所欣赏，简文帝赞其"直以真率少许，便足对人多多许"，② 王导评其"真独简贵，不减父祖；然旷澹处，故当不如尔"。③ 正因如此率真的个性，才敢公然在王导所举办的宴会上批评主人，王导为当时重要政治人物，宴会上大家争相吹捧歌颂，只有王述公开对王导质疑，认为人非圣贤，孰能无过？《论语》虽曾载孔子赞许尧、舜巍巍乎，但也点出"尧、舜其犹病诸"，④ 而王导的能力都还比不上尧、舜，怎可能所做之事皆对呢？由此可见王述已将《论语》精神内化，成为生活的一部分，因此才脱口而出"主非尧舜，何得事事皆是"，给了王导一个当头棒喝。

> 阮籍遭母丧，在晋文王坐进酒肉。司隶何曾亦在坐，曰："明公方以孝治天下，而阮籍以重丧，显于公坐饮酒食肉，宜流之海外，以正风教。"文王曰："嗣宗毁顿如此，君不能共忧之，何谓？且有疾而饮酒食肉，固丧礼也！"籍饮啖不辍，神色自若。⑤
> 阮籍当葬母，蒸一肥豚，饮酒二斗，然后临诀，直言"穷矣"！都得一号，因吐血，废顿良久。⑥
> 阮步兵丧母，裴令公往吊之。阮方醉，散发坐床，箕踞不哭。

---

① 余嘉锡笺疏《世说新语笺疏·赏誉·62》，第541页。
② 余嘉锡笺疏《世说新语·赏誉·91》，第559页。
③ 余嘉锡笺疏《世说新语·品藻·23》，第612页。
④ （魏）何晏集解，（梁）皇侃义疏《论语集解义疏·雍也第六》，第202页。该语亦见（魏）何晏集解，（梁）皇侃义疏《论语集解义疏·宪问第十四》，第267页。
⑤ 余嘉锡笺疏《世说新语笺疏·任诞·2》，第859页。
⑥ 余嘉锡笺疏《世说新语笺疏·任诞·9》，第854~855页。

裴至，下席于地，哭吊唁毕，便去。或问裴："凡吊，主人哭，客乃为礼。阮既不哭，君何为哭？"裴曰："阮方外之人，故不崇礼制；我辈俗中人，故以仪轨自居。"时人叹为两得其中。①

阮籍母丧之情景可说是情礼高度冲突之场域，阮籍"饮酒食肉"、嵇康"赍酒挟琴而造之"，②嵇、阮透过极端激矫以扬真之方式，反对当时虚伪之礼教以逆显生命之本真，此颇深契孔子"丧，与其易也，宁戚"之底蕴；③嵇喜"不怿而退"，何曾"以正风教"亦十分坚持礼法不可废，这可说是高度对峙，然而在双方对立之外，隐然存在着调和的声音，如司马昭、裴楷，其中司马昭"有疾而饮酒食肉，固丧礼也"之言，这虽然是当时变通下所衍生出之变礼，但这话语出于以"孝"治天下的司马氏之口匪夷所思，若司马氏能以此高度看待阮籍，为何又以"不孝"之名诛灭许多名士？故从司马氏对"孝"与"不孝"之摆荡态度，可看出嗣宗之言是有其政治目的的，纯粹是为阮籍开脱之言辞，无足论之，但反观裴楷吊丧之言与行，实则隐含着调和化解情礼冲突之深意，据《世说新语》之记载，可知当时场景为阮籍"方醉，散发坐床，箕踞不哭。裴至，下席于地"，作为一个丧家而言，阮籍之表现可说是极其不伦任诞，但裴楷对此似乎不以为意，依然向前哭吊，行礼完成，然后才离开。必须注意的是，以丧礼来说，本应丧家先哭之后，来吊者才能行礼致哀，裴楷却在丧家未哭之时，自己就哭了起来，如此动作实则已违反礼法，裴楷之所以会在丧家不哭之时自己却哭，全是因为阮籍已经喝得酩酊大醉而不省人事，但裴楷却不执着于这"主先哭、客再哭"之小细节，依然向丧家致哀，表示心中之哀伤后再离开，裴楷违反"主先哭、客再哭"这小礼的原因，是为了成全内在的"情"，虽然裴楷违反小细节，但裴楷也完成了整个吊丧之礼仪程序，故整体而言，裴楷可说是同时照应到"情"与"礼"，

---

① 余嘉锡笺疏《世说新语笺疏·任诞·11》，第862页。
② "嵇喜字公穆，历扬州刺史，康兄也。阮籍遭丧，往吊之。籍能为青白眼，见凡俗之士，以白眼对之。及喜往，籍不哭，见其白眼，喜不怿而退。康闻之，乃赍酒挟琴而造之，遂相与善。"参见余嘉锡笺疏《世说新语笺疏·简傲·4》，第903页。
③ "林放问礼之本。子曰：'大哉问！礼，与其奢也，宁俭；丧，与其易也，宁戚。'"参见（魏）何晏集解，（梁）皇侃义疏《论语集解义疏·八佾第三》，第173页。

进而我们再以嵇喜吊丧场面来作为对照，进而彰显出裴楷之行为实则同时照应情与礼，嵇喜就是因为阮籍不哭又白眼对之，阮籍此等违礼行为已经引起嵇喜的反感，因而在未致哀之前就不悦离开，所以嵇喜可说是顾礼而忽情。从裴楷、嵇喜之吊丧场景所做的对比，就能很清楚看出裴楷吊丧之行为展现出情礼兼顾之深意，除了致丧行为之表现外，裴楷响应时人之语"阮方外之人，故不崇礼制；我辈俗中人，故以仪轨自居"，亦能展现出其"两得其中"之用心，裴楷以方外与方内来区分，就可以知道他深知阮籍激矫以扬真之苦心，但他亦认为礼法仍不可废，故要以仪轨自居，裴楷这言语颇暗合乐广"名教中自有乐地"之精神，也就因为裴楷这情礼调和之言与行深得戴逵之欣赏，所以戴逵才以"若裴公之制吊，欲冥外以护内，有达意也，有弘防也"阐释裴楷之言与行，[1] 所谓"冥外以护内"是针以裴楷吊丧程序所展现的行为而言，外为礼法，内为情感，内外兼顾、情礼兼到；"有达意也，有弘防也"是针对裴楷响应时人言语而言，"有达意也"针对"阮方外之人，故不崇礼制"，"有弘防也"针对"我辈俗中人，故以仪轨自居"，戴逵评论裴楷之言，将其化解自然与名教冲突之心迹表露无遗。

阮籍守母丧期间，不守礼法之言行都是有所目的的而为，从其葬母吐血之事，可知其对母丧之事极为痛苦，此行为遥契孔子丧礼重哀戚之精神，子路亦曾述及孔子对丧礼之态度，其云："丧礼，与其哀不足而礼有余也，不若礼不足而哀有余也"，因此鲁迅在《魏晋风度及文章与药及酒之关系》中云："魏、晋时代，崇奉礼教的看起来似乎很不错，而实在是毁坏礼教，不信礼教的。表面上毁坏礼教者，实则倒是承认礼教，太相信礼教。……于是老实人以为如此利用，亵渎了礼教，不平之极，无计可施，激而变成不谈礼教，不信礼教，甚至于反对礼教。但其实不过是态度，至于他们的本心，恐怕倒是相信礼教，当作宝贝，比曹操、司马懿们要迂执得多。"[2] 此诚为笃论。

饶宗颐先生云："世说之书，首揭四科，原本儒术，中卷自方正自豪爽，瑾瑜在握，德音可怀。下卷之上，类指偏激者流，下卷之下，则

---

① 余嘉锡笺疏《世说新语·任诞·11》，第 862 页。
② 鲁迅、容肇祖、汤用彤：《魏晋思想·乙编三种》，台北：里仁书局，1995，第 14 页。

陈险征细行。清浊有体，良莠旷分，譬诸草木，既区以别。"① 此段文字已然道出刘义庆《世说新语》在某种程度上受儒家思想之影响。向来论及魏晋哲学总认为是老庄道家之发展，此论恐不全面，魏晋思想除众所周知的"尚玄"之外，"重儒"应是可持续开展的方向。

（责任编辑：张兴）

---

① 杨勇：《世说新语校笺》，台北：正文书局，1999，"饶宗颐序"，第 1 页。

・先秦儒学研究・

周公与中华文明的奠基[*]

江求流[**]

摘　要　中华文明所具有的基因与特质是在西周早期开始奠定与形成的。周公的思想与事功，不仅奠定了有周一代数百年的基业，也奠定了中华文明数千年的发展方向。中华文明多元一体的民族格局，中华文明所蕴含的人文精神与民本思想，以及中华文明所具有的独特的政治观念、人伦精神与生活方式都是由周公的思想创新与礼乐创制所奠定与塑造的。因此，周公的思想与事功对中华民族与中华文明的形成与发展都具有奠基性的意义。

关键词　周公　中华文明　大一统　人文精神　民本思想

　　作为命运的一部分，一个人在历史上的地位往往具有海德格尔所谓"被抛"的性质，也就是说，它往往与其出身于其中的家庭、家族的地位，以及自己在这个家庭、家族中的地位具有无法割裂的关联。周公的历史地位也是如此。周公曾自述生平，说"我文王之子，武王之弟，成王之叔父，我于天下亦不贱矣"（《史记·鲁周公世家》），在这一叙述中，周公虽然自谦不过"于天下亦不贱"，但实际上却非常明确地说出了自己在西周王族内部的特殊地位，并以西周王族在整个"天下"的特殊地位为背景，表明了自己在整个天下的崇高地位。

　　当然，历史上基于出身而拥有很高地位的人也同样多如牛毛，但并

　　*　本文系国家社会科学基金项目"宋代理学的佛教批判及其现代意义研究"（17XZX012）的阶段性成果。
　　**　江求流，哲学博士，陕西师范大学哲学学院副教授，主要研究方向为宋明理学。

不是所有人都在今天仍然为人们所尊崇。这是因为，那种由出身所带来的地位更多的是政治地位、社会地位，这种被抛性的地位，作为一种命运，与主体自身的知识、修养尚且没有关联。而那些真正伟大的人物，那些真正能够不朽的人物，总是通过自身的"立德"、"立言"或"立功"而进入历史，并经由历史将自己遣送到未来。因此，一个人真正的历史地位必须通过他自身在历史上的贡献来加以确立。就周公而言，他的历史地位，实际上也是由他自身的言论、思想、事功等等而确立的。换言之，我们对周公历史地位的考察，必须落实到对周公的历史贡献的考察上。

更进一步而言，周公作为西周早期统治集团中最为重要的一位，他的历史贡献自然和西周王朝的建立与发展密不可分，他的很多言论与事功也在事实层面上是为西周王朝的统治服务的。但我们今天之所以还会崇敬周公，是因为他的言论与事功已经远远超出了西周王朝一家一姓的兴衰治乱，而与中华民族、中华文明的形成与发展具有密不可分的关系。事实上，众所周知，周公姓姬名旦，但由于爵位的世袭制度，在作为周公的姬旦之后，还有很多人也被称为周公，但我们今天提到周公确是特指的，对周代之后的人来说，似乎历史上只有一位周公。因此，周公之为周公，并不在于他基于命运而来的政治、社会地位，也不在于他作为西周统治集团成员为其家族与王朝所做的贡献，而在于周公与中国之为中国的特殊关联。正如夏曾佑所言："孔子之前，黄帝之后，于中国有大关系者，周公一人而已。"[1] 这里的"于中国"三个字尤其值得留意，它提醒我们对周公的历史地位与贡献的认识与理解，必须落实到"于中国"三个字上，也就是要着眼于周公的言论、思想、事功对中华民族和中华文明所产生的影响这一高度上，要思考周公与中国之为中国的特殊关联。

徐梵澄先生曾经指出："简单地说，中国历史上有两位圣人，中华民族3000年的命运端赖于此二人的塑造，时至今日我们仍然受惠于此二人，可以称他们为文化领袖。首先是周公，其次是五百年后的孔子。"[2] 陈来也指出："中国文化的早期发展，直至殷末的自然宗教阶段，它还未形成自己的特色，即那些后来在体系上和性格上与西亚、南

---

[1]　夏曾佑：《中国古代史》，商务印书馆，1935，第31页。

[2]　徐梵澄：《孔学古微》，李文彬译、孙波校，华东师范大学出版社，2015，"序言"，第10～11页。

亚文明相区别的文化特色。换言之，我们在后来的发展中所看到的所谓'中国文化'的基因在殷末还未真正形成。我们今天所说的'中国文化'的基因和特点有许多都是在西周开始形成的。"①事实上，在西周早期开始形成的"中国文化"的基因与特点，主要是由周公的思想与事功奠定的。正如有学者所指出的，周公"不仅奠定了有周一代数百年的基业，也由此奠定了后来中国历史文化数千年的基本发展方向"。②可以说，周公的思想与事功对中华民族与中华文明的形成与发展都具有奠基性的意义。具体而言体现为以下几点。

一　"大一统"与民族融合

历史地看，夏、商两代的统治者实际上只是天下众多的诸侯国的共主，中央政府对各个诸侯国并没有实质的统治权，因此，在夏、商两代，中国在实质层面上还不能看作一个统一的政权。按照历史记载，"禹合诸侯于涂山，执玉帛者万国"（《左传·哀公七年》），这里的"国"显然不是今天意义上的国家，也与周王朝这种统一政权具有巨大的差异，而实际上是一个一个的部落或族群。这就表明，在那个时代，在华夏大地，并没有一个统一的政权存在。这一状况，即便到了商代也并没有改变。事实上，殷人与其他诸侯的关系也是非常松散的。当殷人比较兴盛时，诸侯则归之；当殷人比较衰败时，诸侯则往往脱离殷人。按照《史记·殷本纪》的记载，雍己时，"殷道衰，诸侯或不至"，而在大戊时，"殷复兴，诸侯归之"；中丁时期，殷王朝出现九世之乱，"于是诸侯莫朝"；而在盘庚迁殷后，殷王朝实现中兴，于是诸侯重新来朝。到商纣时，由于商纣无道，"诸侯多叛"，于是武王观兵孟津时，"诸侯不期而会盟津者八百诸侯"（《史记·周本纪》），这都表明殷王朝实际上并不是一个全国性的统一政权，并不是一个可以对地方发号施令、进行直接统治的中央政府。当然，在周初，哪怕到了武王伐纣、祭天登基之后，周王朝与诸侯之间的关系与殷王朝和诸侯的关系也没有实质的差异。只有到了周公推行封建制度之后，中国历史上第一个统一的国

---

① 陈来：《古代宗教与伦理：儒家思想的根源》，北京大学出版社，2017，第195页。
② 辜堪生、李学林：《周公评传》，四川大学出版社，2006，第5页。

家形态才正式形成。①

所谓封建制度，实际上就是封土建国。学界公认，这一制度乃周公首创。其具体实施，实际上是"在东征彻底摧毁了殷在东方残余势力的继承上，继而打破被征服的方国、邦国国土界限，通过'授民授疆土'给予王室子弟、亲属及异姓功臣的途径建立诸侯国，以藩屏周室"。② 因此，周公推行这一制度，维护西周王朝的稳定固然是其首要的考虑，但它所带来的客观的历史效果则远远超出了维护周王朝一家一姓之天下的目的。可以说，通过封建诸侯，周王朝彻底转换了夏与商两朝、中央与地方的关系。正如钱穆所指出的："大体上，夏、殷两朝是多由诸侯承认天子，而在周代则转换为天子封立诸侯。"③ 在夏、商时代，天子不过是天下之共主，其地位是通过诸侯的"承认"获得的，诸侯的存在在时间上先于天子的存在，在政治权力关系上，诸侯对天子也没有隶属关系。而在周代，由于诸侯国实际上是天子通过封土建国的方式建立的，诸侯国的最高统治者，也是天子通过颁发诏书任命的。因此，天子与诸侯之间具有明确的等级关系与隶属关系。实际上，按照学界的研究，周代的诸侯国不仅与中央政府有直接的隶属关系，而且是由"设在东都的中央机构卿事寮直接管辖的"，④ 换言之，中央政府对诸侯国具有直接的治理、管辖权，这与夏、商两代中央王朝与各个诸侯国之间的关系完全不同了。

《尚书大传》曾经总结周公摄政期间的重大事功有七件："一年救乱，二年克殷，三年践奄，四年建侯卫，五年营成周，六年制作礼乐，

---

① 许倬云先生指出："周人的官制，与商制并不相同。……司土司马司工，均是分曹治事的制度……（商人那里）不见分曹治事的明显迹象。……商人在周人灭商时仍然是一族一族的氏族组织。商周制度在这一点上的区分，大约使周人的领袖可以直接掌握土地、人民与武力，其对各种资源的运用调度，周制当校商制灵活而有效。"[许倬云：《西周史》（增补二版），生活·读书·新知三联书店，2018，第82页] 由此可见，在周人未灭商时，即采取了不同于殷商的政策，这一政策显然对其后来建立具有中央集权色彩的统一政权具有重要的影响。许倬云进一步指出："周人一方面接受商的物质文化，另一方面在社会组织上自出机杼，增加了自己的特色，遂使蕞尔小邦居然可以崛起西隅。"（同上书，第83页）

② 游唤民：《周公大传》，湖南人民出版社，2008，第169页。游唤民进一步指出："周公封建诸侯的情况，其基本标志是授民、受疆土、建国为三位一体。这才是真正的封建。这种封建确为周公首创。"（同上书，第172页）

③ 钱穆：《中国文化史导论》，商务印书馆，1994，第31页。

④ 参见游唤民《周公大传》，第185页。

七年致政成王。""救乱""克殷""践奄"实际上即东征平叛,而"建
侯卫"即封建诸侯。《尚书大传》将"营成周"作为一件重大历史事件
列入其中,非常值得重视。周公遵从武王的遗志,建立东都成周,固然
具有"定天保、依天室"(《逸周书·度邑》)的宗教内涵在内,但更为
重要的是,需要看到成周对于周王朝作为一个幅员辽阔的统一政权所具
有的特殊意义。《史记·周本纪》记载:"成王在丰,使召公复营洛邑,
如武王意。周公复卜审视,卒营筑,居九鼎焉。曰:此天下之中,四方
入贡道里均。"在周公看来,成周所在的洛邑是"土中"(《尚书·召
诰》)或这里所说的"天下之中",换言之,在他看来,成周乃是"天下
的中心",这并不是他的认知缺陷。他的这一判断,正是由成周在整个国
家的特殊位置决定的。成周的特殊性,就在于"四方入贡道里均",换言
之,周公选择成周作为东都,虽然是假借卜筮传达天意,实际上却是由
成周与各诸侯国之间的物理距离决定的。由于成周距离四方诸侯国的物
理距离相对均衡,当把它作为中央政府所在地后,它就不可避免地成为
全国的政治、经济、文化中心,正因如此,《逸周书》说它是"天下之大
凑"(《逸周书·作雒》)。作为一个四方辐辏之地,"东都成周的建立,
对于西周王朝统一局面的形成,对于全国经济文化的发展,无疑具有重
大的战略意义"。[①] 可以说,成周的营建,标志着西周作为一个全国性的
统一政权具有了一个真正的政治、经济、文化中心,而中心的确立,对
于西周这一个统一的多民族政权而言,具有特殊的意义。它为中央政府
在政治、经济、文化上统驭全国提供了一个平台,对中华民族多元一体
的政治格局的形成具有重要的意义。何尊铭文所谓的"宅兹中国,自兹
乂民"必须在这一意义上加以理解。

　　周公通过封土建国的方式,以及中央与地方诸侯之间权力关系的确
立,为大一统国家政权的形成奠定了基础,对中华民族的历史演进具有
莫大之影响。另外,值得注意的是,历史经验表明,国家的统一离不开
民族的融合,尤其是对于西周这样的政权而言。如上文提到的,武王观
兵孟津时,"不期而会"的诸侯就有800多人,可以想见那时部落、族
群之多。更重要的是,面对人数达百万之众的殷人,总人数不到10万
的周人如何进行统驭成为一个十分迫切的问题。作为一代伟大的政治

---

① 游唤民:《周公大传》,第123页。

家，周公在民族政策上，自觉地将"和万民"（《尚书·无逸》）作为其执政理念。周人对殷人以及其他被征服的民族都没有采取种族灭绝的方式，而是"兴灭国、继绝世"，在分封诸侯时，不仅分封姬姓贵族，而且对殷人以及黄帝、尧、舜以来的众多先王之后都予以分封，从而在实质层面上形成了多元一体的民族格局；另外，周王朝自觉采取民族融合的政策，通过"授民授疆土"的方式，在封土建国的过程中，将殷人的不同家族分配到不同的姬姓诸侯国之中，同一个诸侯国，往往由三四个不同的血缘氏族集团组成，并通过"同姓不婚"的制度，加强不同族群之间的血缘融合。此外，在营建成周的过程中，周公还将大量的殷人迁到成周及其周边，并通过劳役的方式，让殷人与周人一起参加新政权的建设。一部分殷人的贵族也由此走进政治上层。①

通过混居与通婚，不同族群之间不断地进行交流与融合，血缘的壁垒被不断打破，对中华民族的形成产生了深远的影响。以封建诸侯为基础，通过采取"和万民"的民族政策，极大地促进了周王朝内部的民族融合。族群之间的界限日益被打破，血缘单位也日益被地域单位所替代，并逐渐形成一个一个以地域为单位的地方政治组织。② 而这一点，正表明周公"和万民"的民族政策的成功与影响之深远。

周公通过封建诸侯、营建成周等事业以及"和万民"的民族政策，使西周王朝成为中国历史上第一个真正意义上统一的大一统国家，中华民族多元一体的民族格局也初具雏形。这对后世中国产生了深远的影响。历史地看，无论经历五胡乱华还是经历五代十国这样剧烈的动乱与分裂，追求统一始终是中国历史演进的基本方向与动力。历史经验也表明，国家的统一构成了民族融合的前提，而民族的融合又能促进和维系国家的统一。可以说，自周公开始，"大一统"③ 实际上成为中华文化的一个重要特点和基本基因。正如钱穆先生所言："中国文化，实多有其独特奇伟之成绩，为并世其他民族所弗逮者。举例而言，如其在政治上，能创

---

① 参见辜堪生、李学林《周公评传》，第68～69页。

② 因此，分封制度实际上也为郡县制奠定了基础，并构成了今天中国内地省份之间地域划分的前提。今天山东被称为"齐鲁大地"，北京的旧称为"燕京"，等等，都与周公的分封诸侯有关系。

③ 这里的"大一统"中的"大"实际上可以理解为以动用法，"大一统"实际上也就是"以'一统'为大"，即在价值层面上认为"统一"比"分裂"更重要。

建一大一统的国家，此即其独特奇伟之成绩之一端也。中国古史，自西周以下，可谓开始有封建之一统。秦汉以后，乃开始有郡县之一统。严格言之，自周以前，夏、殷两代，其时则仍是氏族分立，一循自然之演进，多受地域之限制，在实际上，固未尝有所谓一统制度之创建，与一统政治之存在。有之，则必自周公始。此实周公在中国古史演进中一绝大贡献也。"①

二 人文精神与民本思想

殷人那里存在着浓厚的宗教传统，从本质上说，殷商文明是一种神教文明。《礼记·表记》曾经总结殷人的文化精神："殷人尊神，率民以事神。"殷人那里存在着复杂的神灵系统，按照陈梦家先生的研究，殷人的神灵系统包括作为至上神的上帝，以及作为帝廷成员的天神、地示、人鬼等多种类型，② 而殷人的祭祀活动更是频繁，殷王几乎每天都会举行祭祀活动，③ 其祭祀的形式也名目繁多，有燎、瘗、沉、人殉等等。殷人对祭祀活动的重视，在其祭品的多寡上也可以看出，按照卜辞记载，殷人在祭祀时甚至一次性会使用"千牛千人""百羌百牢"。④ 而殷人的日常生活也充满了浓厚的宗教氛围，占卜和饮酒是其典型表现。尤其是在殷商末年，由于"商纣酗酒，天下化之"，⑤ 于是"群庶自酒，腥闻在上"（《尚书·酒诰》），整个国家"荒腼于酒"（《尚书·酒诰》），处于一种酒神精神笼罩下的非理性的宗教迷狂之中。⑥

---

① 钱穆：《周公与中国文化》，《中国学术思想史论丛》（一），九州出版社，2011，第145页。
② 陈梦家：《殷墟卜辞综述》，中华书局，1988，第562页。
③ 李亚农：《殷代社会生活》，《李亚农史论集》，上海人民出版社，1978，第416页。
④ 参见张焕君《制礼作乐：先秦儒家礼学的形成与特征》，中国社会科学出版社，2010，第87页。
⑤ 蔡沉：《书集传》，中华书局，2017，第150页。
⑥ 杨儒宾先生曾经将殷人的好酒与以萨满教为代表的巫教联系起来，指出"殷商巫风特盛，我们有理由猜测：酒可能是巫师借之以出神入迷的法器"；他还指出："殷人几乎无所不祭，而凡祭，不能没有酒"（参见杨儒宾《殷周之际的纣王与文王：新天命观的解读》，《深圳社会科学》2018年第2期）。换言之，殷人的好酒，并不仅仅是商纣个人生活腐化的结果，它与整个殷人日常生活中浓厚的宗教氛围密不可分。

值得特别注意的是，虽然殷人那里存在着至上神（上帝或天①），但殷人的至上神并不像基督教等一神教中的上帝，他虽然可以降福、降菫，但他并不是时王直接诉诸的对象。② 陈梦家指出：

> 殷人的上帝或帝，是掌管自然天象的主宰，有一个以日月风雨为其臣工使者的帝廷。上帝之令风雨、降祸福是以天象示其恩威，而天象中风雨之调顺实为农业生产之条件。所以殷人的上帝虽也保佑战争，而其主要的实质是农业生产的神。先公先王可上宾于天，上帝对于时王可以降祸福，示诺否，但上帝与人王并无血统关系。人王通过先公先王或其它诸神向上帝求雨祈年，或祷告战役的胜利。③

因此，与周人的宗教系统相比较，在殷人的宗教系统中，最值得注意的是祖先神的重要性。由于时王与上帝无法直接沟通，而是需要通过祖先神作为中介，因此，至上神也并不享受祭祀的牺牲，殷人祭祀的主要对象是作为人鬼的先公先王。在殷人看来，他们的祖先死后是"宾于帝所"的，也就是生活在上帝的身边的，通过祭祀活动可以祈求先公先王，以影响上帝。④ 因此，殷人对他们的先公先王的祭祀就非常用心。据学者考证，自帝喾以下的先公、先王、先妣，都有专祭，不分远近亲疏；先公先王之昆弟，不管在位与否，祭礼略同。从上甲到康丁31位先王及其20位法定配偶，完成一轮祭祀需要36旬甚至37旬之久，平均长度相当于一年。而一轮祭祀完成之后，又要周而复始地进行第二

---

① 在殷人和周人那里，天与帝都是混用的，其所指的对象也是同一的，即指至上神。所不同的是，在殷人那里，更多地用帝指至上神，而在周人那里更多地用天。刘起釪认为"'帝'是殷商的民族神，而'天'是周族的民族神"。但游唤民先生通过对《逸周书·商誓》的分析指出"在这里武王是天、帝并用的。若殷人没有天神观念、没有天神崇拜，武王怎么连连说周灭殷是'承天命'的话呢？怎么用殷人没有的神灵来说服他们呢？"（参见游唤民《周公大传》，第292~294页）。

② 杨儒宾先生说，在殷人那里，"上帝常是存有而不活动"（参见杨儒宾《殷周之际的纣王与文王：新天命观的解读》，《深圳社会科学》2018年第2期），这一说法并不准确，殷人的上帝，既然可以令风、令雨、降福、降菫（参见陈梦家《殷墟卜辞综述》，第562页），自然是"既存有又活动的"。

③ 陈梦家：《殷墟卜辞综述》，第562页

④ 陈梦家：《殷墟卜辞综述》，第580、361页。

轮祭祀，故称为周祭。① 殷人之所以如此热衷于对先公先王的祭祀，归根结底，在于在他们的观念中，只要祭祀先公先王，就能够通过先公先王影响上帝，从而获得上帝的天命或福佑。换言之，殷人认为，祭祀活动以及时王与先公先王之间的特殊关系，可以在时王与上帝之间建立一种确定性关系，也就是"有命在天"。因此，对殷人而言，上帝虽然是至上神，但其实并没有那么重要，他们真正看重的是祖先神。由于祖先神是自己的祖先，他们与时王之间有着天然的亲近关系，只要祭祀祖先神，就必然会得到祖先神的庇护。这样一来，在殷人那里，就不可避免地会形成一种观念：只要不断地祭祀祖先，就可以通过祖先游说上帝，获得上帝的福佑，从而"永保天命"（《尚书·仲虺之诰》）。

不过，殷人对上帝的这一理解，决定了殷人在内心深处不会真正尊敬上帝。因为上帝似乎是祖先神的傀儡，上帝的意志受到祖先神的左右。随着世俗权力的膨胀，② 时王对上帝的蔑弃也就非常自然了。这一状况，在殷商末期日益如初，史载"帝武乙无道，为偶人，谓之天神。与之博，令人为行。天神不胜，乃僇辱之。为革囊盛血，仰而射之，命曰：'射天'"（《史记·殷本纪》）。这些史实表明，到了殷商末期，上帝的权威已经基本丧失。作为至上神的上帝（天）已经不再成为时王尊敬的对象。纣王甚至不再认为自己是上帝之子或天之子，而是相信自己是"天王"，即人间神。③

不过，武乙、商纣对上帝的蔑弃，并不是殷商时期信仰状况的主流，殷商贵族们仍然坚持着先王以来的信仰。作为殷商属国的周人，也

---

① 常玉芝：《商代祭祀制度》，中国社会科学出版社，1987，第453～454页。
② 孟世凯指出，在殷商末期存在一个"王权加强、神权削弱"的过程。具体的分析参见孟世凯《商史与商代文明》，上海科学技术文献出版社，2012，第151～154页。
③ 具体的分析，参见杨儒宾《殷周之际的纣王与文王：新天命观的解读》，《深圳社会科学》2018年第2期。殷商的宗教实质上是一种巫教，无论是时王还是朝廷的大臣，实际上都是大巫师。当至上神的权威衰落时，巫师更容易信任自己的权能与力量。而在面对紧要关头时，也往往试图采用巫术来挽救局面。纣王在走投无路之时，"取天智玉琰五，环身厚以自焚"（《逸周书·世俘》），这实际上是一种巫术。在巫教传统中，巫师往往相信通过自焚等方式，还可以复活或化为厉鬼，进行复仇。这也是为何武王在看到纣王"赴火而死"之后，还要斩掉他的头的原因（《史记·殷本纪》中说"甲子日，纣兵败。纣走入，登鹿台，衣其宝衣，赴火而死。周武王遂斩纣头，县之大白旗"）。武王之所以斩纣王之头，也同样是因为武王相信，如果不斩掉纣王的头，他有可能会死而复生。相关的分析，参考游唤民《周公大传》，第48～50页。

分享着与殷人主流上一致的宗教信仰。[①] 武王甚至将他的革命行为看作是对殷人主流宗教信念的捍卫行为。因此，武王在伐纣之时，历数纣王的罪状，其中最为关键的罪状之一即"弗事上帝神祇，遗厥先宗庙弗祀"（《尚书·泰誓上》）。

武王虽然将自己的革命行为看作是对殷人宗教信念的捍卫，但在革命成功之际，他自己却陷入了深刻的信仰危机之中。《史记·周本纪》记载：

> 武王征九牧之君，登豳之阜，以望商邑。武王至于周，自夜不寐。周公旦即王所，曰："曷为不寐?"王曰："告女：维天不飨殷，自发未生于今六十年，麋鹿在牧，蜚鸿满野。天不享殷，乃今有成。维天建殷，其登名民三百六十夫，不显亦不宾灭，以至今。我未定天保，何暇寐!"

武王之所以夜不能寐，在于他并不认为自己的革命行动是仅仅通过武力就能够取得胜利的，更何况，就武力而言，小邦周的几万兵力根本无法跟大邑商的几十万大军相抗衡。因此革命行动之所以能够成功，根本不在于武力，而在于"天不飨殷"。换言之，在武王看来，他的革命行动之所以能够成功在于上帝（天）放弃了殷人。但问题的关键是，上帝（天）放弃了殷人，是否就一定会选择周人呢？因此，对武王来说，如何获得与保有天命就成为一个非常困惑的问题——"未定天保"，也就是不知如何建立与天或上帝的必然性联系。

不难看出，武王完成了殷周之间的政治革命，但他也敏锐地发现，在这场政治革命的背后，涌动着某种更为深层的东西。可以说，殷周之际的政治鼎革只是事物的表象，一场精神或宗教的变革正在到来。正如杨儒宾所言："周代殷兴不会只是改朝换代的意义，它无异于做了一场精神的革命，也可以说是宗教的革命。"[②] 而这场比殷周之际的政治变革对后世中国影响更为深远的宗教变革则是由"朝读《书》百篇"

---

① 周原甲骨显示，周人对殷人的祖先也进行祭祀，即表明了这一点。参见王晖《周原甲骨属性与商周之际祭礼的变化》，《历史研究》1998 年第 3 期。

② 杨儒宾：《殷周之际的纣王与文王：新天命观的解读》，《深圳社会科学》2018 年第 2 期。

（《墨子·贵义》）而"大有知"（《逸周书·度邑》）的周公完成的。①

事实上，如果按照殷人的那种宗教观念，周人在完成政治鼎革之后，确实存在着很大的问题：如果上帝不关注时王的行为是否正当，而只是接受祖先神的游说，而时王与祖先神的沟通方式是祭祀，那么，纣王无道，因此他的统治被推翻是非常正常的。但问题在于，纣王固然"弗事上帝神祇，遗厥先宗庙弗祀"，但周人毕竟与殷人不同族，殷人的先公先王为何要帮助周人来获得上帝的福佑呢？更为关键的是，推翻纣王的统治之后呢？周人难道要通过祭祀殷人的先公先王以游说上帝吗？另外，殷商毕竟是一个"大邦"，殷王朝灭亡后，在数量上，殷人的人口总量仍然远远超过周人，也不可能将他们赶尽杀绝。那么，如果他们又重新祭祀自己的先公先王，是不是又会重新营获天命呢？

事实上，殷人的宗教观念实际上自身存在着很大的问题。这是因为，首先，殷人认为只要不断地祭祀，就可以"永保天命"，因此，天命是不会移易的；其次，在殷人那里没有神义论的观念：无论时王的行为是否符合道德，只要他向祖先祭祀，祖先就会游说上帝，给他福佑。因此，由于上帝自身没有是非善恶的道德判断，② 他也不能为人们的日常生活提供道德准则。③ 此外，上帝虽然是至上神，但由于上帝并不根据时王的行为是否正当来决定是否降福或降祸，而是接受祖先神的游说来进行相应的活动。这种至上神在某种意义上不过是一家族神，由于祖先神是时王与上帝之间的中介，因此，祖先神反而比上帝更为重要。但在殷人的观念中，祖先神似乎只在乎祭祀的多寡，而与上帝一样，不在乎作为时王后世子孙的行为的正当与否。因此，无论是上帝还是祖先神都无法对时王行为进行规范与鉴察，时王的权力实际上处于不受约束和监督的状态，随着帝国版图的扩大和财富的积累，出现纣王这种为所欲为的时王也就非常正常了。对于"大有知"的周公来说，这些问题应该是非常明确的。从后文的论述可以看到，周公对殷人的宗教观念所进

---

① 《墨子·贵义》言："昔者周公旦朝读《书》百篇。"周公可以说是中国历史上第一位、也是最伟大的学者型政治家。
② 陈来指出："殷人信仰的上帝只是'全能'而非'全善'。"[陈来：《古代宗教与伦理：儒家思想的根源》（修订版），北京大学出版社，2017，第134页]
③ 正如侯外庐所指出的，卜辞中没有一个关于道德智慧的术语，也表明殷人信仰的上帝与人世的伦理无关。参见陈来《古代宗教与伦理：儒家思想的根源》（修订版），第134页。

行的革命，实际上也是从以上三个方面展开的。

首先，针对殷人天命不易的观念，提出了"惟命不于常"（《尚书·康诰》）的天命转移论。如前所论，由于殷人基本将上帝看作一家族神，故而也就很容易形成自己是上帝选民的观念。与此相应的，也就会认为自己的政权乃是上帝赋予的，即便是对上帝缺乏敬意的纣王，也顽固地认为自己的天命是上帝赋予的，因此周人无法拿他怎么样。[①] 正如赵法生指出的"对于殷人而言，政治合法性的意识是不存在的，仿佛帝和众神就是他们家族的，为上帝保佑的殷商统治也是永恒的，这自然是由于长期垄断政权、教权所产生的幻觉"。[②] 但殷周之际的政治鼎革让这种幻觉破灭了。在这一背景下，周公自然更能够明白殷人的天命不易论是不可靠的，他提出的"惟命不于常"的天命转移论正是对殷人天命不易论的反思与批判。周公"朝读《书》百篇"，熟悉历史的兴衰治乱，他的天命转移论，也是通过对历史经验的反思与总结而提出的。在《尚书·多士》中，周公道："尔殷遗多士，弗吊旻天，大降丧于殷，我有周佑命，将天明威，致王罚，敕殷命终于帝。肆尔多士！非我小国敢弋殷命。惟天不畀允罔固乱，弼我，我其敢求位？惟帝不畀，惟我下民秉为，惟天明畏。"这是说，由于商末时王不敬上天，上天降灾于商；而有周对殷商的革命行为，实际上是恭行天罚。接着他又回顾了殷革夏命的历史："上帝引逸，有夏不适逸；则惟帝降格，向于时夏。弗克庸帝，大淫泆有辞。惟时天罔念闻，厥惟废元命，降致罚；乃命尔先祖成汤革夏，俊民甸四方。"殷革夏命也同样是奉行天命、执行天罚。因此，天命并没有固定在某一个朝代，殷人那种盲目的天命不易论是不符合历史事实的，"天命靡常"（《诗经·大雅·文王》）才是天命的本质特征。

---

① 值得一提的是，杨儒宾认为纣王已经不再相信"有命在天"，而是相信"天命在我"。他把《尚书·西伯戡黎》中"我生不有命在天"做一肯定句理解（见杨儒宾《殷周之际的纣王与文王：新天命观的解读》，《深圳社会科学》2018年第2期）。这一解读在笔者看来，还有待商榷。《西伯戡黎》中的那句话最好还是理解为一反问句，意味着，纣王反问祖伊："我不是秉承着上帝的天命吗，有什么可怕的？"因此，武王才批判纣王说"谓己有天命，谓敬不足行，谓祭无益"。武王的这一批判意味着，纣王过于自信自己拥有天命，认为天命已定，不会改移，故而连对上帝的敬意和对祖先的祭祀都不需要了，因此他才会"弗事上帝神祇，遗厥先宗庙弗祀"。

② 赵法生：《殷周之际的宗教革命与人文精神》，《文史哲》2020年第3期。

其次，鉴于殷人无神义论的观念，提出了"皇天无亲，惟德是辅"。事实上，"惟命不于常"或"天命靡常"的观念，只是说明天命是会转移的。但问题的关键是，天命转移的前提是什么？周公对这一问题的回答，也是基于他对历史的深入观察与反思，在《尚书·召诰》中，他说：

> 我不可不监于有夏，亦不可不监于有殷。我不敢知曰，有夏服天命，惟有历年；我不敢知曰，不其延。惟不敬厥德，乃早坠厥命。我不敢知曰，有殷受天命，惟有历年；我不敢知曰，不其延。惟不敬厥德，乃早坠厥命。

通过对殷革夏命与周革殷命的历史过程的反思与总结，周公得出的结论是："惟不敬厥德，乃早坠厥命。"王国维曾说："殷周之兴亡，乃有德无德之兴亡。"① 在周公看来，不仅殷周之兴亡如此，夏殷之兴亡亦如此。因此，一方面，天命不是固定不易的，另一方面，天命转移的根据在于时王是否"敬厥德"。因此，周公非常严肃地告诫成王要"不可不敬德""疾敬德"。

"德"的发现在中国思想史上非常重要。② 如前所述，殷人那里并无神义论的观念，而周公则明确提出"皇天无亲，惟德是辅"（《蔡仲之命》），③ 换言之，周公在这里提出了明确的神义论的观念，一个道德的至上神的观念开始正式形成了。④ 与"皇天无亲，惟德是辅"的神义论观念相应的，是"以德配天"观念。以德配天这个词虽然不是周公明确提出的，但在《尚书·多士》中，他说"自成汤至于帝乙，罔不

---

① 王国维：《殷周制度论》，《观堂集林》卷十，河北教育出版社，2001，第303页。
② 陆九渊曾认为："《尚书》一部，只是说'德'"。表明了"德"的发现的重大意义（见《象山语录下》，《陆九渊集》卷35，中华书局，1980，第431页）。
③ 清代学者认定《蔡仲之命》为《伪古文尚书》。当代尚书研究者认为，《伪古文尚书》的资料并非纯粹杜撰，有其来源，不少资料也很宝贵。《蔡仲之命》中的内容也属于周公的思想。具体参见钱宗武《中华传统文化百部经典：尚书》，国家图书馆出版社，2017，"前言"。
④ 杨儒宾指出："'周'这股新兴的政治势力同时也带来新兴的宗教概念'天'，一个道德性的上帝正照耀着中土大地。"（见杨儒宾《殷周之际的纣王与文王：新天命观的解读》，《深圳社会科学》2018年第2期）

明德恤祀。亦惟天丕建，保乂有殷，殷王亦罔敢失帝，罔不配天其泽"，如果对这一表述的内涵加以概括，实际上就是"以德配天"。而周公对其父文王之德的赞叹，也表明周人之所以能够获得天命，乃因其父能够"以德配天"：

> 惟乃丕显考文王，克明德慎罚；不敢侮鳏寡，庸庸，祗祗，威威，显民，用肇造我区夏，越我一、二邦以修我西土。惟时怙冒，闻于上帝，帝休，天乃大命文王。殪戎殷，诞受厥命越厥邦民。（《尚书·康诰》）

因此，对周公而言，上帝（天）在乎的不是祭祀活动，更不在乎祭品的多寡，他真正在乎的是时王的德行。时王的德行，其实就是一种特殊的祭品，它能够发出特殊的香气，而直接为上帝（天）所飨："弗惟德馨香，祀登闻于天。"（《尚书·酒诰》）①

按照"德者，得也"的古训，德固然有其先天的一面，②但天生之德作为一种事实，借用宋明儒家的说法，不过是一种本体性存在，它还需要主体自身的努力，才能够明体以达用。这一观念虽然来自宋明儒家，但在周公那里未尝没有源头。周公对文王的评价中，"克明德"三个字尤其值得重视。既然"明德"来自天，如果文王为上帝（天）所拣选而拥有明德，那么作为个体的文王自身并没有以人的方式展现出其作为人的特殊品格。如果按照殷人的天命观，所有的时王都是受命之

---

① 值得注意的是，随着周公的宗教重建，在周人那里，祭祀活动有了两个重大的转变。一是殷人是不直接祭祀上帝或天的，而是祭祀祖先神。但在周公那里开始有了郊天之礼。换言之，在周人那里，与上帝的沟通不再需要通过祖先神。二是在祭祀活动中，也不再像殷人那样，非常重视祭品的数量。赵法生发现："根据《召诰》记载，成王决定营建东都洛阳，派周公前去考察并祭祀天地神祇。这样的大事，如果是在殷商，肯定需要数量众多的祭品甚至人殉。可是，周公于'越三日丁巳，用牲于郊，牛二。越翼日戊午，乃社于新邑，牛一，羊一，豕一'，郊天之礼只用两头牛，祭社之礼只用牛、羊、豕各一头。"他总结说："因为在以德配天的观念下，根据'黍稷非馨，明德惟馨'（《诗·大雅·民劳》）的说法，天地神祇最喜欢的祭品已经不是牛羊或者人殉，而是德了。"见赵法生《殷周之际的宗教革命与人文精神》，《文史哲》2020 年第 3 期。

② 孔子也说"天生德于予"（《论语·述而》）。赵法生指出"德乃天帝所降，所以周文王的政治行为，被说成是'天德'（《吕刑》：'惟克天德，自作元命，配享在下'），是有周受命的动因"。见赵法生《殷周之际的宗教革命与人文精神》，《文史哲》2020 年第 3 期。

主，应该都具有来自天的"明德"。因此，当周公说文王"克明德"时，这里的"克"字则更为关键，一个"克"字显示了周公作为人或者说主体所进行的自我努力与作为。这一自我努力，在宋明儒家那里，把它称为工夫。而在先秦儒家那里，则被称为"修身"。无论是修身，还是工夫，所显现出来的是人在天面前的主体性。而这种主体性还不仅仅是人的抽象的个体自我意识的觉醒，更为重要的是，主体的道德自觉。

周公对文王的道德自觉的强调，固然是对政治主体的敬德与修德的要求，背后也还包含着"祈天永命"（《尚书·召诰》）的功利性述求。但他所说的"克明德"作为一种道德自觉却包含着更为普遍的意义。这一普遍化意义被《礼记·大学》概括为"自天子以至于庶人，壹是皆以修身为本"。这就意味着，无论是贵为天子，还是作为一般的民众，个体自我的道德自觉与修身工夫都是最重要的，是人之为人的根本所在。而《大学》中还引用了周公在《康诰》中所说的"克明德"以阐释"大学之道，在明明德"。无论是"克明德"还是"明明德"，实际上强调的都是个人的道德的完善，而这一完善的过程又不是通过外在的规范性强制或宗教性的道德他律来实现的，而是通过个体自身的自修自尽来实现的。可以说，在周公这里已经隐含着个体道德的自律性要求，或者说，道德自律的观念已经在周公这里以一种无名的方式展现出来了。正如钱穆先生所指出"周公制礼作乐之最大最深义，其实即个人道德之确立"。[①] 相对于殷人的"尊神"，在周公这里，通过对个人道德自觉的强调，个人的道德主体性被首次确立起来。个人道德主体性的确立，是周公宗教重建背后的核心精神，也是殷周之际思想领域最根本的进步，而梁漱溟先生所说的中国文化是"以道德代宗教"即根源于此。可以说，在后世中国，个人道德不再通过匍匐在上帝脚下而实现，中国人的生活方式也与基督教等一神教所塑造的生活方式具有根本性的差异。

"以道德代宗教"固然是今人的概括，但这一观念确是在周公那里以实质性确立的，并且对后世中国产生了根本性的影响，可以说，"以道德代宗教"是中华文明与印度文明、基督教文明、伊斯兰教文明的

---

① 钱穆：《周公与中国文化》，《中国学术思想史论丛》（一），第146页。

根本性差异。简单地说，如果说印度文明、基督教文明、伊斯兰教文明因其对神的重视，可以被称为神教文明的话，那么由周公所奠定的中华文明则可以被称为文教文明。周公的这一思想贡献的重要性也就不言而喻了。

个体道德主体性的确立，也是人文精神的觉醒。傅斯年先生曾经指出，"殷周之际大变化……既不在物质文明，又不在宗法制度，其转变之特征究何在？曰，在人道主义之黎明"。[①] 在周公那里，人文精神的觉醒还体现在他对殷人宗教中天人（人神/上帝）关系的重建上。如前所述，殷人宗教系统中存在的第三个问题，即统治者以祖先神作为天人沟通的中介。与此相应的，一般民众在殷人的政治体系中，并没有任何地位。殷人不仅"率民以事神"，甚至还将民作为祭品，即人殉。因此，对于殷商的统治阶层而言，民众不过是"会说话的工具""会说话的牲口"，并没有作为人本身被对待。

然而，在周人那里，祖先神不再作为时王与天（神/上帝）之间的中介，取而代之的是民。以周公为代表的周初统治集团将民众的重要性提到了无以复加的地位。[②] 武王曾言"天矜于民，民之所欲，天必从之"（《尚书·泰誓上》），左右天（上帝）之意见的不再是祖先神，而是民意。因此，他又说"天视自我民视，天听自我民听"（《尚书·泰誓中》）。在这一点上，周公与武王的观念完全一致。在他看来，一方面，"天亦哀于四方民"（《尚书·召诰》），因此，天富有正义感，他关心民众的疾苦；另一方面，"惟天时求民主"（《尚书·多方》），因此，天不再只听从祖先神的意见，而有自己主动的意志与目的。他不仅关心民众的疾苦，而且主动为民众寻求合适的治理者。既然天会主动地为民做主，替民众寻找合适的治理者，因此，政治治理的良善与否，最终决定于民众的意见。

从天人关系的角度看，既然天意来源于民意，天关心民众的疾苦，那么，时王在处理自己与天之间的关系时，就不再能够将民作为工具，"率民以事"天，更不可能将民作为祭品来使用，而必须将目光从天上

---

① 傅斯年：《性命古训辨正》，上海三联书店，2018，第 125 页。

② 谢幼田指出："强大的殷商一直没有从神的统治中摆脱出来，没有超越的反思。显然，关键在于商、周对'民'的态度根本不同。"（见谢幼田《儒家文化的历史使命：谢幼田说儒》，孔学堂书局，2015，第 18～19 页）

拉回地面，将民意的满意与否作为政治治理成功与否的标准。在《尚书·酒诰》中，周公再次显示了他是一位学者型政治家，他引用古人"人无于水监，当于民监"的名言，并进一步强调"若有疾，惟民其毕弃咎；若保赤子，惟民其康乂"。这里的"民"虽然有其具体的内涵，即殷民，但周公的这一说法，仍然具有普遍性的意义，因为这里的"民"可以从"殷民"这一特殊群体扩展到一般意义的民众。而这里的"若保赤子"，就要求王者要像爱护自己的孩子一样爱护民众、保护民众。在《尚书·梓材》中，周公在谈到"肆王惟德用"后又进一步强调"惟王子子孙孙永保民"。而保民的实质内涵，则要落实到对民众福祉的保障上。因此，在《尚书·无逸》中，他一再强调王者要"知稼穑之艰难""知小人之依"，从而"能保惠于庶民""怀保小民"。由此可见，在周公那里，王者的"敬德""克明德"不仅仅具有一般意义上道德的内涵，它在政治层面的首要表现即"保民"。在游唤民先生看来，"周公思想的核心是'敬德保民'"。①

由以上论述可见，在殷人的宗教系统中，时王—祖先—上帝（天）三者之间的关系是最重要的，民在这一宗教系统中并没有自己的位置；但在周公所重建的宗教系统中，时王—民—天（上帝）三者之间的关系则是最重要的，这里却没有了祖先神的位置。另外，由于"天视自我民视，天听自我民听"，因此，真正重要的不是天，而是民，② 而周人也不再"率民以事神"，而是"敬鬼神而远之"（《礼记·表记》）了。因此，周公的"敬德保民"思想，实质上是一种以民为本的思想，

---

① 游唤民：《周公大传》，第 21 页。

② 陈来认为在周公等人那里存在着一种他称为"天民合一"的观念，他说："天爱护人民，倾听人民的声愿，天以人民的意愿作为自己宰理人世的意志。除了代表人民以外，天没有别的意志。这种'天民合一'的思想在世界文化史上是十分独特的，我们称之为'民意论'的天命观。天意在民，民意即天意，在这样一种类似泛神论结构的民意论中，殷商以前不可捉摸的皇天上帝的意志，被由人间社会投射去的人民意志所形塑，上天的意志不再是喜怒无常的，而被认为有了明确的伦理内涵，成了民意的终极支持者和最高代表。由于民众的意愿具有体现上天意志的强大道德基础和终极神学基础，所以，在理论上、在价值上民意比起皇天授命的君主，更具有优先性，因为皇天授命君主的目的是代行天意来爱护保护人民。"（见陈来《古代宗教与伦理：儒家思想的根源》，第 214 页）"天意在民，民意即天意"，由此也就不难理解"夫民，神之主也。是以圣王先成民，而后致力于神"（《左传·桓公六年》）这一说法了。在这里，周人对殷人那里的民神关系，进行了彻底的反转，天或上帝不再是主，民反而成了神之主。这一点也显示了中国思想与以上帝、真主为最高主宰的一神教之间的巨大差异。

而孟子的"民为贵，社稷次之，君为轻"（《孟子·尽心下》）这一观念已经以潜在的方式存在了。

《易传》曾言"地势坤，君子以厚德载物"。以周公为代表的周人，之所以会形成"敬德保民"的民本思想，与农业民族所具有的"厚德载物"的大地性品格应该不无关系。按照《史记·周本纪》的记载，周人自其始祖后稷开始就是一个以农业为本的民族。经过公刘、古公亶父到王季、文王数十代先王的苦心经营，周人始终将农耕作为立国之本。以农立国的统治者对"稼穑之艰难"非常了解，也更能体会民众的疾苦。作为一代伟大的政治家，周公更是以制度化的方式将"敬德保民"的民本思想加以落实，这就是井田制度的制定。按照《周礼》中的记载，井田制是通过"辨其上地、中地、下地，以颁田里"来进行土地分配的，从而实现"以田里安甿"（《周礼·地官》）的目的。"安甿"即"安民"，是"保民"观念的进一步落实。

井田制为奴隶制的瓦解和小农经济的发展奠定了基础，在中国古代社会中是一大进步。正如钱穆指出的"井田既分配于一宗一族，则必不农奴"。井田制的确立，为中国由奴隶社会跨进封建社会奠定了基础。在奴隶社会中，下层民众作为奴隶，不过是"会说话的牲口"，只是一种工具性的存在。而在井田制确定以后，下层民众不再作为工具或牲口被使用，作为自耕农，在其完成对"公田"的义务之后，在为"我私"而进行劳作时具有了一定的自由劳动的可能。[1]通过这一制度安排，下层民众获得了作为人而存在的尊严。此外，正如孟子所描绘的"方里而井，井九百亩，其中为公田，八家皆私百亩"（《孟子·滕文公上》），井田制度将土地划分为规模、面积大致接近的九块，除了中间的公田，其他八块则平均地分配给八户不同的农家。正如张载所言："治天下不由井地，终无由得平。周道止是均平。"（《经学理窟·周礼》）可见，井田制度，作为一种制度，背后还蕴含着深刻的平等意识。而无论是对人的尊严的尊重，还是对平等观念的重视，都是周公以民为本思想的重要体现。从周人的"以民为本"到儒家的"民为贵"，再到今天的"以人民为中心"，可以很清楚地看到，周公的井田制度并不仅仅是一种经济制度，其背后所蕴含的文化精神，对后世中国产生了

---

① 《诗经·小雅·大田》："雨我公田，遂及我私。"

根本性的影响。

最后，政治、人伦与生活方式。

《尚书大传》曾记载："周公……营雒以观天下之心，于是四方诸侯率其群党各攻位于其庭。周公曰：'示之以力役且犹至，况导之以礼乐乎？'然后敢作礼乐。"学术界一般将"制礼作乐"看作周公对中华文化与中国历史的最大贡献。而从上面这段话可以看出，周公非常明确地将他的制礼作乐的工作看作其统驭、治理四方诸侯的一个基本方略。周公制定这一统治方略的用心之处值得特别重视。《史记·周本纪》记载武王伐纣之后"纵马于华山之阳，放牛于桃林之虚；偃干戈，振兵释旅：示天下不复用也"。周公在《诗经·周颂·时迈》中也说："载辑干戈，载櫜弓矢。"不难看出，周王室对"以力服人"的武力统治的局限性有着清醒的认识。周公等人非常清楚，马上得天下并不能马上治之。但如果不采用武力、强权治理天下，还有什么方法呢？当周公思及"示之以力役且犹至，况导之以礼乐乎"时，他实际上非常清楚，自己所从事的制礼作乐，正是将政治治理从"以力服人"层次提升到"以德服人"层次的一项工作。正如游唤民先生所指出的："周礼的制定与出台，就意味着周代统治阶级已由武力统治开始转入制度统治、文化统治。故周礼就成了周代统治阶级由强制性统治演变为合法统治的象征。"[1]

事实上，周公非常自觉地将"德治"作为周王朝治理天下的根本法则，并对"以力服人"的武力统治自觉地加以限制。这一点在周公制定宗法制度时对文王与武王的不同定位中就可以非常明确地看到。关于这一点，钱穆先生曾经有一段非常精彩深入的分析，他说：

> 实则终文王之身，固是殷商之西伯，未及身而王也。而周人必尊奉文王以为周室始受命之王。此在周公之意，以为周人之殪戎殷而有天下者，其事实不在于武王之武烈，而尤在其原于文王之文德也。故后人亦传述之，曰：三分天下有其二，以服事殷。此即言文王之文德也。又曰：远人不服，修文德以来之。此为有天下之不仗于武烈也。故在《周书》之《康诰》有之，曰：惟乃丕显考文王，

克明德，用肇造我区夏。《酒诰》又有之，曰：我西土，尚克用文王教，故我至于今，克受殷之命。《洛诰》亦有之，曰，承保乃文祖受命民。《君奭》又有之，曰：天不庸释于文王受命。又曰：乃惟时昭文王，迪见冒闻于上帝，惟时受有殷命哉。又曰：乘兹大命，惟文王德。此皆周公明举文王，以为周室始受命之王。而其所以得受命而为王者，则在德不在力，在文不在武，此其义岂不跃然乎？①

在钱穆先生看来，《中庸》所谓的"周公成文武之德，追王太王、王季，上祀先公以天子之礼"这一说法其实并不准确，因为文王终生也不过是"殷商之西伯，未及身而王"，因此，文王之所以为"王"也是周公自觉"追王"的结果，而周公之所以"追王"，一方面固然是"善述其事、善继其志"的"达孝"的表现，另一方面周公用心之深刻之处在于崇文而抑武。而文王之为文王的关键在于其德。因此，周公通过对文王的"追王"，也就将周家之根本精神确立在崇文抑武、尚德不尚力的精神高度上。钱穆先生进一步指出：

> 殁而称谥，亦周公之定制。文王之谥为文，武王之谥为武，而周室之始受命者为文王，故宗祠之以为百世之始祖者亦文王，非武王也。此非周公制礼之深义乎？由是言之，中国此下传统政制之必首尚于礼治，必首尚于文治，此等皆为此下儒家论政大义所在，而其义皆在周公制礼之时，固已昭示其大纲矣。此可谓大彰明而较著者。而后世之儒家，则不过承而益阐之焉耳。即孔子之所常梦见于周公者，岂不当从此等处而深细体之乎？②

在钱穆看来，周公对文王的"追王"以及对文王、武王之谥号的确定，实际上对后世中国的政治文化精神产生了深远的影响。周公的"德治"思想是儒家德政思想的根基。孔子强调"为政以德，譬如北辰，居其所而众星共之"（《论语·为政》），"道之以政，齐之以刑，民

---

① 钱穆：《周公与中国文化》，《中国学术思想史论丛》（一），第147~148页。
② 钱穆：《周公与中国文化》，《中国学术思想史论丛》（一），第148页。

免而无耻，道之以德，齐之以礼，有耻且格"（《论语·为政》）。这实际上即对周公"以德治国"思想的继承。事实上，"崇文抑武，尚德不尚力"确实构成了后世以儒家为代表的中国政治文化精神的根本原则。朱子曾经从华夷之辨的角度说"中国所恃者德，夷狄所恃者力"。① 朱子的这一概括，正是对周公、孔子以来中国政治文化精神的概括。周公、孔子的这一思想对整个传统中国，乃至当今中国的政治思想与政治运作都产生了深远的影响，总体而言，自周代至今，中国政治的最高原则或理想状态仍然是"以德治国"。② 钱穆先生说"孔子之所常梦见于周公者，岂不当从此等处而深细体之乎"，而王国维先生说周公之"心术与规模，迥非后世帝王所能梦见"，③ 一梦一不梦，孔子与后世帝王之高下于此立判，而梦与不梦所凸显的都是周公的精神高度与思想深度。

在《论语·为政》中，孔子曾说"《书》云：'孝乎惟孝，友于兄弟，施于有政。'是亦为政，奚其为为政？"孔子引用《书》所传达的基本内涵在于，"为政以德"的政治原则对政治主体所提出的道德要求，与日常的人伦生活中对一个个体的道德要求没有实质的差异，换言之，政治的德性与人伦的德性实际上是一致的。孔子的这一观念实际上也来自周公。实际上，孔子所引用的《书》中的话不见今本《尚书》，但《君陈》篇有"君陈，惟尔令德孝恭。惟孝友于兄弟，克施有政"这一表述，与孔子所引基本一致。《君陈》是周公去世后，成王命君陈继承周公时所做的策命，因此，这句话作为成王对作为周公继承人的评价，实际上也可以看作是对周公自身的评价。实际上，周公自己确实也具有类似的品质，《史记·周本纪》载周公正是因为"为子孝、笃仁"，而得到文王、武王的器重。

无论是孔子的阐释，还是周公、君陈的案例，都表明一点，政治主体的德性发源于人伦之中，政治的德性实质上是人伦的德性，更进一步而言，也可以说，政治实质上是人伦的一部分。事实上，周公是首次明确提出"五伦"观念的思想家。在《尚书·泰誓》中，他批评商王受"狎侮五常，荒怠弗敬"。按照孔颖达的解释，这里的"五常"指的是

---

① （宋）朱熹：《答汪尚书三》，《朱子全书》第21册，上海古籍出版社、安徽教育出版社，2002，第1299页。

② 关于周公德政思想对儒家的影响，参见辜堪生、李学林《周公评传》，第114～115页。

③ 王国维：《殷周制度论》，《观堂集林》卷十，第288页。

"父义、母慈、兄友、弟恭、子孝"。孔颖达的这一诠释，并不能看作后世儒家的附会之言，[1] 因为在《尚书·康诰》中他也明确提出了"父爱、子孝、兄友、弟恭"的人伦道德原则。后世儒家明确提出的"父子有亲，君臣有义，夫妇有别、长幼有序，朋友有信"这一"五伦"观念，显然是深受周公思想影响的产物。正如贺麟所指出的"五伦的观念是几千年来支配了我们中国人的道德生活的最有力量的传统观念之一。它是我们礼教的核心，它是维系中华民族的群体的纲纪"。[2] 可见，周公所奠基的五伦思想对后世影响之大。

周公深切地意识到，对政治治理精神的重塑，必须要落实到以人伦为核心的人的生活方式的塑造上。因此，他的制礼作乐，作为对政治治理体系的重建，也必然将对人伦关系的塑造纳入其中。这就体现在他对宗法制度的构建之中。宗法制度实质上是通过制度化的方式，将整个国家纳入一个人伦的关系网络之中。虽然宗法制度以嫡长子继承制为基础，目的在于确保最高政治权力的继承与转移的稳定性，但宗法制度通过确立大宗与小宗的关系，以实现"敬宗收族"的目的，实质上"纳上下于道德，合天子、诸侯、大夫、士、庶民以成一道德之团体"。[3] 这一"道德之团体"实质上是以血缘为基础的人伦共同体。基于宗法而建立的人伦法则的最大原则即"亲亲"。以"亲亲"为原则，意味着人与人之间的关系就不再是原子化的个人之间的关系，处理人与人之间关系的原则也不再仅仅是冷冰冰的竞争性原则，而是如《礼记》中所描绘的"人不独亲其亲，不独子其子；使老有所终，壮有所用，幼有所长，矜寡、孤独、废疾者皆有所养"。因此，以"亲亲"为原则的宗法制度所建立起来的社会也就是一个充满了人情味的共同的大家庭。正如徐复观所指出的"宗法的亲亲是周的封建政治的骨髓。以孝悌、礼让、仁爱为基地的道德要求，都是由此发展出来的。周的政治，较之后世特富于人道的意味，也是以'亲亲'为根源发展出来的"。[4]《礼记·礼运》所谓的"圣人耐以天下为一家"正是周公宗法制度所指向的最高理想。换言之，宗法制度的最高理想，是将整个天下化为一个大家

---

① 参见杨国强《历史中的儒学》，《东方早报》2013年4月7日。

② 贺麟：《五伦观念的新检讨》，《文化与人生》，商务印书馆，1988，第51页。

③ 王国维：《殷周制度论》，《观堂集林》卷十，第288~289页。

④ 徐复观：《两汉思想史》卷一，华东师范大学出版社，2000，第20页。

庭，而在这一大家庭中，人人都能够做到"父爱、子孝、兄友、弟恭"。因此，"'亲亲'的精神说到底就是给人以'家'的感觉"。① 以"亲亲"为原则的宗法制度及其对中国人的道德观念与道德生活的塑造，在今天仍然具有深刻的影响，尤其是在东南沿海地区，宗族制度在民间社会仍然具有重要的影响力。这也说明了周公所定的宗法制度的深刻性，及其对中华民族日常生活方式影响的深入性、持久性。

而宗法制度及其背后的道德观念之所以能够具有如此深入、持久的影响，又在于仁义、孝悌的道德观念以及宗法制度本身是基于血缘与人伦的。由于血缘与人伦具有普遍性——每个人都实质地出生并生存于一定的血缘关系之中，因此基于血缘与人伦所建构起来的道德观念与生活方式，就比基于某种形而上学的预设（如上帝存在、超验理念、天堂、极乐世界等）而建立的道德观念与生活方式更具有普遍性，也更与每一个个体的心灵和情感相契合。正如钱穆所言：

> 周公封建之要义，实在创建政治之一统性；而周公宗法之要义，则实为社会伦理之建立。尤要者，在使政治制度，俯就于社会伦理而存在。故政治上之一统，其最低根柢，实在下而不在上，在社会而不在政府，在伦理而不在权力也。而就周公定宗法之再进一层而阐述其意义，则中国社会伦理，乃奠基于家庭。而家庭伦理，则奠基于个人内心自然之孝弟。自有个人之孝弟心而推本之以奠定宗法，又推本之以奠定封建。②

事实上，不仅每个人的内心有自然之孝悌，就生活世界的实际而言，也存在着无名的宗法。因此，周公的制礼作乐，不过是对天地之道的裁成辅相，调而上遂。因其本身就顺乎民情、合符民心，也就自然能够深入而持久地对民众的生活方式产生影响。

值得注意的是，周公的制礼作乐，不仅有封建、宗法等宏观的典章制度的层面，还涉及礼仪等日常行为规范的层面，尤其体现在《仪礼》中那些对人们的行为举止的详细规定上。现存的《仪礼》一书，按照

① 陈赟：《周礼与"家天下"的王制》，中国人民大学出版社，2019，第380页。
② 钱穆：《周公与中国文化》，《中国学术思想史论丛》（一），第145页。

学者的研究，乃是孔门后学编撰而成。但《尚书》《逸周书》《毛诗》《国语》《左传》等著作表明，《仪礼》中所描述的各种具体的礼仪规范，在西周时代即已经在现实生活中普遍实行，这些礼仪规范即属于周公制礼作乐的一部分，应该是不可否认的。① 以《仪礼》为核心的各种礼仪规范，不同于封建、宗法等典章制度，它们与人们的日常生活与行为规范有着更为直接的关联。因此，对人们的日常生活与行为规范也具有更为重要而直接的影响。正因如此，按照杨尚奎先生的说法，"在礼仪方面，周公而后，加重了仪的地位，于是以仪代礼，《仪礼》遂成为礼的正宗"。② 以仪代礼，固然可以说是礼的精神堕落的表现，孔子就曾经感慨道"礼云礼云，玉帛云乎哉"（《论语·阳货》），但也说明了仪礼由于其可操作性，从而在人们的日常生活中更具有规范性意义。

正如《说文》所言"礼，履也"，所谓"履"即践履，也就是日常实践。换言之，礼为人们的日常生活提供了可操作性的规范。而这里的"礼"实际上主要是指《仪礼》，因此孔颖达说"《仪礼》为履"。作为一种可操作性的规范，《仪礼》实际上提供的是人们日常生活的规则或法则。周公对未成文的《仪礼》的重视，即体现在他对这种日常行为规则或法则的重视上。在周公看来"则以观德"（《左传·文公十八年》）。这里的"则"指的是礼的基本规范。对周公而言，礼仪规范作为一种形式化的规定，实际上对于主体内在德行的养成，同样具有重要的意义。后来孔子答颜渊问礼说"非礼勿视，非礼勿听，非礼勿言，非礼勿动"，这里的礼即外在的行为规范来制约人们的视、听、言、动。而在程颐看来，通过外在的行为规范，可以提升内在的心性、德行的修养："（视听言动）四者身之用也，由乎中而应乎外，制于外所以养其中也。"③ 正如游唤民先生所指出的：

　　　　仪容动作不可小觑，它对养成君子风范，具有重要意义。荀子
　　　就说过"容貌、态度、进退、趋性，由礼则雅，不由礼则夷固僻
　　　违，庸众而野"（《荀子·修身》）。这就是说，人们讲究仪容动作
　　　就会变得文雅、高尚有风度，而缺乏礼所规定的仪容动作加以文

---

① 游唤民：《周公大传》，第 264 ~ 265 页。
② 杨尚奎：《宗周社会与礼乐文明》（修订版），人民出版社，1997，第 340 页。
③ （宋）程颐：《四箴序》，《二程集》，王孝鱼点校，中华书局，2004，第 589 页。

饰，就如同小人那样庸俗而粗野。可见，礼仪动作是培养人的优美、高雅、文质彬彬的君子风度不可或缺的。[①]

可以说，正是那些与日常生活密切相关的礼仪，通过为人们的日常行为提供规范，培养了文质彬彬的君子人格，塑造了人们优美、高雅的生活方式，才真正使得人们的日常生活真正提升到文明的层次，是中国礼乐文明形成的真正基础。

结　语

赵法生指出："对于华夏民族而言，我们永远的故园是宗周礼乐文明。"[②] 而宗周礼乐文明的开创者正是周公。通过周公在政治、文化、宗教、道德人伦、生活方式等诸多方面的制度建设与思想劳作，西周最终形成了一个"深情而文明"的西周文明，西周文明所达到的高度，对于今人或许已经陌生，但从孔子"郁郁乎文哉，吾从周"的感叹中，我们还是能够想见一二！

由周公所开创的西周文明，也在上述的诸多方面为后世的中华文明奠定了基础、开创了方向。可以说，没有周公的思想、没有西周的文明，就没有中华传统文明在世界范围内所呈现出来的别样风格与文明高度。因此，夏曾佑所说的"孔子之前，黄帝之后，于中国有大关系者，周公一人而已"丝毫不夸张。《逸周书·谥法》云"经天纬地曰文"，周公的谥号正是"周文公"，这一"文"字也正点明了周公与中华文明的深切关联。

今天的中华民族，正走在实现全面复兴的路上。中华民族的全面复兴，不仅仅追求的是国家富强，在富强的基础上，如何实现国家的文明化、人民的道德素养与生活方式的文雅化，将是一个更为艰巨的挑战！而这样一个特殊的历史阶段，具有"经天纬地"之"文"的周公思想，就更加值得我们关注！

（责任编辑：张兴）

---

① 游唤民：《周公大传》，第 284 页。
② 赵法生：《殷周之际的宗教革命与人文精神》，《文史哲》2020 年第 3 期。

孔子的"内圣外王"之道[*]

解冬冬 赵 薇[**]

摘 要 "内圣外王"之道可以说是孔子思想学说最传神的概括和总结，因为它是将人内在的心性修养与外部功业用"一以贯之"的方式落实出来的思想体系。同时，"内圣外王"之道又是孔子思想理论与实践的系统架构体系，因为它将儒者内在的个人心性修养落实到外在的齐家、治国、平天下的过程之中，从而将齐家、治国、平天下看作个人心性修养的一种实践检验过程。在这一过程之中，每个注重修身的人都是管理者，是政治家。孔子注重"内圣"心性修养的内容非常丰富，既有内在的道德修养方法，也有外在的礼乐制度规章，内外配合，相得益彰，构成孔子身心兼修、内外相益的"内圣外王"之道。其内圣外王的内容主要包括"吾道一以贯之""克己复礼""修己安人""博文约礼"等内容。孔子提出"修己以安人""修己以安百姓"，这些思想历来被看作孔子"内圣外王"之道的初声。所谓"修己"即"内圣"；"安人""安百姓"即"外王"。孔子的"外王"实践包括了"办私学，兴教育"、"以'庶、富、教'理论践行仁政"及"谏言正心"等内容。孔子的"内圣外王"之道以"修己"为

---

* 本文系山东省社会科学基金项目"儒家心学与新儒商精神研究"（20BZXJ01）的阶段性成果。

** 解冬冬，硕士研究生，济南大学中国传统文化研究中心，主要研究方向为中国传统文化与管理创新；赵薇，历史学博士，济南大学教授，研究生导师，主要研究方向为儒家思想与管理创新。

起点，以"安人"为终点，体现出道德修养与社会政治的统一。

关键词　儒家　孔子　心学　内圣外王

　　"内圣外王"是孔子思想体系最传神的概括和总结。正如《论语·为政》中所说："《书》云：'孝乎惟孝，友于兄弟，施于有政。'是亦为政，奚其为为政？"正如孔子所言，修养的仁心发用到与父母的关系中，就是孝，运用到与兄弟的关系中，就是悌；用于治理国家，就是仁政。孔子认为，并不是只有当官才算参与政治。孔子把生活中每个有仁爱之心的、注重修身的人都变成了广义上的政治家，把家庭、社会和学校以及整个社会组织都变成了儒家践行心性修养的实践基地。正如王国维在《殷周制度论》中评价周公"殷周之兴亡，乃有德与无德之兴亡"，意思是说，殷周的兴亡是为政者有无仁心、有无德性决定的，不仁、无德就会"旧制度废而新制度兴"，从此以后，国家"非徒政治之枢机，亦道德之枢机也"，有仁心才有仁政，有无仁心是决定国家兴亡背后的真正枢纽。"周之制度、典礼，乃道德之器械"，周代制礼的目的是将德治落实到社会各层面，其终极目标是"纳上下于道德，而合天子、诸侯、卿、大夫、士、庶民以成一道德之团体"，从而达到天下之大治。以下是笔者对儒家"内圣外王"含义以及历史演进做出的系统探索。

一　"内圣外王"之道的含义与演变

　　"内圣外王"一词虽然契合儒学的核心本质，但最先提出这个概念的是庄子，"内圣外王"出自《庄子·天下》篇。庄子云："圣有所生，王有所成，皆源于一（道）。"意思是说古代"圣"与"王"皆源于"一"（道）。在尧舜至周公的这一阶段，道统的承担者既是圣人也是君王。《庄子·天下》篇的"内圣外王"之道是由"圣王"到"内圣＋外王"的历史演变。内圣外王的渊源就是古代圣王。所谓圣王，是指德才超群达于至境之古代帝王。尧、舜、禹、汤、文、武、周公等就是圣王的典型，这样的人有德有位，可以安定天下的百姓。"内圣外王之道"，是指如何以这些帝王为榜样，实现"内而成圣，外而成王"，即成为圣王的道理。

到了春秋战国时期，随着时代的变迁，"内圣外王之道"已变得"暗而不明，郁而不发"，不过内圣外王之道还是有陈迹可寻的。"其明而在数度者，旧法世传之史尚多有之；其在于《诗》《书》《礼》《乐》者，邹鲁之士缙绅先生多能明之。"① 古人的"内圣外王之道"的陈迹在典籍中保存了下来，儒家"多能明之"，诸子百家也"时或称而道之"。孔子、孟子、荀子等先秦儒家虽然没有用"内圣外王"这一词语来阐述"先王之道"，但他们的思想学说本身就含有"内圣外王"之道。先秦儒家把上古的尧、舜、禹、汤、文、武、周公看作"圣王"，他们行"内圣外王"之道。"内圣外王"由"内圣"与"外王"这一阴一阳两方面组成。"内圣"就是个体生命"内求于己"，达到圣人的道德修养，把自身的道德完善作为自己追求的最高理想。"外王"就是"外用于世"，强调"修己安人""修己安百姓"。儒家的"内圣"是"外王"的思想基础，"外王"则是儒家"内圣"的实践目的。这两者是一体两面，在孔子创立儒家学派之初就已经形成，这也是儒家思想的内核。有学者考证，直到北宋时期，才开始明确提出儒家的"内圣外王之道"。② 比如程颢与邵雍论道时就曾谈到"内圣外王"。《宋史·邵雍传》记载，程颢一日与邵雍论道，大快而归，退而叹曰"尧夫，内圣外王之学也"；《河南程氏文集·传闻续记》记载："……明日，明道怅然谓门生周纯明曰：'昨从尧夫先生游，听其论议，振古之豪杰也。惜其无所用于世。'纯明曰：'所言何如？'明道曰：'内圣外王之道也。'"③ 程颢开启了儒者谈论内圣外王之道的先河。清代的李绂将他平生所尊奉的陆王之学称为"内圣外王之学"，他认为"圣人之学，内圣外王，皆不过一心"。④ 可见，儒学的核心就是"内圣外王"。

---

① 郭庆藩：《庄子集释》，中华书局，2004，第1066~1067页。

② 参见程潮《儒家内圣外王之道通论》，湖南人民出版社，2005，第13页。

③ （宋）程颢、程颐：《河南程氏文集·遗文》，《二程集》（二），中华书局，2021，第673~674页。

④ 参见程潮《儒家内圣外王之道通论》，第14页。

二 孔子的"内圣外王"之道

孔子是"内圣外王"之道的开创者。他生活的时代，上古圣王在现实中已经不存在了，圣与王一分为二，孔子强调"内圣"与"外王"的统一，他认为"内圣"是"外王"的前提与基础，"外王"是"内圣"的自然延伸和结果。他以"仁"为核心，指出"仁"是"内圣"精神的体现，从而提出完整的内圣外王之道。孔子用"修己安人"来表达他对"内圣外王"的理解。在孔子话语中，"修己安人"和"己欲立而立人，己欲达而达人"、"己所不欲，勿施于人"的忠恕之道，都是经由"克己复礼"的"内圣"到"为政以德"的"外王"实践，是"内圣外王"的本末一体的一贯表达。孔子一直追求"吾道一以贯之"，就是把修己的功夫，向外延展到家齐、国治、天下平。立德的同时可以立功，达到极其圆满的人生境界。孔子认为，"外王"是"内圣"的必然归宿，整个"外王"的过程是天道在人道的自然延展与践行。重建"三代"无为而治的理想社会，是孔子周游列国努力游说的根本目标。然而要真正达到这一内外兼修的圣人境界却需要合适的时机，绝非易事。孔子在鲁国为官多年，鲁国内乱时曾投奔齐国，齐国大夫欲加害于他，后又折返鲁国。经过多年的磨难，在与把持鲁国的季氏出现不可调和的矛盾后，最终又离开鲁国，开始了周游列国的征途。孔子倡导仁、义、礼、智、信，并带领弟子们周游列国十四载，试图让各诸侯接受先王学说。孔子一生讲学，尤其是在周游列国归来之后，放弃游说君王，开始专心修订六经。他删《诗》《书》，定《礼》《乐》，赞《周易》，修《春秋》，注书教学，培养各国精英。孔子所做皆是有利于千秋万代的事业，故宋代朱熹说："天不生仲尼，万古如长夜。"（《朱子语类》卷九十三）

三 孔子"内圣外王"之道的理论与实践

孔子"内圣外王"之道的理论与实践内容非常丰富，既有"内圣"的心性修养方法，也有礼乐制度规章，内外配合，相得益彰，构成了身心兼修、内外相益的"内圣外王"的理论与实践体系。

（一）孔子"内圣外王之道"的理论

1. 吾道一以贯之

孔子"祖述尧舜、宪章文武"，上承"尧、舜、周公……"之道统心学。在孔子之前，传道的多是圣王，如尧、舜、禹等有德有位的君主，他们治理天下的心法口诀便是"十六字心传"。朱熹说："所谓'人心惟危，道心惟微。惟精惟一，允执厥中'者，尧、舜、禹相传之密旨也。……夫尧、舜、禹之所以相传者既如此矣。至于汤武则闻而知之，而又反之，以至于此者也。夫子之所以传之颜渊曾参者，此也；曾子之所以传之子思、孟轲者，亦此也。……此其相传之妙，儒者相与谨守而共学焉，以为天下虽大，而所以治之者不外乎此。"①

朱熹将"十六字心传"从"舜、禹授受之际"扩大到成汤、文、武、周公、孔子、颜渊、子思、孟轲，使之成为"内圣外王"之道的传承体系。这一"内圣外王"的道统体系，直接点明了孔子之学是接续先王之道，后世学者又是从孔子处得以承续道统的。《论语》述孔子心法之传，但孔子并未直接言"内圣外王"，而是说"吾道一以贯之"。"一以贯之"出自《论语》中孔子与曾子、子贡的不同对话场景：

> 子曰："参乎！吾道一以贯之。"曾子曰："唯。"子出，门人问曰："何谓也？"曾子曰："夫子之道，忠恕而已矣。"（《论语·里仁》）
>
> 子曰："赐也，女以予为多学而识之者与？"对曰："然，非与？"曰："非也，予一以贯之。"（《论语·卫灵公》）

在孔子与曾子、子贡的对话场景中，都用了"一以贯之"。曾是指曾子，孔子告诉曾子，我教你的学问可以"一以贯之"，曾子回答"知道了"。被孔子其他弟子问起老师教了些什么时，曾子回答：只是"忠恕而已"。曾子此言，在《论语·卫灵公》中亦有类似的对话，子贡问曰："有一言而可以终身行者乎？"子曰："其恕乎！己所不欲，勿施于人。"（《论语·卫灵公》）"恕"一字可以贯穿整个儒学之教义。"恕，

---

① （宋）朱熹：《中庸章句·序》，《四书章句集注》，中华书局，2016，第14~15页。

仁也。从心，如声。"（《说文》）"强恕而行，求仁莫近焉。"（《孟子》）"以心度物曰恕。"（《声类》）"以己量人谓之恕。"（《贾子道术》）汉字"恕"，恕之如一心，多站在别人的角度去思考问题，才能真正做到修己安人。作为一个组织的领导者，要多换位思考，考虑员工、消费者以及利益团体的权益与感受。孔子所表达的"恕"，实乃"十六字心传"之精义。如此我们便能理解孔子为什么强调"吾道一以贯之"，"恕"之一言可以终身而行之，其中包含着文化的精髓，传递着文明的精神。故而子贡问孔子何以能如此从容，是否是"博学多识"时，孔子亦回答他："予一以贯之也。"《论语》中提到的"一以贯之"，"一"到底是什么？即每个人本自足具的，在圣不增、在凡不减的那个道心、本心、天理、良知。所有的学问都是要人彰显、恢复道心、本心、良知的。孔子提倡"下学而上达"（《论语·宪问》），就是从遇到的每件小事上去致良知，让道心做主宰，其外在的言行举动和所作所为都是本心、良知的自然流露与表达。"恕"，体现在为人处世上，就是要尽心尽力；体现在对待他人上，就是要换位思考，宽容、包容，这就是"内圣外王"之道，也是修己安人之道。在《论语·卫灵公》这一章孔子告诉子贡，博学并非强记，博学是因为把握住了事物背后的"道"，事物背后都有一个"道心"在主宰，把握住"道"，就能一理通百事，博学而多识。

孔子所传之"道"贯穿于格物、致知、诚意、正心、修身、齐家、治国、平天下的各个环节中。圣人立教，如医生用药，皆因人而异，因病立方，斟酌人的具体情况，如阴阳、表里、寒热、虚实等病机，而时时增减，关键在启发他的道心，而非是拘泥于一种固定不变的解释。圣人无论是在做文章，还是答诸弟子问，抑或是日用应酬之间，事虽不同，语也因人而异，但都是在讲"道"。所以，读经典一定不能读死书，被一个场景中的说法所拘泥住。孔子见机启发，目的在言道，让人由小见大，得道之体用之全。

2. 克己复礼

孔子如何承接先圣之道统，要看孔子如何践行"道心、仁心"。孔子用"克己复礼"来践行"道心、仁心"。孔子时期，王与圣一分为二。孔子有德无位，其内圣不能发之于治天下而实现其先王所传的"王道"，只能传"尧、舜、禹、周公"之道。孔子创立了"仁学"。樊迟问仁。孔子回答说："爱人。"（《论语·颜渊》）如何"爱人"？就需要个人克制私欲、彰显道心和仁心。也就是说，仁（爱人）最终要落实于个人的修养、品质之中。颜渊问仁。子曰："克己复礼为仁。一日克己复礼，天下归仁焉。为仁由己，而由人乎哉？"（《论语·颜渊》）"克己"，就是要克服心中私欲，彰显本心、道心、仁心。"复礼"，则是要恢复到"允执厥中"的状态。只有克服了私欲，人才会恢复、践行发自内心的礼，那就是仁。仁本礼用，这种礼是发自内心的，放松的、自然而然的，祥和与舒服的，不是生硬的礼节形式，而是背后那颗仁爱、谦卑之心的自然表达。孔子说，为仁完全由自己，而不是由他人，仁在自己心中。颜回又问为仁有什么具体的条目，孔子回答说："非礼勿视，非礼勿听，非礼勿言，非礼勿动。"颜回曰："回虽不敏，请事斯语矣。"（《论语·颜渊》）孔子让颜回把仁落实到视、听、言、动的这些细节中去。不合乎礼的不看，不合乎礼的不听，不合乎礼的不说，不合乎礼的不行。仁不能仅仅停留在认知的层面，更要外化为礼表达出来。心中有仁，天下才能归仁。正是因为长期"克己复礼"的修养工夫，颜回才能"其心三月不违仁"（《论语·雍也》）。颜回通过仁心的修养和仁道的践行，可以说在内圣方面达到极高的成就，并将仁道融入自己的日常生活，所以他才能做到安贫乐道："一箪食，一瓢饮，在陋巷，人不堪其忧，回也不改其乐。"（《论语·雍也》）孔子称赞他："贤哉回也！"这与孔子说自己是一样的："饭疏食，饮水，曲肱而枕之，乐亦在其中矣。不义而富且贵，于我如浮云。"（《论语·里仁》）

无论是颜回之乐还是孔子之乐，都是一种超越了世俗物质得失的快乐，是回到道中之乐。所以孔子对他说："用之则行，舍之则藏，唯我与尔有是夫！"（《论语·述而》）孔子认为只有自己与颜回体验到了达至内在道德生命完善后的快乐。当颜回不幸早逝后，孔子哭得悲痛欲绝："噫！天丧予！天丧予！"（《论语·先进》）其他人劝慰孔子节哀顺变，不要这样悲痛时，孔子回应说："有恸乎？非夫人之为恸而谁为？"（《论语·先进》）孔子叹息颜渊的去世，认为如果颜回这样的人离世都不感到悲痛还有什么是值得悲痛的呢。可见，孔子把颜回看作了自己道统承接的衣钵传人。正如梁启超先生所言："《论语》称颜子'其心三月不违仁'，为儒家后来讲心的起点。仁为儒家旧说，心为后起之说，心仁合一，颜子实开端绪。"① 在儒家心学溯源的过程中，孔子的弟子颜回无论是心性修养还是仁德都达到了相当高的成就。

3. 修己安人

孔子把"内圣外王"表达为"修己以安人"。在孔子看来个人修养的目标不仅仅是"独善其身"，更在于"兼济天下"。《荀子·解蔽》中指出："圣也者，尽伦者也；王也者，尽制者也。两尽者，足以为天下极矣。"圣、王兼具者，如尧、舜、禹；内圣而无位者，如孔子，他们之间在于有无"位"之别。如朱子所言："若吾夫子，则虽不得其位，而所以继往圣、开来学，其功反有贤于尧舜者。"②

孔子所传的"道"，即"内圣外王"之道。此"道"并不因孔子不是王而不能治天下而减少一分，而是成就了几千年来以成己成物、生命安顿为任务的"内圣外王"之学。孔子"内圣外王"之学的根本在于"仁者爱人"。"内圣"以修己为目标，指人的内心通过自我修养所达到的一种"无私忘我"的高尚境界，以天下为己任，孝天下之父母，爱天下之人，达成此者，是素王，是"圣人"。"圣人"拥有崇高博大的道德境界，郭店楚简《五行》指出："圣德，圣与仁、义、礼、智五德之所和。"圣人是具有仁义礼智之所和之人。具备五德的孔子所提倡的"仁者爱人"便是先从修己开始来安人，先从自己的父母开始，进而推及爱更多的人，使此心逐步推至全天下，这便是"仁者爱人"。

孔子谈仁，常常指一些具体的德目，如"能行五者于天下，为仁矣。……恭、宽、信、敏、惠"（《论语·阳货》），"樊迟问仁。子曰：居处恭，执事敬，与人忠"（《论语·子路》）。这里的"恭""宽""信""敏""惠"等，一方面是对他人的态度，是指自己恭以待人、胸量宽广、诚信不欺、敏捷行事，给人施予物质、精神的恩惠。拥有这些特点的人，首先是自己已经拥有了这些品质，才可以传达这些品质给别人。只有自己具备了"恭、宽、信、敏、惠"，才有可能对他人"恭、宽、信、敏、惠"。另一方面对他人的"恭、宽、信、敏、惠"，也成就了自己的"恭、宽、信、敏、惠"。"居处恭""执事敬""与人忠"等也是如此。所以，"成己"与"成人"实际是相辅相成的。"成己"

---

① 梁启超：《儒家哲学》，中华书局，2015，第115页。
② （宋）朱熹：《中庸章句·序》，《朱子全书》第26册，上海古籍出版社、安徽教育出版社，2010，第30页。

是"成人"的前提与基础，"成己"与"成人"共同构成"仁"的基本内涵。"仁"是"内圣"的体现，代表了自我成就、自我实现的过程。

4. 博文约礼

《论语》中孔子讲"博学于文，约之以礼"（《论语·雍也》），杨伯峻在其编写的《论语译注》中将其译注为"广泛地学习文献，再用礼节来加以约束"，① 明显将"博文"与"约礼"看作两件事。南宋朱熹早年撰《论语集注》，亦采用这样的观点。但朱熹晚年却明确提出"博文约礼亦非二事"，强调"博文约礼"不可分割，尤其较为强调"约礼"的重要性。《朱子语类》中记有行夫问朱子"博文约礼"，朱子答曰："博文条目多，事事着去理会。礼却只是一个道理，如视也是这个礼，听也是这个礼，言也是这个礼，动也是这个礼。若博文而不约之以礼，便是无归宿处。如读《书》、读《诗》、学《易》、学《春秋》，各自有一个头绪。若只去许多条目上做工夫，自家身己都无归着，便是离畔于道也。"② 这里明显强调"约礼"。

明代王阳明撰《博约说》，把孔子的"博文"与"约礼"讲得更加清楚明白。如《年谱》中记有学生徐爱向王阳明请教何为"约礼"功夫在于"博文"，他指出："'礼'字即是'理'字。'理'之发见可见者谓之'文'；'文'之隐微不可见者谓之'理'：只是一物。'约礼'只是要此心纯是一个天理。要此心纯是天理，须就'理'之发见处用功。……这便是'博学'之于文，便是'约礼'的功夫。'博文'即是'惟精'，'约礼'即是'惟一'。"③ 王阳明认为，"理，一而已矣；心，一而已矣"，④ 圣人合心与理而为一，所以，"圣人无二教，而学者无二学"，⑤ "博文"与"约礼"也统为一体，不分先后。

与此同时，王阳明指出："夫礼也者，天理也。天命之性具于吾心，其浑然全体之中，而条理节目，森然毕具，是故谓之天理。天理之

---

① 杨伯峻译注《论语译注》，中华书局，2015，第93页。
② （宋）黎靖德编《朱子语类》，中华书局，2016，第833页。
③ （明）王阳明：《徐爱录》，《传习录》上卷，中国画报出版社，2016，第27页。
④ （明）王阳明：《博约说》，《王文成公全书》卷七，中华书局，2015，第323页。
⑤ （明）王阳明：《博约说》，《王文成公全书》卷七，第323页。

条理谓之礼。"① 王阳明认为"天理"即人本有的"天命之性",而由"天理"所发之"条理节目"即为"礼"。他接着又说:"是礼也,其发见于外,则有五常百行,酬酢变化,语默动静,升降周旋,隆杀厚薄之属;宣之于言而成章,措之于为而成行,书之于册而成训,炳然蔚然,其条理节目之繁,至于不可穷诘,是皆所谓文也。"② 阳明先生认为,"礼"是"体",其"文""章""行""训"皆"礼"之发用。他还指出:"是文也者,礼之见于外者也;礼也者,文之存于中者也。文,显而可见之礼也;礼,微而难见之文也。是所谓体用一源,而显微无间者也。""礼"在内,"文"在外;"礼"为"体","文"为"用";"礼"微而难见,"文"显而可见。因此,"礼"与"文"为一体,"约礼"与"博文"体用一源。所以,他说:

> 君子之学也,于酬酢变化、语默动静之间而求尽其条理节目焉,非他也,求尽吾心之天理焉耳矣;于升降周旋、隆杀厚薄之间而求尽其条理节目焉,非他也,求尽吾心之天理焉耳矣。求尽其条理节目焉者,博文也;求尽吾心之天理焉者,约礼也。文散于事而万殊者也,故曰博;礼根于心而一本者也,故曰约。文而非约之以礼,则其文为虚文,而后世功利辞章之学矣;约礼而非博学于文,则其礼为虚礼,而佛、老空寂之学矣。是故约礼必在于博文,而博文乃所以约礼。二之而分先后焉者,是圣学之不明,而功利异端之说乱之也。③

从王阳明对博文约礼的理解我们可以看出,"约礼必在于博文,而博文乃所以约礼","博学于文"与"约之以礼"二者无法分开。因为"礼"根于内心,"文"则散于事而万殊;"约礼"是要"求尽吾心之天理","博文"是要"求尽其条理节目";"博文"与"约礼"二者统一为一体。

① (明)王阳明:《博约说》,《王文成公全书》卷七,第323页。
② (明)王阳明:《博约说》,《王文成公全书》卷七,第323页。
③ (明)王阳明:《博约说》,《王文成公全书》卷七,第323～324页。

（二）孔子的"内圣外王"之道的实践

从孔子言行中，我们可以看出他对于"内圣外王"之道的重视与运用。比如孔子提倡"修己以安人""修己以安百姓"（《论语·宪问》），这些话语历来被视作孔子"内圣外王"之道的初声。所谓"修己"即"内圣"，"安人""安百姓"即"外王"。孔子以"修己"为起点，以"安人"为终点，体现了政治治理与道德修养的直接统一。

1. 办私学，兴教育

孔子生活的年代，"礼崩乐坏"，天下无道。一边是西周礼乐制度的崩溃以及由此造成的社会失序、政治失范，一边是周边的夷狄蛮戎对华夏的军事、文化的入侵，内忧外困的双重夹击，使得孔子对百姓的流离与时局的动荡有了更真切的感受。故而孔子以传续先王道统，振兴中华文明为己任，以建立新的政治规范秩序为目标，采取了一系列的措施。孔子认识到解决当时社会的根本问题，必须从重塑人心、培养仁人着手，这正是孔子提倡办私学、兴教育，以使"学术下于私人"的原因所在。简而言之，即孔子知晓要解决问题，必须让有问题的人认识到其问题之所在，这是前提。所以，孔子祖述尧舜、宪章文武，删《诗》《书》，定《礼》《乐》，赞《周易》，修《春秋》。一位花甲老人带着弟子们，坐着牛车，装着他的教科书，周游列国，讲先王所传的身心之学，希望能有一位国君接受他的建议，实施他心中的先王之道——那个以心为源头，以孝、悌、忠、信、礼、义、廉、耻为主要内容的教化体系，以求建立一个父子有亲、君臣有义、夫妇有别、长幼有序、朋友有信的和谐有序社会。孔子留于后世的宝贵资产，涵括了做人、处世和修学问三部分内容，如"己所不欲，勿施于人"、"弟子入则孝，出则悌，谨而信，泛爱众，而亲仁"以及"礼之用，和为贵"，这些几乎已经成为人们为人处世的准则。"学而时习之，不亦说乎"、"温故而知新"、"多闻，择其善者而从之"以及"学而不思则罔，思而不学则殆"，这些便是学习用功的方法和经验，今人仍能朗朗上口。

孔子追求道行于天下，传续先王之道统，他是第一个创办私学的人，目的在于培养人、塑造人；他学而不厌，诲人不倦，有教无类，因材施教。孔子弟子三千，其中有七十二贤人，好学的如颜回、曾子、子路等，还有子贡这样的大商人、外交家、纵横家等等。冯友兰先生对孔子教学有过精妙的论述，他认为孔子"讲学的目的，在于养成'人'"，即培养人的本质内涵，养成理想甚至完美的人格——士、君子、贤者乃至圣人。孔子就是在济古与维来之间，于教与学之间，于古与今之间，承接起生生不息的中华民族的精神命脉。

2. 以"庶、富、教"理论践行仁政

孔子注重以德治国，提倡"导之以政，齐之以刑，民免而无耻；导之以德，齐之以礼，有耻且格"（《论语·为政》）。此句话传达的意思是治理国家，就要看为君者怎样对待和领导民众。用政令和刑罚来管束他们，民众将失去廉耻之心，所作所为只是为了免于罪过；用道德和礼教来感化和引导他们，民众将自愿服从政令，并生出廉耻之心。从上面这段话，我们就可以看出孔子提倡以德治国的政治主张。但以德治国并不是不讲法治与刑治，而是主张德刑并用，重德轻刑，德为主刑辅之。以德为主就是指的践行仁道，在内有仁爱之心。

孔子极力称赞德治，认为以德治国的最高水平便是"无为而治"，并认为"无为而治者，其舜也与？夫何为哉？恭己正南面而已矣"（《论语·卫灵公》）。孔子赞扬舜的"无为而治"达到了很高的境界，舜谦恭谨慎地处在最高位，从容不迫不显忙乱，国家的各项工作却能够自然而然地进行着，并且恰到好处。在以德治国的思想之下，孔子给出了"庶、富、教"的治国理论。在《论语·子路》中有精彩的表述，孔子和他的弟子冉有来到卫国，发现这里的人口众多，并展现出欣欣向荣的景貌，于是便有了下面这段对话：

> 子曰："庶矣哉！"冉有曰："既庶矣，又何加焉？"曰："富之。"曰："既富矣，又何加焉？"曰："教之。"（《论语·子路》）

孔子和弟子冉有都感叹卫国的人口众多。冉有以此向孔子请教，像卫国这样人口多的国家，如何治理呢？孔子回答说，对于人口富足的国家，君主的首要任务就是使民众尽快富足起来。冉有听后再问：如此之后呢？孔子答说：人口众多且人民富足的国家，君王的任务就是对他们施行教化，使他们在满足基本的物质生活条件下，在精神上有所追求，提升内在的德道水平和人生境界。这段话可以总结为，治理一个大国，发展初期要有足够的人口；等有了足够的人口，就要努力发展经济，让

人民的生活富足；当人们的生活富裕之后，就要施行教化，提升人口素养。这就是孔子著名的"庶、富、教"理论。新中国诞生后的发展变化，正好印证了孔子的"庶、富、教"理论。新中国成立后的第一个30年（1949～1979），是庶的阶段，让人口增多；第二个30年（1979～2009），是富的阶段，是改革开放、经济发展的30年；第三个30年（2009年至今），是注重文化教育的阶段。孔子的"庶、富、教"理论告诉我们，人口是前提，经济是基础，教育是关键，他们是互相联系、互相促进的。孔子提出"庶、富、教"的治国之道，重视发展教育事业，主张为政必须以教化民众为先。在民众创造物质经济的基础上，进一步进行文化的教化，提高国民的素质，才能更好地促进经济的发展，更好地促进社会的长治久安。

孔子在实践中，又是如何运用这些治国方法的呢？《孔子家语》中记录了孔子任中都宰、司空、大司寇等不同职位的从政经历。记述了孔子执政于鲁国期间采取的一系列为政以德的措施，从中我们可以看出孔子卓越的政治才能。"孔子初仕，为中都宰，制为养生送死之节：长幼异食，强弱异任，男女别涂，路无拾遗，器不雕伪。为四寸之棺，五寸之椁，因丘陵为坟，不封不树。行之一年，而西方之诸侯则焉。"（《孔子家语·相鲁》）这段话讲的是，孔子刚担任中都宰时，便开始在地方上大力推行教化，制定了养生送死的各种礼节。根据民众的年龄，分配不同的食物；根据民众身体的强弱，分配不同的工作任务；根据男女的差别，走不同的道路；路不拾遗；工匠制作的器物不雕刻纹饰。安葬死者时用四寸厚的棺，五寸厚的椁，以丘陵为坟，不聚土成坟，墓地不种植松柏。这些政策实施一年之后，各地诸侯纷纷学习效仿。

鲁定公问孔子："学子此法以治鲁国，何如？"孔子对曰："随天下可乎，何但鲁国而已哉！""于是二年，定公以为司空，乃别五土之性，而物各得其所生之宜，咸得厥所。"（《孔子家语·相鲁》）鲁定公对孔子说："用先生治理地方的方法来治理整个鲁国怎么样？"孔子回答说："即使治理天下也是可以的，何况只是一个鲁国。"这之后的第二年，鲁定公便让孔子担任司空一职，孔子把土地做了五种类型的区分，分别种植不同的植物，之后大获丰收，万物都获得了最适宜生长的条件，各得其所。孔子一生志道、求道、行道。孔子为政的理论在担任中都宰、司空、大司寇等职务中体现得淋漓尽致。社会治理是为政的第一要务，社会治理的最高追求，就是合道，就是为政以德，就是顺应事物的发展规律去做事，表现出来就是"无为而治"，让万物各得其所，各安各位，所以仅仅一年多，孔子就取得了非常好的效果。

3. 谏言正心

在政治领域，孔子提出了以"仁义"为核心的仁政学说。孔子注重治心以治世，注重从心上加强道德修养。通过治君心，让君王以"仁心"施行仁政；通过治民心，以孝心来教化百姓。以此来安社稷民生，进而维护社会人伦秩序，最终实现家齐、国治、天下平的目标，孔子的仁政学说可谓是一以贯之的。

《孔子家语·贤君》中记载了孔子在鲁国做官以及周游列国期间，鲁哀公、齐景公、卫灵公及宋国国君问政的故事。哀公问政于孔子。孔子对曰："政之急者，莫大乎使民富且寿也。"公曰："为之奈何？"孔子曰："省力役，薄赋敛，则民富矣；敦礼教，远罪疾，则民寿矣。"公曰："寡人欲行夫子之言，恐吾国贫矣。"孔子曰："《诗》云：'恺悌君子，民之父母。'未有子富而父母贫者也。"（《孔子家语·贤君》）哀公问政孔子，向他请教为政的道理。孔子答说："使人民富足且长寿，是为政最紧要的事情。"哀公听后继续问道："那如何才能达到这样呢？"孔子说："要想人民富足，就要减劳逸、轻赋税；要想人民长寿，就要兴礼教、远罪与疾。"哀公又说："那我按照你说的方法去办，会不会使我的国家变得贫穷呢？"孔子回答他说："《诗》上说：'和乐平易的君子，是百姓的父母。'儿子富有而父母贫穷是没有的。"从以上可以看出孔子待民如子，以德导政。

卫灵公问政孔子。孔子50多岁周游列国，第一站便来到了卫国。孔子来到卫国后说："苟有用我者，期月而已可也，三年有成。"（《论语·子路》）如果有人用我来主持国家政事，一年便会有所成效，三年便能成绩显著。孔子的自信来源于他对传承大道的绝对信任。孔子在卫国期间，卫灵公问政孔子曰："有语寡人：'有国家者，计之于庙堂之上，则政治矣。'何如？"孔子曰："其可也。爱人者则人爱之，恶人者则人恶之。知得之己者，则知得之人。所谓不出环堵之室，而知天下者，知反己之谓也。"（《孔子家语·贤君》）卫灵公向孔子请教："有人对我说：'作为国君，只要将朝堂政事都规划好，便能将国家治理好了。'是这样吗？"孔子答说："是对的。爱人则人亦爱之，恨人则人亦恨之。知道如何靠自己成功的人，也会知道如何运用别人的力量取得成功。正所谓不出斗室便能知天下事，其中包含了自省与严于律己的道理啊。"

卫灵公向孔子问军旅之事。"卫灵公问陈于孔子。孔子对曰：'俎豆之事，则尝闻之矣；军旅之事，未之学也。'明日遂行。"（《论语·卫灵公》）卫灵公向孔子请教如何行军打仗，孔子说祭祀礼仪之事，我知晓，军旅之事不曾学过。从卫灵公的问事中，孔子便知卫灵公不是一位专心为民谋福祉的仁人君主，而是一位一心想扩充疆土，用武力来征服其他国家、称霸一方的人。"道不同不相为谋"，故而第二天，孔子便离开了卫国。这就是孔子做事的原则与底线。

在孔子思想中，"内圣"和"外王"是不可分割的一个整体，"内圣"是"外王"的基础和前提，"外王"是"内圣"的必然产物。只有为政者不断加强自我心性修养，才能实现齐家、治国、平天下的外王功业。"内圣外王"的形上、形下的秩序，是孔子最先为儒家创立的基本组织结构和社会治理整体规划。

（责任编辑：李文娟）

孟子性善论的思想根源

李世高*

摘　要　孟子的性善论是在继承了之前的人性论思想基础上形成的。《尚书》肯定了人性来源于天道，天道福善祸淫，具有善的内涵。《尚书》中的舜是孟子塑造的性善的典型。《论语》中体现出的孔子的仁的内在性以及《孔子家语》中的性命关系是孟子性善论的直接根据。《易传》和《中庸》认为人性来源于天道，人可以通过主体的实践来成就人性，从而达到天道。孟子讲的"诚"和《中庸》中的诚善关系是完全一致的。《郭店楚墓竹简》中的人性论是性善论的最近思想资源，如其中的性命关系、仁善关系、性一观念、情性关系，性善观念的提出对性善论的形成产生了深刻的影响。

关键词　天道　人性　性善论　仁义内在　性命关系

孟子提出了性善论，在当时是一种创新。但是性善论并不是凭空产生的，而是建立在前人人性思想之上的。徐复观认为性善说是文化长期发展的结果，[①] 所以性善论可以从之前的典籍和前人的著述中找到其思想根源。

孟子自称"学孔子"，他的人性思想自然主要来自孔子及其后学，同时可以在《尚书》等古代典籍发现性善的思想资料。"孟子道性善，言必称尧舜"（《孟子·滕文公上》），表明《尚书》的思想在孟子的性

---

* 李世高，曲阜师范大学乡村儒学研究院，研究方向为儒家哲学、乡村儒学。

① 徐复观：《中国人性论史·先秦篇》，上海三联书店，2001，第139页。

善论中具有重要的意义。孔子的人性思想是孟子性善论的直接来源，虽然《论语》中记载关于人性论的内容较少，但并不能说明孔子不关注人性，在其他的典籍中记载孔子谈论人性的地方不少。《易传》中谈到性的地方很多，《孔子家语》也记载了孔子谈论人性，《中庸》中的人性思想其实也是孔子人性思想的体现。《郭店楚墓竹简》作为孔孟之间的儒家文献，对人性做了更加深入的探讨，孟子的性善论从中汲取了思想资源。性善论的很多的观点都是直接来源于《郭店楚墓竹简》中的人性论思想，或者从中发展出来的。因此，《郭店楚墓竹简》中的人性思想是孟子性善论形成的最为重要的一个环节。当然，不管是《易传》还是《中庸》、《郭店楚墓竹简》中的人性思想，都是秉承孔子的思想而来的，因此孟子的性善论的思想根源为孔子及其后学的人性论。

本文考察了性善论与《尚书》的人性思想、孔子的人性思想以及《易传》、《中庸》和《郭店楚墓竹简》中人性思想的关系，厘清了性善论的思想根源。

一 性善论与《尚书》的关系

孟子的性善论继承了《尚书》中的人性思想。《尚书》中的天性、恒性等观念，以及善的观念是性善论的根本基础。舜则是性善的典范性人物，舜的个人品格和社会形象也为性善论做出了深刻的诠释。《尚书》肯定了人性来源于天和上帝，人具有天和上帝所赋予的天性、恒性。天和上帝具有善的意志，孟子通过善来实现上天之德在人类社会中的落实。《尚书》中的历史人物舜被孟子树立为性善的典范，孟子通过舜的事迹来表明性善，由此建立了对于性善论的自信。孟子尊德好善，与《尚书》中的德善观念是一致的。

《尚书》表明，人具有来源于天和上帝的恒性、天性。《尚书》中的天性所表现出来的性质是孟子所认为的人性的内涵，即孟子把恒性和天性转化成了人性。"惟皇上帝，降衷于下民。若有恒性，克绥厥猷惟后。"（《尚书·商书·汤诰》）上帝所降衷于人的性是"恒性"（恒常的性），具有形而上的意义，有其固定的含义。天或上帝所赋予人的天性是恒常不变的，并不以人的意志而有所不同。古代的政治首领是从人的天性的角度来治理社会的，也表明了古人很重视人性问题。虽然人具有上帝所降衷的天性，但并不是每个人都能去实践天性："不虞天性，不迪率典。"（《尚书·商书·西伯戡黎》）人虽然具有天赋的天性，但是不一定依顺天性。桀就是一个不按照天性行事的典型。夏桀不懂得天性，不依照祖先旧典行事，所以为非作歹。人有顺从天性的，有不顺从天性的。

天性是天和上帝下贯于人的恒常的秉性。人在具备天性的同时，也具备习性和个性。人的习性、个性与恒性、天性是不同的。人的习性和个性需要节制，而天性则是应该遵循的。"兹乃不义，习与性成。"（《尚书·商书·太甲上》）习惯形成了人的个性，这个后天形成的性可以是善的，也可以是不义的，不义即不善的。习与性成的性，即人的个性，而不是指人的天性。个性是个人选择的结果。后天的个性可以节制："王先服殷御事，比介于我有周御事，节性惟日其迈。"（《尚书·周书·召诰》）"节性"的"性"所指的应为人的习性，习性是在习俗中所形成的个性，调节人的习性，使之反于天性。从《尚书》对天性和习性的分别来看，人除了秉承天赋的恒性、天性之外，也具有属于人自我的个性，体现了人的自由意志在人性之中的作用。这里表明《尚书》已经把天性与人的习性做了一个区分，其实这也是后来儒家人性论关注的重点。即在《尚书》中，天性乃是天所赋予，而习性是个体后天形成的，人性中同时具有个性和天性的内涵。

在《尚书》中并没有直接指出天性是善，但是明确了天和上帝赞许人的善。天和上帝通过对善的赞许来体现意志，这种意志其实也表明了善是天道和上帝的本质所在。天道对于人的行为的判断标准就是善与否。"天道福善祸淫，降灾于夏，以彰厥罪。"（《尚书·商书·汤诰》）天道具有福善祸淫的功能，这也是天道具有的性质。天道降福于善的政治，降灾祸于荒淫的政治，夏桀因为失德作恶导致亡国，这是天的意志的体现。依照天道，夏桀作恶是要受到惩罚的，这是天的意志的体现。善则是天和上帝所赞许的。《尚书》记载的是政治的文献，天和上帝的意志体现在政治之中，所以天和上帝的善很明显地体现了政治正义。《尚书》同样认为上帝具有福善祸淫的功能。"惟上帝不常，作善降之百祥，作不善降之百殃。"（《尚书·商书·太甲上》）上帝将善作为人的行为准则，因为人不仅会做善，而且会做不善。上帝降祥和降殃的根据就是人的善与不善。人有为善还是为不善的选择，表明人具有自主选择的能力和自由意志。

在《尚书》中，人的善是从上帝那里承顺而来的，是人必须遵循的原则。善是判断是否犯罪的标准，"尔有善，朕弗敢蔽；罪当朕躬，弗敢自赦，惟简在上帝之心"（《尚书·商书·汤诰》）。人对于善选择遵循了上帝的意志，表示善是人从上帝那里承顺而来的。但是人并不是都能承顺天和上帝之善："我闻吉人为善，惟日不足。凶人为不善，亦惟日不足。"（《尚书·周书·泰誓中》）人有吉人和凶人的区别，其实这是人自己的选择。吉人遵循上帝和天的意志行事，而凶人则违背了天和上帝的意志，必然受到惩罚。在《尚书》的价值判断之下，桀就是一个抛弃了善而作恶的人，周武王奉天伐罪推翻了纣的政权。人能行善，是秉承了上帝所降衷的天性。人能行恶，则是个人的选择，行善还是行恶在于个人的自由意志。

《尚书》的善还体现在社会教化之中，具有社会性。"彰善瘅恶，树之风声。"（《尚书·周书·毕命》）这是从社会教化层面来讲，表彰善而憎恨恶。人不仅具有天赋的恒性、天性，也具有个性，因此人性兼具天性与个性两个面向。人性的善之一面与天和上帝的降衷有必然的因果关系，而人性的恶的一面则是个人的选择。通过弘扬天和上帝所赞许的善，来推行社会的教化。这就是社会风俗的养成的途径。以此可见，人和社会的善是顺承天道而来的，而人和社会的恶则是人们自己的选择。

孟子尊德乐善，和《尚书》中的德善观念是一致的。在《尚书》中善和德存在紧密的关系，善和德是融为一体的。《尚书》中说："德惟善政，政在养民。"（《尚书·虞书》）政治上的德体现在善政上，政治上的德是通过善政来实现的，能够让人民过上好日子的政治就是善政。孟子主张"好善优于天下"（《孟子·告子下》）。即认为好善在政治管理上是最好的方式。《尚书》中又说："德无常师，主善为师。善无常主，协于克一。"（《尚书·商书·咸有一德》）德没有固定的形态，而是以善为主要内涵，可以说善是德的外在体现，德善互为表里。孟子"尊德乐义""乐善不倦"，表明德和善的关系也是一种表里关系。

尧舜的记载主要来自《尚书》，因此《尚书》的人性思想必然对孟子的性善论产生了重要的影响。"孟子道性善，言必称尧舜"（《孟子·滕文公上》），表明性善和尧舜之道存在深刻的内在联系。他说："舜之居深山之中，与木石居，与鹿豕游，其所以异于深山之野人者几希。及其闻一善言，见一善行，若决江河，沛然莫之能御也。"（《孟子·尽心上》）孟子认为舜居住在深山之中，整天生活在树木石头中，与野外的动物打交道，跟深山中的野人不同的地方很少。但是舜听到了别人的善言，看到别人的善行，便猛然间觉悟了，就像江河决堤的洪水一样，充沛有力而没有什么可以阻挡的了。在孟子看来，舜领悟了人性本质，这就是善，以及从行善中迸发出来的巨大的道德力量。舜顺从人性而行善，这种在人性之善的基础上发展起来的政治事业，成就了领袖和圣人。舜对于人性的觉醒和取得政治上的成功是联系在一起的，在《尚书》中，舜的政治的根本特色就是善，善成为政治的本质属性。

孟子认为舜是按照自己的本性行事的，即舜符合人性的本质。他说："尧舜，性之也；汤武，反之也。"（《孟子·尽心上》）尧舜顺从自己的本性，而汤武则是努力返回自己的本性。这个本性既是尧舜汤武的人性，也是天性。也就是说，从汤武的人性到天性有一段距离，通过努力才能达到，而尧舜的人性则和天性没有距离，达到了人性天性合二为一的高度。孟子认为尧舜的作为，是人性的政治，建立在人性上。孟子认为在尧舜身上，善通过人的实践，和人性结合在了一起。尧舜时期的政治一直是政治的最高标准，这是因为尧舜实行了人性的政治。汤武则是努力回到了自己的本性，使政治符合于人性。舜的政治事业是很自然的，没有丝毫的勉强，率性而为。汤武的事业则是必然的，勉强为道，顺性而为。舜的"性之"是在觉悟了人的天性之后率性而为的，汤武是通过"反之"努力使行为符合善的标准。舜的善从人的本性而来，汤武的善从对于人性的坚守而来。在孟子的观念里，善是符合人性的，尧舜的仁政是从人性角度出发的人性政治。这是孟子对于尧舜汤武深刻的体会，也是孟子对于政治的深刻体会。

孟子认为舜是行善的榜样。孟子说："舜明于庶物，察于人伦，由仁义行，非行仁义也。"（《孟子·离娄下》）舜从仁义的本性出发，率性而为，而不是因为知道仁义好才去行仁义的。舜的人性中已经有仁义，也就是舜的个性中已经包含了仁义，具备了善。在孟子看来，行仁义就是行善。孟子又说："鸡鸣而起，孳孳为善者，舜之徒也。鸡鸣而起，孳孳为利者，跖之徒也。欲知舜与跖之分，无他，利与善之间也。"（《孟子·尽心上》）在孟看来，舜是行善的榜样，是仁义价值的守护者。舜这种从本性中产生的善的行为，清楚地体现了人性善的本质。因此舜以其政治所具有的性质，成为政治的典范，以其善的品质成为性善的代言人。基于人性的同一性，孟子认为"人皆可以为尧舜"，人人具有和尧舜一样的性善。

《尚书》中的天、上帝赋予人天性和恒性，因此人不仅具有了习性，也同样具有天赋，孟子把人性和天直接联结起来。肯定了天、上帝的意志在人的善行中的体现。既然人被赋予了天性，人就具有了与天和上帝相同的性质。天和上帝具有善的本质，人性因此也具有了善的本质。从舜在《尚书》中体现的人格来看，孟子认为舜是善的标准和性善的典范，这是孟子对于古代政治领袖的道德品格的肯定，同时也清楚地表明了性善论具有深刻的历史渊源和文化内涵。因此说，《尚书》所包含的人具有的天性、恒性，以及善的观念是孟子性善论的思想根源。

二　对孔子人性论的继承

孔子自称"述而不作"，表明他的思想主要来源于前人的思想。孔子所述，即尧、舜、禹、汤、文王、武王、周公的思想，这跟《尚书》《诗经》等典籍有直接的关系。由此可知，孔子的人性论继承了古典的人性思想，孟子对于孔子人性论的继承，其实也是对于五经等古典人性思想的继承。孟子的性善论与孔子的人性思想的关系，可以从《论语》和《孔子家语》中关于人性的论述来分析。孟子的性善论对孔子仁的内在的继承和天人关系的继承，是孟子性善论的根本所在。孔子的仁的内在性在《论语》中可以体现出来，孔子的性命关系可以在《孔子家语》中体现出来。

《论语》直接谈及性的地方很少，但也只能说明弟子记载得少或者编入少，并不能说明孔子讲得少。这也并不能说明孔子不关注人性，因为《论语》是一本语录体的书籍，并不能包含孔子全部的思想。《论语》中谈到性的地方只有两处，一个是子贡所讲，一个是孔子自己讲的。子贡说："夫子之文章，可得而闻也，夫子之言性与天道，不可得而闻也。"（《论语·公冶长》）子贡知道孔子言性与天道，只是子贡很少听到孔子讲性与天道。这段话可以理解为孔子很少跟子贡谈人性与天道的关系。性与天道的关系，也就是人性与天道的关系。孔子说："性相近也，习相远也。"（《论语·阳货》）两个"性"字的内涵不完全相同。"性相近"的"性"指人的个性，而不是人的共性。凡是人，都有差不多的特性，就像牛都有差不多的习性，鱼也有差不多的共性。"性与天道"是笼统地谈性，性和天道联系起来，无疑具有形而上的内涵。人性相对于天道来讲是指人性的共性，这个共性是相同的而不是"相近"的，共性肯定是相同的，人的个性才是不一样的。当然个性是在人类的共性之下的个性，共性中包含了人的个性。孔子所讲的"性与天道"的"性"是共性，而"性相近"中的"性"是指人的个性。在《论语》中没有就人性的形而上问题展开讨论，并不能看出孔子的人性论的性质。

《论语》中，孔子没有给人性的性质明确的判断，但是《论语》中仁的内在性隐含了仁是性。孔子讲的"仁"，显然具有人性的内涵。孔子谈到仁的时候，说"我欲仁，斯仁至矣"，"为仁由己，而由人乎哉"等，即表示仁是人本来就有的，具有天赋的性质。因而仁是内在于人的，具有内在性，即"仁内"。仁具有人本来就具有的性质，孔子虽然没有直接说出仁是人性，但表明了仁是人所固有的且依附于人性。孟子的仁义内在思想受到孔子的仁的观念的影响。

孔子的仁是从人心来讲的。孟子继承了孔子"仁"的思想，他说："仁，人心也。"（《孟子·告子上》）孔子认为仁内在于人，孟子也同样认为仁内在于人："仁义礼智，非由外铄我也，我固有之也。"（《孟子·告子上》）这清楚地表明仁义礼智是人固有的，是内在的。其实孟子也同样把仁落实在人心上，这和孔子是没有区别的。

孟子对于孔子的仁，具有深刻的内在的呼应和感悟，在孟子看来仁的内在性就是道的来源："诗曰：'天生蒸民，有物有则，民之秉夷，好是懿德。'孔子曰：'为此诗者，其知道乎？'故有物必有则，民之秉夷也，故好是懿德。"（《孟子·告子上》）"民之秉夷"指的就是人的秉性，这个秉性，也就是上天所赋予的人性，是先天于人的。"好是懿德"指的就是喜欢美德，人天生的秉性就是喜欢道德。"懿德"已经是内在化了的仁，这和孔子所说的"里仁为美"的思想是一致的。孔子认为《诗经》的这一段话体现了道之所在。孔子说"天生德于予"，上天把德赋予了"我"。这个天生之德在孔子身上是怎么体现的呢？就是体现在孔子所说的仁上面，德落实到人性上就是仁，以仁来表现上天的德，并以仁来成就上天的德。既然天赋予了德，德就是内在的了。

虽然《论语》记载孔子谈到人性的地方不多，但是《孔子家语》记载孔子谈论性的地方不少，涉及性的概念有"性""性命""天地之性""情性""气性""循性"等，关于人性的内涵非常丰富，其实孔子对于人性已经非常关注了。《孔子家语》记载了孔子谈性与天道的内容，把性命提高到与天道同一个层面。《孔子家语》中记载："鲁哀公问于孔子曰：'人之命与性何谓也？'孔子对曰：'分于道谓之命，形于一谓之性，化于阴阳，象形而发谓之生，化穷数尽谓之死。故命者，性之始也，死者，生之终也，有始则必有终矣。'"（《孔子家语·本命解》）这是孔子对于命和性最为确切的界定。孔子表示，命从天道之中分离了出来，从唯一的本体中分离了出来，落实为人个体的命。这个命扩大开来，不仅包括了生命，生物的命，也包括天地间非生物的命，即天地万物分别来讲都有个命。《易传·系辞上》中所说的"物以群分"，即指每个成为个体的物都是命。每个命中形成了一个恒常不变的性质，就是性。这个性包括了万物之性，当然也包括了人性。而命之中只有包含了阴阳的变化，成为一个固定的形状，在孔子看来才能说是生。有了命，才有性，命是性的一个开始，没有命，就没有性，这里的性是依附于命的。性、命虽然有分别，但其实还是一体的。

孔子在这里分析了性命两者之间的关系，谈到了生死的问题，认为死是生的自然的结果。从孔子的这段话来看，生和性是连在一起的，生和性在这里只是阐述的角度不同，其实都是指人的生命的属性。孔子明明是在谈人的性命，这个性就是人性，命就是人之命，偏偏要把性、命、生、死和道合在一起来谈，因为只有把命、性、生、死提高到道和天的高度上，提高到本体的层面，性命生死才能通而为一。在孔子看来，人和天本来是一体的，这种观点在孔子之后的《中庸》《郭店楚墓竹简》中都有体现，孟子对天人关系也有同样彻悟。孟子从天人一体的层面上对性命关系和心、性、情的关系做了详细的分析，把性命和天道融合在一起，形成性善论的重要基础。

孔子人性思想虽然没有直接指出人性善，但是隐含了仁义是性。宋立林认为："孔子对于人性论的看法是'隐性的性善论。'"[①] 孔子的仁

---

① 宋立林：《隐性的性善论：孔子的人性论再审视》，《海岱学刊》2021年第1期。

就是人性的性质的体现，因此隐性的性善就是指人性隐藏在仁后面。但是在孟子看来孔子的人性论不是隐性的性善论，而是很明白的性善论。因为既然孔子把仁作为人的性质，那么孔子的人性就是善。孟子把仁看作人性的本质，就是认定孔子的人性论是性善。孟子继承了以仁义为性的人性思想，肯定了仁的内在性，这表明了人性具有善的内涵，进一步表明了仁的内在性就是性善。孔子的天人关系，体现了性、命、天合一的取向，表明了人性与天一体同质。孟子的天人关系同样把人性提高到与天合一的层面上，尽心而知性知天，人性与天通而为一，性善才能显露出来。

三　性善论与《易传》、《中庸》的关系

《易传》和《中庸》中所述的人性思想直接或间接来源于孔子的人性论。认为人性是天赋的，同时强调人通过人的主体性认识和成就人性，孟子的性善论与《易传》、《中庸》中所述的人性思想具有一致性。人性来源于天道，善来源天道，善与诚具有密切的联系。

《易传》中认为人性来源于天道。《系辞》中说："一阴一阳之谓道，继之者善也，成之者性也。仁者见之谓之仁，知者见之谓之知，百姓日用不知；故君子之道鲜矣！显诸仁，藏诸用，鼓万物而不与圣人同忧，盛德大业至矣哉！"（《周易·系辞上》）一阴一阳是天道，人承继了天道，以善表现出来，而人通过性来成就天道。同时，人性中具有仁智的内涵，百姓天天在用仁智，而不知道这就是自己人性本来就具备的。人通过行善而成就自己的人性，君子之道就是以善成性，表现在仁和智之中。《易传》中的善和性具有独立的内涵，并没有像孟子一样结合在一起，但是表明了善和性具有同样的性质。这里的善是人继承天道而来的善，表明人的善也来源于天道。同样，通过人性来成就天道，表明人性来源于天道。人的性可以成就天道，因此人性中包含天道的成分。

《易传》中说："昔者圣人之作易也，将以顺性命之理。"（《周易·说卦》）圣人作《周易》，以彰显天道来适顺性命之理，性命之理存在于天道之中，表明人性来源于天道。孟子说的"此天之所与我者"（《孟子·告子上》）也清楚地表明人性来源于天。孟子把天道的善落实

到人性之中，形成了性善。

《易传》从人的主体到达天道，孟子同样从人的主体到达天道。《易传》中说："穷理尽性以至于命。"（《周易·说卦》）穷究万物之理，尽性从而完成人的命，通过人主体的人性的完成去成就人的生命，表明性命一体，具有同样的性质。《易传》中又说："成性存存，道义之门。"（《周易·系辞上》）人性是道义的门，通过完成人性去成就道义。这也是从人的主体的实现去达到天道。孟子从尽心知性而知天，人性实现的途径是一样的。《易传》以善成性的人性思想与性善论的形成存在内在的联系。

《中庸》中所说的人性思想，同样表明人性来源于天道。《中庸》中说："天命之谓性，率性之谓道，修道之谓教。"这清楚地表明性来源于天命，性依附于天命，性依命而存在，没有天命，性没有存在的基础。《中庸》中，性承载了天道的本质，性中包含了道，性也包含了人性和天性，可以说性即道。天命之性落实到人身上就是人性，具体到个人就是"尽其性"的主体的性。

《中庸》表现出从"尽其性"到"与天地参"，从人的主体而达到天道。《中庸》中说："唯天下至诚，为能尽其性；能尽其性，则能尽人之性；能尽人之性，则能尽物之性；能尽物之性，则可以赞天地之化育；可以赞天地之化育，则可以与天地参矣。"人性和天性融合在一起。《中庸》中的"合外内之道"正是把人性和天命之性融合起来，孟子无疑继承了《中庸》中所说的这种观点。孟子说："夭寿不贰，修身以俟之，所以立命也。"（《孟子·尽心上》）修身尽心，是《中庸》中所说的"尽人之性"，也是《中庸》中所说的"修道以仁"，以仁来体现道，以道来呈现性。这个性的实现程度要看主体的实践能力，孟子的方法是从主体的人性扩充开来，直至与天性为一。孟子认为"尽其心者知其性也，知其性则知天矣"（《孟子·尽心上》），同样是从主体达天道，与《中庸》中所说的上达路径是一致的。

孟子讲的"诚"和《中庸》中所说的诚善关系是一致的，同样强调"诚"的作用。孟子讲的"诚"与《中庸》中的"诚"作为人性和天命之间的桥梁作用的观点是一致的。孟子的"尽其心"和《中庸》中的"尽其性"都要通过诚来实践和表现。孟子说"存其心，养其性，所以事天也"（《孟子·尽心上》），这也需要诚作为基础条件。《孟子》

中关于"诚"的一段话其实借用了《中庸》的思想，然后加上了自己的一些心得："居下位而不获于上，民不可得而治也；获于上有道，不信于友，弗获于上矣；信于友有道，不明乎善，不诚其身矣。是故，诚者，天之道也；思诚者，人之道也。至诚而不动者，未之有也。不诚，未有能动者也。"（《孟子·离娄上》）孟子继承了《中庸》中"诚"的思想。其实从《中庸》的文本来看，其中的"诚"实际上也是孔子的话，是孔子的思想。所以说孟子"诚"的观念其实也直接来自孔子的思想。《中庸》中说："诚者，天之道也；诚之者，人之道也。"孟子则说："诚者，天之道也；思诚者，人之道也。"（《孟子·离娄上》）其中的孟子的"思诚者"和《中庸》中的"诚之者"两者有差别，而意义完全相同。"诚者"是天道的本质，"思诚""诚之"作为人道的本质，目的就是人通过主体之诚达到天道，表明了人道依附于天道。

人主体的"诚"，有一个重要的标志就是明善。不懂得善，就表明没有做到诚身："不明乎善，不诚其身矣。"（《孟子·离娄上》）不诚其身，即没有把人的真实的性质表现出来，而人诚的真实的性质就是善。人通过"思诚、诚之"而把善呈现出来，即把人的本质呈现出来。诚与善在这里就是表里的关系，而且是不离不二一体的关系。孟子通过了《中庸》这个诚善关系，把握住了人的本来性质而点明了性善。需要强调的一点是，《中庸》中的诚善关系，就是孔子的诚善关系。孔子把善作为人的本质是很清楚的，当然必须经过"诚"的功夫的过程才能达成。而孟子的性善论也同样经过"尽心""思诚"的功夫才能呈现善。只是孔子并没有明确性善，而从孟子的角度来看，孔子已经是性善了，只是没有点明而已，因此孟子跨过了功夫的过程直接判定性善。孟子所说的"反身而诚，乐莫大焉"（《孟子·尽心上》）即通过诚身而发现人之本性的本质善，因此孟子乐的就是善。

《易传》和《中庸》和孔子有直接的关系，可以归结为孔子的思想和孔子后学的思想。《易传》和《中庸》是对孔子人性思想的继承和发展，体现了孔子人性思想的一些核心观点。孟子对《易传》《中庸》中人性思想的继承，其实就是对孔子人性论的继承。孟子和《易传》、《中庸》，都肯定了人性来源于天道，同时强调人的主体性在成就人性上的作用。孟子的性善论和《易传》的性善关系、《中庸》的诚善关系都有深刻内在联系。

四　《郭店楚墓竹简》对性善论的影响

《郭店楚墓竹简》（以下称《楚简》）中的儒学思想可以判定为孔子之后的儒学，其中的人性思想是对孔子人性思想的阐述以及孔子之后的儒学的发展。因为《楚简》处于孔子和孟子之间，这是在孟子的性善论形成之前的重要思想材料，必然会对孟子的性善论的形成具有特别重要的影响。《楚简》在战国之后便消失不见，因此在竹简出土之前的一段时间内无人知晓。孟子的人性论和《楚简》关系在战国之后两千多年之间不为人所知。也就是说，汉朝之后关注和讨论人性论的人都不会知道孟子的性善论的最近的思想来源，因而性善论和《楚简》中人性论的关系具有重大的思想价值。通过对《楚简》的考察，可以厘清孟子的性善论与《楚简》中的人性论思想的内在联系。

从《楚简》的文本来看，其中的人性论具有多面性和复杂性。但是孟子的性善论与《楚简》中的人性思想十分的亲近，性善论的形成显然从《楚简》的人性思想中吸收了很多的思想成分。从孔子到孟子的人性论，如果缺少《楚简》人性思想这过度的一环，总是会给人一种跳跃的感觉，让人很难理解。这也是孟子的性善论遭到后人的怀疑和批评的原因。通过对性善论和《楚简》人性论关系的考察和梳理，孟子的性善论的形成就好理解多了。

性善论与《楚简》的人性论在性命关系、仁善关系、性一观念、情性关系上都有密切的联系。《楚简》甚至直接提出了"性善"的概念。当然孟子的仁义内在与《楚简》的仁内义外不同，这是性善论对于前人人性论的发展。

孟子的性命关系和《楚简》的性、命、天关系是一致的。《楚简》文本中说："性自命出，命自天降。"（《郭店楚墓竹简·性自命出》）这种性命观，表明人性来源于天，人命来源于天。《楚简》对于性命的认识主要采取的是自下而上的表达方式，是性—命—天的模式。孟子对于性命的认识也是自下而上的表达方式："尽其心者知其性也，知其性则知天矣。"（《孟子·尽心上》），这和《中庸》中讲的天—命—性不同。孟子讲性命的方式与《楚简》中的人性论离得更近些，因此孟子的人性论思想和《楚简》中的人性论思想离得更近。《楚简》中所说的

"知天所为，知人所为，然后知道，知道然后知命"和孟子关注"知天""立命"的思想是一致的，两者都认为天、人、道、命通而为一。

孟子把仁义看作善，继承了《楚简》中的思想。《楚简》中说"爱善之谓仁"，这清楚地表明仁和善的关系。善是人道，包括仁义礼智、正直、忠恕等儒家的正面品德。"爱善之谓仁"这种讲法，比韩愈所说的"博爱之谓仁"更加确切，更符合于儒家思想的本质。《大学》中说："为人君，止于仁；为人臣，止于敬；为人子，止于孝；为人父，止于慈；与国人交，止于信。"仁、敬、孝、慈、信，都是人道，亦即善。仁义礼智也都是人道，也即善。仁可以统摄仁义礼智，善具有包容性，可以统摄人道中的仁义礼智等品德。

从《孟子》文本中来看，仁义和善是可以互相转换的，只是表述的情境和角度不一样而已。在孟子看来，善和仁的内涵一样，不仅包含了仁，也包含了仁义礼智以及其他的品德。仁作为内在的价值，也同样可以统摄仁义礼智。其实《楚简》也早把这一层意思讲清楚了："善，人道也。"仁义礼智是人道，善就是人道，善和仁义是一不是二。仁是性的本质属性，性中有仁，就表示性是善，《楚简》中说"仁，性之方也"。这清楚地表明了识仁是认识性的途径，《楚简》把仁和性紧密地联结在了一起，只是还没有把义也从内在于人的角度来讲。

《楚简》认为人性是同一的，孟子同样认为人性是同一的，因为性善就已经排除了人性有差别。孟子认为圣人的性和平常老百姓的性是相同的，他说："尧舜与人同耳。"而孔子说"性相近，习相远"究竟是否把人性看作是相同的很难说，问题在于孔子所说的性是否特指人性。《楚简》中则说："圣人之性与中人之性，其生而未有非。"这段话的竹简释文有些模糊，大意可以解释为圣人之性和一般人的人性，天生是没有差别的，和孟子的"人皆可以为尧舜"的观点一致。尧舜等圣人的人性和老百姓的人性相同，是孔子之后儒家的共同观点，孔子说的"上智和下愚"以及"中人"也不是从人性的角度来讲的，并没有否定人性是相同的。从孟子对孔子思想的理解和继承来看，孔子也不会否定人性相同，因为孔子肯定了仁是内在于人的，是每个人具有的品德。而仁正是孔子人性论的根本基础，也同样是孟子人性论的根本基础。《楚简》中的一句话把儒家的"性一"思想传统说得再明白不过了："四海之内其性一也。其用心各异，教使然也。"（《郭店楚墓竹简·性自命出》）这句话的意思是说天下的人性是一，每个人天生的人性是相同的。人表现出来的个性行为不同，是因为用心各异，原因在于教化的不同。心可以有异，人性却很明确就是同一。孟子说"尧舜与人同耳"，即表明了人性是一，和《楚简》是一致的。

《楚简》中还提出了"美情性善"的概念，比孟子要早。《楚简》肯定了善是人性所具有的："好恶，性也。所好所恶，物也。善不善，性也，所善所不善，势也。"（《郭店楚墓竹简·性自命出》）懂得好恶是人性中具有的，好恶的对象是物，这是人的情感的表现，即有好恶的情感。懂得善和不善也是人性中具有的，善和不善应根据形势做出判断，这种判断是人心的活动，即表示人心有善与不善的判断。《楚简》又明确指出了性善："未言而信，有美情者也。未教而民恒，性善者也。"（《郭店楚墓竹简·性自命出》）人没有言语之前就有了信，这是人具有朴实的感情；没有教化之前人民就有了恒常的规则，这是因为人性善的缘故。这里从人的自然禀赋来谈情性，肯定了人情的自然的质朴和人性包含了天赋的善，表达了"情美性善"的思想。虽然这里的性善指的是性中包含了善的成分，和孟子的性善论还是有一定的区别，但是第一次把善和人性直接结合在一起来讲，这具有重要的意义。

孟子主张仁义内在，《楚简》主张仁内义外，两者不同。孟子给义做了新的阐释，注入了新的内涵，义内的观点和《楚简》义外的观点已经截然不同了。至于孔子是否是"义内"的观点，也很难说，前面也讲到，义具有客观性是肯定的，至于义是否具有主观性，或者主客是否可以融为一体，则需另外探讨。《楚简》中说："仁，内也，义，外也。"仁内是儒家的传统，在这里义是外在表达得十分明确。《楚简》的观点是义外："仁生于人，义生于道。或生于内，或生于外。"（《郭店楚墓竹简·语丛一》）仁是从人的身上生出来的，来自人本身，根植于每个人身上。以内在的感受为标准，是不需要外求的。而义从道中而来，这个道是客观的，道具有客观的标准，由道而来的义从外在来衡定人的内在。义生于外在的道，具有客观性，而孟子把这个外在的义内在化了，所以说"仁义礼智根于心"，从客观转向了主观，赋予了义新的意义。

孟子从情来说心，以心来说仁，从情善来说性善，这和《楚简》也是一致的。从孔子的人性思想里很难找出类似的观点和说法，而

《楚简》中的"道始于情，情生于性"则讲清楚了人道来源于情感，情感来源于人性。孟子的"四端"正是这样的思路：首先从主体的感情切入来讲清楚心的本质，和《楚简》中"喜怒哀乐之气，性也"的讲法是一致的。如没有了这一层的思想预设，孟子只是把四心和四端讲明白了，直接就得出"性善"的结论，是很难让人理解的。正是因为孟子预设"情生于性"这个基础，只要论证情善，就可以得出性善的结论了。

从《楚简》包含的人性论思想来看，对于孟子的性善论的形成起到了一个承上启下的作用。孟子的性善论与《楚简》的人性论思想有密切的关系，《楚简》的人性论思想是孟子性善论最近的思想资源。当然《楚简》人性论思想十分的丰富，同时也比较复杂，显示出多重的面向。孟子的性善论在很多的地方与《楚简》的人性论具有一致性，孟子直接以《楚简》中的"情生于性""情出于性"作为论证性善的基础，这点值得注意。特别是《楚简》已经明确地提出了性善的概念，这和孟子的性善论有深刻内在的联系。

结 语

正如牟宗三先生指出的："孟子所讲的是根据孔子的仁来讲性善。"[1] 性善论主要是继承了孔子及其后学的人性思想而建立起来的。如果没有对前人人性思想的继承，孟子的性善论不会形成。虽然孔子没有明确地指出人性善，但这对孟子得出性善论并没有什么影响。因为在孟子看来，孔子从心来说仁，已经很明确地表明人心具有天赋的仁义，孟子依照孔子的仁心而得出性善的结论，是非常自然的。孟子认为孔子的人性论就是性善论，这是孟子自信的根本原因所在。

通过对先秦人性思想的考察，可以发现孟子性善论的形成与《尚书》《易传》《中庸》《楚简》和孔子的人性思想存在深刻的内在联系。在孟子的观念里，天和上帝具有至上的权威，具有人格的力量，《尚书》虽然没有直接判定人性是善，但是肯定了天道、上帝赞许人的善。孟子从心善到性善到天善，显然是和《尚书》天道福善祸淫的思想是

---

[1]　牟宗三：《中国哲学十九讲》，上海古籍出版社，2005，第60页。

一致的。孟子把舜塑造成了一个人性善的、通过行善实现政治本质的榜样，是性善的具体体现。孔子的核心思想是仁，仁具有内在性，义则既有内在性又有外在性。孟子则把义转化为内在性。

孔子的性命关系是把性、命、天放在同一个层次之上，天道人性结合，天人一体而不隔，孟子的性善论是天性人性合一的一种体现。《易传》中的人性来源于天道、以善成性的人性思想，《中庸》中的性命关系对孟子性善论的形成有重要的意义。《楚简》中"道始于情，情生于性"的思想是孟子论证性善的根据。孟子的仁义礼智首先是出于情感的，然后通过心的活动与人性结合起来。同时，《楚简》"美情性善"的人性思想无疑对孟子性善论的形成产生了重要的影响。

孟子的性善论从孔子及其之后的儒学的人性思想中发展而来，同时继承了《尚书》等经典的人性思想。在孟子看来，孔子的人性论其实就是性善论，自己只是点出了性善而已，捅破了孔子没有捅破的人性善的这层窗户纸。但是孔子并没有直接表明性善，孟子的性善论相比于孔子的人性论还是不同的，具有鲜明的个人色彩。孟子的性善论，既有明确的思想根源，也有自己的创新成分，即孟子性善论既继承了前人的人性论思想，也蕴含了个人对孔子和古代文献的独特领悟以及非凡的生命体悟。

（责任编辑：杨冬）

论朱熹对张载"礼学"思想的
继承与发展[*]

陈永宝[**]

摘　要　朱熹的礼学思想受到了张载的礼学思想的影响，主要体现在"以礼为教"、"尊礼贵德"和生活之礼这三个方面。朱熹对张载之礼既肯定又有所发展。朱熹认为，张载之礼较为符合古礼，为礼之正朔。这对秦川之地的移风易俗起到了较大的作用；同时，张载丧祭之礼在民间有较大的影响力，由于其简单易学且具有一定的说服力，因此能达到"曲尽诚洁"之功，又能达到"终乃信从"之效。相比而言，朱熹与张载之礼因二者面对的时代问题不同存在一定的差别。朱熹主要解决理论系统内部存在的风险和系统外部学者的挑战，意在正君心；张载主要解决秦川之地周礼凋敝的问题，意在移风易俗。由此可见二者的区别与联系。

关键词　朱熹　张载　礼学

　　在北宋的诸多思想家中，张载是对朱熹影响较大的学者之一。相对于学者们认为的朱学起源于二程学的说法，张载对朱熹的影响可能更加不可回避。与二程学对朱熹的显性影响不同，张载的思想在朱学发展史

---
　　*　本文系国家社会科学基金西部项目"基于儿童哲学的朱子蒙学研究"（22BZX050）的阶段性成果。
　**　陈永宝，台湾辅仁大学哲学博士，台湾"中国哲学研究中心"副研究员，厦门大学特任副研究员，主要研究方向为宋明理学。

上往往以一种隐形的方式存在。在一定程度上，朱熹认为张载的思想相对于前者要略好一些。我们从朱熹对张载思想的描述中，可看到两个方面。一是当朱熹思考陷入一定的困境，便会回到张载的思想中。这主要体现在朱熹在思考"已发未发"时对"心统性情"的回归。二是张载是朱熹思想的一个参照。朱熹与弟子讨论"颜子心粗"① 一章时，朱子便引张载的语录为其背书：

> 横渠说："孟子比圣人自是粗。颜子所以未到圣人处，亦只是心粗。"②

> 横渠云："颜子未至圣人，犹是心粗。"一息不存，即为粗病。要在精思明辨，使理明义精；而操存涵养无须臾离，无毫发间；则天理常存，人欲消去，其庶几矣哉!③

在朱熹对儒佛的诸多论述中，均体现出张载思想的印记。同时，对于朱熹教育思想集结的《近思录》而言，张载的思想占有相当大的比重。因此，讨论张载对朱熹思想的影响，是一个不可回避的问题。在张载影响朱熹的诸多思想中，心统性情和制礼思想对他的影响较大。二者相比较，前者较易引起学者的重视，成为研究张、朱关系的一个重点；而后者因为各种原因多为学者所淡漠，研究较少，这确实不该。本文的目的意在点明这一研究的重要性，从张载的制礼思想谈其"礼"的思想对朱熹的影响。

一　张载制礼思想概述

林乐昌指出："张载的礼学是由两套系统构成的：一套是关于礼的基本观念和礼学结构功能的学理系统，一套是突出礼在教学过程中的作

---

① （宋）黎靖德编《朱子语类》，中华书局，1994，第 2529～2530 页。原文为问："颜子心粗之说，恐太过否？"曰："颜子比之众人纯粹，比之孔子便粗。如'有不善未尝不知，知之未尝复行'，是他细腻如此。然犹有这不善，便是粗。伊川说'未能"不勉而中，不思而得"，便是过'一段，说得好。"《近思录》云颜子心粗。颜子尚有此语，人有一毫不是，便是心粗。

② （宋）黎靖德编《朱子语类》，第 432 页。

③ （宋）黎靖德编《朱子语类》，第 205 页。

用和意义的实践系统。"① 张载礼学的制礼思想主要围绕三层结构，即成德践行之礼、社会教化之礼和养民治国之礼。② 这三层结构，大体奠定了张载礼学的基本特征。从中我们可看出张载制礼思想的两个维度：一是"以礼为教"，二是"尊理贵德"。

在张载看来，"礼"与"理"异名而同源。他说："盖礼者理也，须是学穷理，礼则所以行其义，知礼则能制礼，然则礼出于理之后。"③ 这就是"礼、理同一的思想"，这在儒家经典《礼记》中的《仲尼燕居》《乐记》诸篇中均有所体现。④ 以"理"为基础而构建或还原的礼学体系是张载礼学的一个主要表现方式。在这种路径下，"天、道、性、心"才有可能在张载的理学系统中达成有机的统一。如"循天下之理之谓道，得天下之理之谓德"⑤"礼者圣人之成法也，除了礼天下更无道矣"⑥"道以德者，运于物外，使自化也"⑦，这些表明了张载制礼的基本逻辑。

但是，在张载的思想体系中，"更注重切于致用的'礼'，而不尚虚空的'理'"。⑧ 清人薛思庵曾说："张子以礼为教，不言理而言礼，理虚而礼实也。儒道宗旨，就世间纲纪伦物上着脚，故由礼入，最为切要。即约礼、复礼的传也。"⑨ 张载对礼学尤为重视，他指出"进人之速无如礼""仁守之者在学礼也"，⑩ 点明了礼在儒学发展中的作用。这便是张载成德践行之礼、社会教化之礼和养民治国之礼的礼学本体论依据。林乐昌指出："从张载礼学的整体结构和功能模式看，它既是个体行为的自我约束机制，也是社群关系的调节机制，又是国家政治的运行机制。"⑪ 这一点将礼学的地位提升到修身、齐家、治国、平天下的高度，形成了张载及之后的理学家对礼学的基本叙说模式。

---

① 林乐昌：《张载礼学论纲》，《哲学研究》2007 年第 12 期，第 48 页。
② 林乐昌：《张载礼学论纲》，《哲学研究》2007 年第 12 期，第 49~50 页。
③ 《张载集》，中华书局，1978，第 326 页。
④ 林乐昌：《张载礼学论纲》，《哲学研究》2007 年第 12 期，第 49 页。
⑤ 《张载集》，第 32 页。
⑥ 《张载集》，第 264 页。
⑦ 《张载集》，第 32 页。
⑧ 杨建宏：《论张载的礼学思想及其实践》，《湖南大学学报》2006 年第 2 期，第 42 页。
⑨ （宋）张载：《张子全书》，中华书局，1978，原序页。
⑩ 《张载集》，第 265 页。
⑪ 林乐昌：《张载礼学论纲》，《哲学研究》2007 年第 12 期，第 48 页。

　　张载的"尊礼贵德"思想应为他修身工夫的两种形态，即知礼成性和变化气质。张载所说的"知礼成性而道义出"和"圣人亦必知礼成性"①便是这种思想的表达。林乐昌指出，知礼成性是"指对礼的本质加以理解并与道德践履相统一的工夫整体"。②以礼作为人"归性达仁"的工具，基本上是张载思想的一个核心。在张载看来，人的外在行为与内在德行之间是正相关的。也就是说，一个人表现出什么样的行为，也即表现出其内心的真实想法。在这种思路下，他找到了一个对内心做工夫（纠正或回归）的路径。这既呼应了上文所说的"以礼为教"的思想，也说明了他"以礼成德"的知行工夫。

　　变化气质是张载思想的另一种趋向。这在张载的思想里应该包括两个面向。一是气质本有为善。这个本有为善像赤子之心一样湛然若明。张载说的"本有是善意，因而成之"③便是这层意思。在这里，张载基本上继承了孟子对"性本善"的理解。但在张载这里略有不同的是，他的性本善中应该还含有一层对"气本善"的理解。这由他注重形下气质所致。从前文所看，张载对"理""气"两种概念的关注，明显趋向于"气"。因此，相对于性、理，他更倾向于心、气。这在他后面谈到的心统性情思想中也可见到这种痕迹。

　　二是气质有变的特质。也就是说，虽然人的气质就像赤子之心一样本有为善，但受到外界的影响有偏离的可能。我们无法知道此时张载是受到二程的影响，还是他影响了二程，达成了对"气质"由善变恶的理解。当然，这在二程的思想里表达得更为完善和全面。在张载这里，他更多的是突出"穷理尽性"这一个变化气质的有效途径。张载说："穷理亦有渐，见物多，穷理多，如此可尽物之性。"④

　　总之，知礼成性和变化气质而反映出来的"尊礼贵德"，在张载的思想里可能看到的是一体两面，或是对一个事物的不同角度的反馈。知礼成性与气本为善，则表达了变化气质的先天基础和后天变化的可能性；知礼成性与穷理尽性，反映出张载形下工夫的内外两面。只不过，张载这里只是粗犷式提出了理论的发展框架，具体的发展还要等到朱熹

---

① 《张载集》，第191页。
② 林乐昌：《张载礼学论纲》，《哲学研究》2007年第12期，第50页。
③ 《张载集》，第310页。
④ 《张载集》，第312页。

时期。

在张载的理论中,生活礼仪有两种。一种是普通日常生活的"洒扫应对""敬和接物";① 另一种是极端情景中的婚丧嫁娶。

张载对普通日常之礼是十分看重的。他说:"世儒之学,正惟洒扫应对便是,从基本一节节实行去,然后制度文章从此而出。"②这里明显将日常行为之学的重要性提升到一定的高度。对日常之学的注重,即反映了张载对"穷理尽性"思想的一种形下延续,如张载说"学者以尧舜之事须刻日月要得之,犹恐不至,有何愧而不为!此始学之良术也";③又反映了以日常之礼克习俗之弊的期望。在张载看来,"气质是一物,若草木之生亦可言气质。惟其能克己则为能变,化却习俗之气性,制得习俗之气。所以养浩然之气是集义所生者,集义犹言积善也,义须是常集,勿使有息,故能生浩然道德之气"。④ 这也反映张载对日常之礼的目的使然。即"学者须观礼,盖礼者滋养人德性,又使人有常业,守得定,又可学便可行,又可集得义。养浩然之气须是集义,集义然后可以得浩然之气"。⑤至此,张载将日常之礼的目标与意义阐述清楚了。

对于极端情景中的婚丧嫁娶,一是张载所处的历史环境对以张载为代表的士人集团的基本要求;二是张载对传统粗俗之礼的一种移风思想的体现;三是以婚丧嫁娶之礼为工具,达到辟佛的目的。本文犹以丧礼为例。

首先,士大夫作为文人集团,在民众心中的作用除了兴学助教,另一个作用则是维系宗族秩序,确定社会位阶,以维持平稳生存。张载在论《宗法》时指出:"管摄天下人心,收宗族,厚风俗,使人不忘本,须是明谱系世族与立宗子法。"⑥又言:"言宗子者,谓宗主祭祀。宗子为士,庶子为大夫,以上牲祭于宗子之家。"⑦此是说,祭礼不仅是今人对古人的一种怀念,更是今人社会位阶的一个代表。因此,对于文人阶

---

① 《张载集》,第 325 页。
② 《张载集》,第 288 页。
③ 《张载集》,第 286 页。
④ 《张载集》,第 281 页。
⑤ 《张载集》,第 279 页。
⑥ 《张载集》,第 258 页。
⑦ 《张载集》,第 259 页。

层，就必须熟知这套礼仪秩序，避免"八佾之舞"（《论语·八佾》）等的社会乱象。这是文人在社会中的基本作用和价值。

其次，丧礼是一种社会教化之礼。林乐昌指出："由于丧、祭等礼仪能够维系和调节宗法关系的作用，故深受张载及其门人的重视。"①司马光等人评价张载丧礼的作用时说："好礼效古人，勿为时俗牵；修内勿修外，执中勿执偏。当今洙泗风，郁郁满秦川。"②从林乐昌和司马光对张载的评论中可以看出，张载通过对丧、祭等礼仪的继承与发展，对秦川之地起到了社会教化的作用。

最后，在古代中国，丧礼既代表存世之人与逝去之人的一种感情寄托，同时也是儒家之礼的一种典型表现。张载早年信佛，晚期辟佛，其缘由就在于"佛教对儒家丧礼"的道德挟持。两宋禅宗主张祭祀方式废除牲祭，在张载看来是有违周礼的。特别当释氏以"劝善"方式让百姓放弃周礼的祭祀之法时，这为张载所不容。张载说："释氏妄意天性，而不知范围天用，反以六根之微因缘天地。明不能尽，则诬天地日月为幻妄，蔽其用于一身之小，溺其志于虚空之大。此所以语大语小，流遁失中。其过也，尘芥六和；其蔽于小也，梦幻人世。"③张载在辟佛问题上基本也是围绕这个评论而展开的，这是他辟佛思想的一个特点。

二 朱熹对制礼思想的继承

朱熹对张载的制礼思想基本上持肯定的态度。朱熹曾说："横渠先生曰：古者有东宫，有西宫，有南宫，有北宫。异宫而同财，此礼亦可行。"④为此，他还用自己的理解解释道："古人虑远，目下虽似相疏，其实如此乃能久相亲，盖数十百口之家，自是饮食衣服难为得一。又异宫乃容子得伸其私，所以避子之私也。子不私其父，则不成为子。古之人曲尽人情，必有同宫，……父子异宫，为命士以上，愈贵则愈严，故

① 林乐昌：《张载礼学论纲》，《哲学研究》2007年第12期，第50页。
② 《张载集》，第388页。
③ （宋）张载：《张子全书》，第19页。
④ 《张载集》，第378页。

异宫犹今世有逐位，非如异居也。"① 看得出来朱熹对张载的礼学明显持肯定态度，这在朱熹对张载礼学记录的文本中并不是孤例。而且，当其将二程与张载的礼思想进行比较时，他也有偏向张载的取向。比如朱熹曾说："大抵伊川考礼文，却不似横渠考得较仔细。"② 朱熹认为张载的礼学更具可信度。除此之外，在朱熹看来张载的礼学是有其独特性的。《朱子语类》记载："二程与横渠多是古礼，温公则大概本《仪礼》，而参以今之可行者。要之，温公较稳，其中与古不甚远，是七八分好。若伊川礼，则祭祀可用。婚礼，惟温公者好。大抵古礼不可全用……温公错了，他却本荀勖礼。"③ 从以上可得到两点信息，一是张载本人对"古礼"并非完全复制，而是存在着一定变更，如朱熹所说"有自杜撰处"；但此"杜撰"并非"错"，只是相对于司马光（温公）来讲，可能不如后者更为"适古今之宜"。但是，相比于前者，司马光的"礼"却有"荀勖礼"的倾向，也就是他可能"错了"。因此，结合以上两条材料，我们可发现的是，朱熹对张载的"礼"是持肯定态度的，也更加趋近"古礼"，在朱熹这里已经是很高的评价了。

朱熹对张载祭丧礼的继承，有以下两个原因。一是张载礼学易学。《朱子语类》曾记载朱熹弟子问朱熹："横渠之教，以礼为先。浩恐谓之礼，则有品节，每遇事，须用秤停当，礼方可遵守。"④在这里，提问者是持肯定的语气，这说明朱熹在教学过程中应该认同他这个结论。对于弟子接下来问的"初学者或未曾识礼，恐无下手处"之事，朱熹回答说："古人自幼入小学，便教以礼；及长，自然在规矩之中。横渠却是用官法教人，礼也易学。今人乍见，往往以为难。某尝要取《三礼》编成一书，事多蹉过。若有朋友，只两年工夫可成。"⑤

可见，从"为礼从易"的角度来说，张载的祭丧礼较易学习，也容易推广。

二是朱熹颇为重视张载关于祭丧礼的形式性。《朱子语类》中有多则关于描写祭礼细节的材料，可见一斑。如"修五礼，如五器，卒乃

---

① 《张载集》，第 378 页。
② （宋）黎靖德编《朱子语类》，第 2319~2320 页。
③ （宋）黎靖德编《朱子语类》，第 2183 页。
④ （宋）黎靖德编《朱子语类》，第 2363 页。
⑤ （宋）黎靖德编《朱子语类》，第 2363 页。

复'。如者，齐一之义。'卒乃复'者，事毕复归也，非谓复归京师，只是事毕复归，故亦曰'复'。前说'班瑞于群后'，即是还之也。此二句本横渠说"。① 又如，"唐时士大夫依旧孝服受吊。五代时某人忌日受吊，……服亦有数等，考与祖、曾祖、高祖，各有降杀；妣与祖妣，服亦不同。……后来横渠制度又别，以为男子重乎首，女子重乎带"。② 这里，朱熹详尽其材，亦在说明古礼存在的必要性。在朱熹看来，追溯古礼，是当今礼仪存在的合法性来源。以此为据观当世存在的"乱礼"，明确有移风易俗之功。吕大临说："近世丧祭无法，丧惟致隆三年，自期以下，未始有衰麻之变；祭先之礼，一用流俗节序，燕亵不严。先生（张载）继遭期功之丧，始治丧服，轻重如礼；家祭始行四时之荐，曲尽诚洁。闻者始或疑笑，终乃信而从之，一变从古者甚众，皆先生倡之。"③

吕大临之言，道出朱熹习张载之礼的两个关键：一是"曲尽诚洁"，二为"终乃信从"。此也是朱熹一直坚持以礼教化的一个原因。

朱熹对张载制礼的评价分为正反两个方面。在礼制从古方面，朱熹是持肯定态度的。也就是说，朱熹认为张载之礼，较为符合古礼或周礼；但在制礼的理解与运用方面，朱熹对张载之礼多呈否定评价。朱熹说："横渠所制礼，多不本诸《仪礼》，有自杜撰处。如温公，却是本诸仪礼，最为适古今之宜。"④ 朱熹的弟子黄直卿也有类似的记录："先生（朱熹）曰：'横渠教人学礼，吕与叔言如嚼木札。今以半日看义理文字，半日类《礼书》，亦不妨。'"⑤ 但这并不影响朱熹对张载制礼的真实性的肯定。朱熹说："后蒙赐书云：'所定礼编，恨未之见。此间所编丧礼一门，福州尚未送来。将来若得贤者持彼成书，复来参订，庶几详审，不至差互。'"⑥ 朱熹对丧礼的注重，多受张载思想的影响。朱熹曾与弟子有这样一段对话：

---

① （宋）黎靖德编《朱子语类》，第 1998 页。
② （宋）黎靖德编《朱子语类》，第 2257 页。
③ 《张载集》，第 383 页。
④ （宋）黎靖德编《朱子语类》，第 2183 页。
⑤ （宋）黎靖德编《朱子语类》，第 2192 页。
⑥ （宋）黎靖德编《朱子语类》，第 2192 页。

问"丧三年不祭"。曰:"程先生谓,今人居丧,都不能如古礼,却于祭祀祖先独以古礼不行,恐不得。横渠曰:'如此,则是不以礼祀其亲也。'"①

从这段材料中我们可以获得以下信息。第一,丧礼作为人在日常行为中一个重要的礼仪,它发挥着"以礼祀亲"的核心作用,这在以儒家思想为主轴的两宋尤为重要。我们知道,朱熹与陆九渊自鹅湖之后相言不欢,他们的"重归于好"在很大程度上受到陆母之死所进行的葬礼的影响。陈来说:

淳熙四年丁酉,二陆遭母丧,在有关丧祭礼仪方面遇到一些问题。两人当即写信向朱熹询问。……经过几次往返论说,"其后子寿书来,乃伏其谬,而有他日负荆之语",……陆九龄承认原来主张之误。②

能让昔日论敌达成难有的共识,可见"丧礼"在两宋民间存在的重要性。二陆虽然在"鹅湖之会"上"发明本心",在"读书讲学"的论辩中占据了上风,但面对"母丧之礼"的问题不得不承认"读书讲学"的重要。

第二,朱熹继承了张载坚持以"古礼"的方式进行祭祀的思想,但可以做适当的调整。《朱子语类》中有这样一段话:

今之祭礼,岂得是古人礼?唐世三献官随献,各自饮福受胙。至本朝便都只三献后,方始饮福受胙,也是觉见繁了,故如此。某之《祭礼》不成书,只是将司马公者减却几处。如今人饮食,如何得恁地多?横渠说"墓祭非古",又自撰《墓祭礼》,即是《周礼》上自有了。③

在朱熹看来,今人对古礼进行大肆地删改和修正,已经达到"礼

---

① (宋)黎靖德编《朱子语类》,第2282页。
② 陈来:《朱子哲学研究》,生活·读书·新知三联书店,2012,第419页。
③ (宋)黎靖德编《朱子语类》,第2313页。

不成礼"的局面。面对这种情况，张载主张捍卫古人祭祀之礼，于是自撰《墓祭礼》。对此，朱熹对张载的做法既有肯定的一面，也存在一定的怀疑。朱熹说：

> "馂余不祭，父不祭子，夫不祭妻。"先儒自为一说，横渠又自为一说。看来只是祭祀之"祭"，此因"馂余"起文。谓父不以是祭其子，夫不以是祭其妻，举其轻者言，则他可知矣。①

可见，在朱熹看来，张载之礼又非"先儒"之礼，而是"自为一说"。朱熹说："忌日须用墨衣墨冠。横渠却视祖先远近为等差，墨布冠，墨布缯衣。"② 由此可见朱熹认为，张载对古礼是存在一定的删改痕迹的。但反过来看，这其实也表达了朱熹对张载独特性的另一种肯定。不过从逻辑同一律的角度来看，这两种肯定之间似乎存在着矛盾。我们给出的解释是："维护古礼"与"自为一说"之间在逻辑上似乎南辕北辙，实则是一体两面。也就是说，在朱熹看来，既要维护周礼的基本要素，又要适应今人的生活方式，两者缺一不可。对周礼的维护，不能是"形式"的简单复制，而应是内在的本心坚守，这就是朱熹继承张载丧礼中的"诚"思想；"自为一说"，不能是肆意妄为，图求简单安逸，缺乏"以礼祀亲"的真诚之感，或者如佛教的"空静说"，缺少对"亲亲"的敬畏之情。

三 朱熹对制礼思想的发展

朱熹说："夷狄之教入于中国，非特人为其所迷惑，鬼亦被他迷惑。大乾庙所以塑僧像，乃劝其不用牲祭者。其他庙宇中，亦必有所谓劝善大师。盖缘人之信向者既众，鬼神只是依人而行。"③ 宗教的形式性存在，一直是其获得大量信众的一个有利条件。时至两宋，儒家思想被囿于朝堂与官学，与民间关联甚微。对于普通民众来讲，以心性为理的形而上的存在，不如形而下的形式性仪式更具影响力和实用性。

---

① （宋）黎靖德编《朱子语类》，第 2230 页。
② （宋）黎靖德编《朱子语类》，第 2322 页。
③ （宋）黎靖德编《朱子语类》，第 3038 页。

因此，佛教传入中土后经百年转变，已发展出一套完善的形式规范，是普通民众身边真实的存在。因此，民间信佛者众，也就不是什么奇怪的事。相比于儒家，由于庙堂之远，民众无法获得有效的思想传承，遂产生"礼崩乐坏"的情景，也就在情理之中了。对此，"兴儒礼"以夺民心，便成为两宋儒家一个主要的工夫路径。北宋周、张、二程，南宋的朱熹对《礼记》的重视及学术地位的抬升，也多源于此。

其实，两宋时期的佛教发展也处于式微之势。以孤山智圆、大慧宗杲、契嵩为主的"援儒卫释"的行为，标志着佛教人士对民众的争夺。有趣的是，二者均认为对方对己方产生了巨大影响，张载与程颢对佛教的激烈批评，及大慧宗杲、契嵩的激烈争辩，上演着围绕"礼"而展开的儒佛之争。我们从前面的论述中，也可见到儒佛之争实为"礼仪"之争。

从儒佛之争的焦点文本《中庸》和《孟子》来看，它们讨论的焦点反映了"制礼之争"。以《中庸》为例，洪淑芬说："《中庸》在宋代的发展，并非在一开始即以'治性之书'的面貌呈现，更非在宋初即广受重视与关爱，它之所以成为理学的重要经典，是奠基在许多人的推动，同时也历经不同阶段的发展。这其中除了有儒者的自觉，还有儒佛的'合作'的结果。"① 这足以说明儒佛之争的焦点已经移到《礼记》上了。而对于唐宋的孟子升格运动，儒佛的焦点又围绕着《孟子》的"明心见性"和"尽心之性"而展开，形成了一种内在与外在共存的对立状态。发展到朱熹所在的时期，这两种状态已经发展到白热化时期。只不过，这时儒家已经具有了明显的优势。

制礼与兴儒的一个面向是我们所说的对佛教的排斥，另一个面向就是对儒家本身的兴起。相比于儒家，北宋虽在心性的形上维度达到一种势均力敌式的平衡，但在形下层面佛教的仪式性依然超过儒家甚多。也正是在这个社会大背景下，朱熹等人的兴建书院运动开始展开。朱熹对书院的修建有一定的形式表现，这与注重三宝的佛堂有一定的对应性。如"室中西南隅乃主位。室中西牖东户。若宣圣庙室，则先圣当东向，先师南向。……古者主位东向，配位南向，故拜即望西。今既一列皆南

---

① 洪淑芬：《儒佛交涉与宋代儒学复兴》，大安出版社，2008，第370页。

向，到拜时亦却望西拜，都自相背"。① 又如：

> 新书院告成，明日欲祀先圣先师，古有释菜之礼，约而可行，
> 遂检《五礼新仪》，令具其要者以呈。……宣圣像居中，兖国公颜
> 氏、郕侯曾氏、沂水侯孔氏、邹国公孟氏西向配北上。并纸牌子。
> 濂溪周先生、东一。明道程先生、西一。伊川程先生、东二。康节
> 邵先生、西二。司马温国文正公、东三。横渠张先生、西三。延平
> 李先生东四。从祀。亦纸牌子。并设于地。祭仪别录。祝文别录。
> 先生为献官，命贺孙为赞，直卿居甫分奠，叔蒙赞，敬之掌仪。②

在这里，朱熹的书院建制既有模仿寺院的痕迹，又着力与其做出区分，
这是朱熹制礼思想的一个特色。

朱熹的制礼思想与张载一致，目的在于兴理。也就是说，基本上达
到了"礼与理同一"。林乐昌说："将'礼'与'理'同一化，是张载
礼学思想的一个重要特色。"③ 可以说，朱熹在这一点上是对张载的继
承。但在朱熹这里，对"理"的关注明显强于"礼"。也就是说，相对
于张载对形下"礼"的侧重，朱熹更加侧重于形上的"理"。这也就是
后人常以气学来形容张载，而用理学来形容朱熹的一个典型原因。

实际上，对理、礼的关注，对张载和朱熹来说是同等重要的。但
是，由于时代的不同，二者必须在理与礼之中做出一个选择。张载面临
的是秦川之地移风易俗的问题，朱熹则面对心性的问题（主要是陆九
渊、陈亮等人的挑战）。前者迫切需要解决的是以礼教化，使民众"终
乃信从"的形下实践；后者迫在解决体系内部的危机和面临的挑战。④
二者的历史任务不同，自然有一些差距。

在朱熹看来，张载的礼学有其独特的魅力，这也是他在教书育人之
时频繁以张载之说为论据的原因。同时，张载理学中的心统性情学说，

---

① （宋）黎靖德编《朱子语类》，第2293页。
② （宋）黎靖德编《朱子语类》，第2295～2296页。
③ 林乐昌：《张载礼学论纲》，《哲学研究》2007年第12期，第49页。
④ 朱熹在漳州任知府时，也有移风易俗的问题，但这在朱熹一生为学中只占较小比例。另
外，朱熹活了71年，这个事件在其整个一生之中，并不是十分重要的。

也是朱熹解决已发未发问题的一个关键环节。①

朱熹的理学思想离不开对张载理学思想的继承，同时他的礼学思想也同样来自张载的礼学。从一定程度上说，张载的礼学思想是朱熹礼学思想的初级阶段或基础，而朱熹的礼学思想是张载礼学思想的丰富和完成阶段。从明清两朝以朱子礼学为行为方式的角度来看，这种理解是说得通的。但需要明确的是，张载理学由于主要的受众为民间百姓，他更加注重形而下的行为实践。相比而言，朱熹由于面临的是"心性"与"君心"，他更关心理与道的形上建构。总体来说，朱熹礼学中充满了张载的影子，这是一个不可改变的事实。同时，对张载礼学的修正与反思，也是他礼学思想发展的一个来源。这一切，我们可以从朱熹《小学》《近思录》等相关文本中得到相关的佐证。

（责任编辑：杨冬）

---

① 陈永宝：《从"已发未发"论朱熹儒学思想的回归和禅学完结》，《福建江夏学院学报》2018 年第 4 期，第 82～89 页。

道统、道体与工夫：朱熹对"周程授受"关系的重构[*]

李 彬[**]

摘 要　"周程授受"是宋明理学史上的一个大问题。在朱熹及其批评者那里，"周程授受"不仅是一个事实问题，更是一个哲学或义理问题。朱熹对"周程授受"关系的建构，既出于重建道统的努力，亦基于对道体—工夫的诠释和理解。在这一过程中，朱熹一方面奉周敦颐为道学开山，通过对其《太极图说》的诠释发挥了他的理气说；另一方面又以二程为道学正宗，继承了其格物致知、主敬涵养的工夫法门。因此，朱熹既从思想史的角度论证周程之间的师承关系，又通过对周程思想的重新诠释来建构周程之间思想上的授受关系。

关键词　周程授受　朱熹　道统　道体

　　"周程授受"问题，即周敦颐与二程之间的学问思想传承关系问题，是宋明理学史上的一个大问题。周程之间的授受关系是否能够成立，古今中外学者也观点各异。从对后世理学史影响的角度来说，与其说"周程授受"是一个历史的实然，毋宁说更多地出于朱子的建构。这并非要否认周程之间存在的实质上的师承关系，而是想要指出，在朱

---

　　* 本文系国家社科基金青年项目"清代礼学与理学的互通性研究"（22CZX032）、河南省社科联调研课题"社会主义核心价值观建设中的'工夫论'问题研究"（SKL‒2022‒285）的阶段性成果。
　　** 李彬，哲学博士，郑州大学哲学学院讲师、硕士生导师，洛学研究中心研究员，主要研究方向为宋明理学。

子及其批评者那里，"周程授受"不仅是一个事实问题，更是一个哲学或义理问题。

朱子之所以能够成为宋明道学的集大成者，是因为他能够将思想旨趣并不全同的"北宋五子"纳入一个相对统一的道统之中。这一工作主要是依靠朱子对北宋五子思想的诠释来完成的。但在这个以二程为核心的道学谱系中，周敦颐、张载、邵雍与二程之间的思想旨趣存在较大的差异，二程重在人之心性工夫，而周、张、邵则重在天之宇宙本体。在朱子所欲建构的这一道统谱系之中，周程之间的授受关系屡屡受到质疑，尤其是二程终身对周子并不甚推重，且罕言及无极、太极。因此，朱子围绕二程建立的道学谱系或道统，最大的困难就是建立周程之间思想上的传承关系。但在朱子的道学谱系中，周子与二程又是两个核心点，缺一不可：朱子一方面奉周子为道学开山，通过对其《太极图说》的诠释发挥了他的理气说；另一方面又以二程为道学正宗，继承了其格物致知、主敬涵养的工夫法门。

朱子如何回应这一问题，也决定着他所建立的北宋儒学的道统谱系能否成立。这就要求朱子既要从思想史的角度论证周程之间的师承关系，又要通过对周程思想的重新诠释来建构周程之间思想上的授受关系，思想史论证与哲学诠释互相支撑，以达到建构"周程授受"关系的目的。

一 "从游"抑或"受学"：
论周程师承关系

由于二程从学周敦颐时年纪尚轻，因此，思想上受到后者多大影响，一直颇有争议。清代的朱彝尊即认为，即便二程曾问学于周敦颐，二程之于周子至多如孔子之于老子、苌弘，并无实质上的师承关系。①

但稍微考察就会发现，朱彝尊的上述说法经不起推敲。首先，明道卒后，由于刘立之"从先生最久，闻先生之教最多，得先生之行事为最详"，故于明道出处行事之"委曲纤细，一言一行"皆备叙之，而其

---

① 参见（清）朱彝尊《太极图授受考》，《曝书亭集》，世界书局，1937，第678页。

他像朱光庭、邢恕、范祖禹、游酢则皆各叙其行实之一端，以备采录。① 故刘立之所叙更加翔实，无可厚非。其次，不知朱彝尊没有注意到还是故意不提，除刘立之之外，程颐在《明道先生行状》中已经提到明道从周子"为学"："先生为学：自十五六时，闻汝南周茂叔论道，遂厌科举之业，慨然有求道之志。"② 最后，刘立之言，先生"从汝南周茂叔问学，穷性命之理，率性会道，体道成德，出处孔、孟，从容不勉"，③ 从其所论可见，明道"问学"周子，所得者乃根本性的道德性命之理，绝不可比之于孔子之于老子、苌弘。

但根据《明道先生行状》所云，二程从学周敦颐时十五六岁，周敦颐当时也不过 30 岁左右，④ 学问思想上未必已经成熟，尤其是《太极图》《通书》未必成书。因此，有学者经过考证，得出结论："二程决不是受'学'（理学）于周敦颐的，特别是对于他的《太极图》和《通书》，二程都是不曾接触过的。"⑤ 但一方面，二程未见成书不代表思想上没有受到周子的影响，另一方面，《通书》及《太极图》后来乃出于程门后学之手，且明道有"某自再见茂叔后，吟风弄月以归，有'吾与点也'之意"⑥ 之语，若是于"再见茂叔"时传其《太极图》与《通书》，亦未可知。

清代后期的学者郑杲总结儒学史上关于"周程授受"的两种观点："有以周子直接夫子，而程子得其统者，朱子以来道统诸儒是也。有因疑《图说》，虽不废周子，而不欲奉为伊洛之统者，玉山汪氏及主一、谢山是也。"⑦ 后一种比较全面的观点，见于全祖望所作《濂溪学案·序录》。全祖望认为二程之于周子，仅是"少尝游焉"，其后学问、道统"所得"则"实不由于濂溪"，并斩钉截铁地认为"二程子未尝传其

---

① 参见（宋）程颢、程颐《二程集》，王孝鱼点校，中华书局，2004，第 330～334 页。

② （宋）程颢、程颐：《二程集》，第 638 页。

③ 参见（宋）程颢、程颐《二程集》，第 328 页。

④ 参见〔日〕吾妻重二《论周敦颐——人脉、政治、思想》，吴震主编《宋代新儒学的精神世界——以朱子学为中心》，华东师范大学出版社，2009，第 346 页。

⑤ 参见邓广铭《关于周敦颐的师承和传授》，《邓广铭治史丛稿》，北京大学出版社，1997，第 211 页。

⑥ （宋）程颢、程颐：《二程集》，第 59 页。

⑦ 徐世昌等编《清儒学案》（八），沈盈芝、梁运华点校，中华书局，2008，第 7495～7496 页。

学"。其主要论点是"二程子终身不甚推濂溪，并未得与马、邵之列"，而其"证""据"则是所谓的"二吕之言"，后世学者则由于"皆未尝考及二吕之言以为证，则终无据"。①

清代冯云濠修补《宋元学案》时，将全祖望《学案札记》中所有的吕希哲及其孙吕本中之语补了出来："吕荥阳曰：二程初从濂溪游，后青出于蓝。吕紫薇曰：二程始从茂叔，后更自光大。"② 吕本中之语出自其所著《童蒙训》，原文为："二程始从周茂叔先生为穷理之学，后更自光大。"③ 考此处所引二吕之言，实则指出二程之于濂溪，"为穷理之学"且能够"青出于蓝""更自光大"，并没有否认二程与濂溪的师承关系，且可以理解成后来能够通过自立门户，"光大"师门之学。凡此皆无法得出全祖望上述结论。无怪乎钱穆批评："谓'青出于蓝'，谓'更自光大'，岂即不传其学之谓乎。此真所谓无知妄说也。"④

至于全祖望所谓"汪玉山亦云然"，《濂溪学案下·附录》引汪玉山与朱子之书："濂溪先生高明纯正，然谓二程受学，恐未能尽。"⑤ 汪玉山即汪应辰，"少从吕居仁、胡安国游"（《宋史·汪应辰传》），吕、胡俱是程门后学。汪应辰应该亦是从推尊程门的角度，认为二程之于周子只是"少年尝从学"，而不能言"受学"，甚至认为用"从游"都过重。

上引汪应辰语为《濂溪学案》节选自汪应辰致朱子之书，为更加全面地展示和分疏朱、汪围绕周程授受的讨论，兹根据顾宏义《朱熹师友门人往还书札汇编》的考证，将二人现存往还书信按先后顺序胪列于下，进行相应分析。

汪应辰致朱子的第一封信已佚，根据朱子的回信，可以大致推测朱汪辩论的起因，即朱熹在所作有关周、程的文章中，提到二程"受学"于周敦颐，汪应辰认为"受学"之语不妥，故致书商榷。

朱熹在《答汪尚书四》中说："'受学'之语见于吕与叔所记二先

---

① 参见（清）黄宗羲《宋元学案》，（清）全祖望补修，陈金生、梁运华点校，中华书局，1986，第480页。
② （清）黄宗羲：《宋元学案》，（清）全祖望补修，第520页。
③ （宋）吕本中：《童蒙训》卷上，明刻本。
④ 钱穆：《朱子新学案》第3册，九州出版社，2011，第59页。
⑤ （清）黄宗羲：《宋元学案》，（清）全祖望补修，第521页。

生语中，云'昔受学于周茂叔'，故据以为说。'从游'盖所尊敬而不为师弟子之辞，故范内翰之于二先生、胡文定之于三君子，熹皆用此字。"① 朱熹认为"受学"之语取自吕大临所记"二先生语"，今见《河南程氏遗书》卷二上："昔受学于周茂叔，每令寻颜子、仲尼乐处，所乐何事？"② 朱子认为"受学"与"从游"所指有别，前者强调实质性的师承关系，后者则是指"所尊敬而不为师弟子之辞"，故朱子对范祖禹之于二程，胡安国之于谢良佐、杨时、侯仲良，皆用"从游"，但对周程之间则必用"受学"一词。

汪应辰在《与朱元晦》中说："伊川于濂溪，若止云'少年尝从学'，则无害矣。康节之学，岂敢轻议，所以举和靖者，正欲明'从游'两字太重耳。"③ 根据此信可见，汪应辰应该是针对朱子所作关于伊川的文章中言伊川曾"受学"周子表示不妥，甚至对朱子所说的"从游"亦认为"太重"，而只肯用"少年尝从学"。今考《朱子文集》，《伊川先生年谱》中有伊川"受学"周子之语："年十四五与明道同受学于舂陵周茂叔先生。"④ 综合各项证据，汪应辰极有可能是针对《伊川先生年谱》此语，与朱子展开讨论。

朱熹在《答汪尚书五》中说："濂溪、河南授受之际，非末学所敢议。然以其迹论之，则来教为得其实矣，敢不承命而改焉。但《通书》《太极图》之属，更望暇日试一研味，恐或不能无补万分，然后有以知二先生之于夫子，非若孔子之于老聃、郯子、苌弘也。"⑤ 朱子虽然在信中说"敢不承命而改焉"，但现存《伊川先生年谱》"受学"之语并未改。且其后来所作《濂溪先生事实记》（1169，1179）、《黄州州学二程先生祠记》（1176）、《周子通书后记》（1187）、《戊申封事》（1188）中，仍然在使用"受学"之语。朱子以汪应辰所论为"迹"，则是暗示自己并不是从"迹"而是从"所以迹"的层面来确认周程之间的授受

---

① （宋）朱熹：《晦庵先生朱文公文集》卷三十，朱杰人、严佐之、刘永翔主编《朱子全书》（修订本）第21册，上海古籍出版社、安徽教育出版社，2010，第1302页。
② （宋）程颢、程颐：《二程集》，第16页。
③ 顾宏义编《朱熹师友门人往还书札汇编》第5册，上海古籍出版社，2017，第2594页。
④ 参见（宋）朱熹《晦庵先生朱文公文集》卷九十八，朱杰人、严佐之、刘永翔主编《朱子全书》（修订本）第25册，第4560页。
⑤ （宋）朱熹：《晦庵先生朱文公文集》卷三十，朱杰人、严佐之、刘永翔主编《朱子全书》（修订本）第21册，第1302～1303页。

关系。另外，朱子指出二程之于周子，不能类比于孔子之于老聃、郯子、苌弘，预示朱彝尊等人之说。

汪应辰在《与朱元晦》中说："濂溪先生高明纯正，然谓二程受学，恐未能尽。范文正公一见横渠，奇之，授以《中庸》，谓横渠学文正，则不可也，更乞裁酌。"[①] 汪应辰又以横渠之于范仲淹来类比程子之于濂溪，此即郑杲所谓"不废周子，而不欲奉为伊洛之统者"，[②] 这应该是当时程门之中的流行观点。

朱熹《与汪尚书六》为回复汪应辰关于"周程授受"之最后一封信，书曰："又蒙喻及二程之于濂溪，亦若横渠之于范文正耳。先觉相传之秘，非后学所能窥测。诵其诗，读其书，则周、范之造诣固殊，而程、张之契悟亦异。如曰仲尼、颜子所乐，吟风弄月以归，皆是当时口传心受的当亲切处。后来二先生举似后学，亦不将作第二义看。然则《行状》所谓'反求之六经，然后得之'者，特语夫功用之大全耳。至其入处，则自濂溪不可诬也。若横渠之于文正，则异于是。盖当时粗发其端而已。'受学'乃先生自言，此岂自诬者耶？"[③] 针对汪应辰上一封信的观点，即二程之于周子亦如张载之于范仲淹，朱子认为这一类比不合适，周敦颐在道学上的"造诣"非范仲淹可比，而二程与张载之于上述二先生之"契悟"亦不同。范仲淹之于张载，如手授《中庸》及"儒者自有名教可乐，何事于兵"之说，[④] 更多属于外在点拨，即所谓"粗发其端"，并无思想上的内在指引。周子对二程的点拨，实为"口传心受的当亲切处"，周子乃指导二程走上"学为圣人之道"的真正导师。"语夫功用之大全"，即谈到其后造道之深之大，程子固然"返求之六经，然后得之"，但"至其入处"，即思想上的领路人，舍濂溪无他。进而，朱子再次强调"受学"之语，乃"先生自言"，完全没有道理自欺欺人。这可能也是朱子后来并未像前一封信中所说的那样，要参酌汪应辰的意见"承命而改"，而是坚持用"受学"二字的原因。至此，朱子完成了从"迹"上厘清周程授受关系的工作，而转入从思想

---

① （宋）汪应辰：《与朱元晦》，顾宏义编《朱熹师友门人往还书札汇编》第5册，第2599页。
② 参见徐世昌等编《清儒学案》（八），第7496页。
③ （宋）朱熹：《晦庵先生朱文公文集》卷三十，朱杰人、严佐之、刘永翔主编《朱子全书》（修订本）第21册，第1305页。
④ 参见《张载集》，章锡琛点校，中华书局，1978，第385页。

上证成周程之间的思想传承。

二 "生平俱未尝一言道及"：
论《太极图》之来源

在从思想上证成周程道统授受关系之前，还需要面对一些"迹"上需要解决的问题。因为即便能够证实二程曾经得闻周子《通书》与《太极图》大义，甚至得周子"手授《太极图》"，但二程对周敦颐的态度，"终身不甚推"之，[①] 言必称"茂叔"，甚至有"穷禅客"之讥，[②] 这不免令人疑惑。[③] 因此，黄宗羲之子黄百家在《濂溪学案》最后的按语中，引用明代丰道生对此问题的一个尖锐的反对观点："二程之称胡安定，必曰胡先生，不敢曰翼。于周，一则曰茂叔，再则曰茂叔，虽有吟风弄月之游，实非事师也。至于《太极图》，两人生平俱未尝一言道及，盖明知为异端，莫之齿也。"[④] 丰道生从两方面否定周程之间的师承关系，一是相比胡瑗，二程对周子不够尊崇，即对周敦颐言必称"茂叔"，而对胡瑗则尊为"先生"；二是二程对《太极图》"生平俱未尝一言道及"。

对丰道生的第一条反对意见，正如有学者指出的，宋代以"字"称呼对方，乃是一种常见现象，并非不尊重。[⑤] 更值得重视的是第二条反对意见。丰道生根据二程"生平俱未尝一言道及"《太极图》的事实，推论二程并非未见此图，乃是由于"明知为异端"，故"莫之齿"。这种观点不仅否定了周程之间的师生关系，否定了周敦颐道学开山的地位，甚至将周敦颐划为"异端"。这种观点直接威胁到了朱熹建构的北宋道统谱系。丰道生的这一质疑在当时亦非孤明先发，比如钱穆在《朱子新学案》中提到，与丰道生同时期的明儒李谷平在《复湛甘泉书》中也因《伊川易传》对周敦颐的《太极图》"未尝一语及之"而

---

① （清）黄宗羲：《宋元学案》，（清）全祖望补修，第480页。
② 参见（宋）程颢、程颐《二程集》，第85页。
③ 参见（清）朱彝尊《太极图授受考》，《曝书亭集》，第678页。
④ 参见（清）黄宗羲《宋元学案》，（清）全祖望补修，第524页。
⑤ 参见周建刚《再论周程学统》，《求索》2017年第11期。

质疑朱子所建构的周程授受道统。①

丰道生所言其实直指《太极图》的来源问题，即到底是周子自作还是得自道家之传。如若此图确实是得自方外之传，即便后来由周子"手授二程"，也恰恰证明道学核心文献不纯正，甚至贻"外儒内道"之讥。朱子在构建道统谱系的过程中，必须面对和解决这一问题。在上引《答汪尚书六》之中，朱子曾提到关于蒲宗孟所作《周敦颐墓碣铭》内容有害的问题："《通书》之后，次序不伦，载蒲宗孟《碣铭》全文，为害又甚。"② 朱子认为将"蒲宗孟《碣铭》全文"载于《通书》之后，不仅"次序不伦"，且极为害道，故对其加以删削。观朱子删削之重点，即蒲文所论周子生平行事之"隐逸""逍遥"的内容，后者容易让人产生周子有道家出世气质或"道家倾向"，③这无疑会让人联想到《太极图》来源之不纯正。

关于《太极图》的来源问题，在当时就有诸多争议。朱子在《太极通书后序》（建安本）中对当时流行的不同说法做了总结："熹又尝读朱内翰震《进易说表》，谓此《图》之传，自陈抟、种放、穆修而来。而五峰胡公仁仲作《通书序》，又谓先生非止为种、穆之学者，'此特其学之一师耳，非其至者也。'"④ 朱震在《进周易表》中认为"敦颐作《通书》"，而《太极图》乃周子远有所承："修以《太极图》传周敦颐，敦颐传程颐、程颢。"⑤ 朱震的说法在当时很有代表性，也得到了广泛认同。胡宏就在其为《通书》所作"序"中采用了这一说法，⑥ 但同时指出，由种放、穆修所传之《太极图》乃周子"学之一师欤？非其至者"。⑦

具体而言，胡宏接受了《太极图》来自种放、穆修的观点，故认为其更偏道家而非儒家。首先，胡宏根据明道"昔受学于周茂叔"之语，断定周程之间有事实上的授受关系，即所谓的"周子启程氏兄弟

① 参见钱穆《朱子新学案》第 3 册，第 90 页。
② （宋）朱熹：《晦庵先生朱文公文集》卷三十，朱杰人、严佐之、刘永翔主编《朱子全书》（修订本）第 21 册，第 1306 页。
③ 参见（宋）蒲宗孟《周敦颐墓碣铭》，《周敦颐集》，中华书局，2009，第 94 页。
④ （宋）朱熹：《太极通书后序》（建安本），《周敦颐集》，第 45 页。
⑤ （宋）朱震：《进周易表》，《周敦颐集》，第 137 页。
⑥ 参见《胡宏集》，吴仁华点校，中华书局，1987，第 189 页。
⑦ 参见《胡宏集》，第 160 页。

以不传之妙，一回万古之光明"，"其功盖在孔、孟之间"。其次，又根据"道学之士皆谓程颢氏续孟子不传之学"，故反推出"周子岂特为种、穆之学而止者"，即周子所传应是正统的孔孟之学，而不是杂道家之学。最后，根据上述论断，即可以断定来源于种放、穆修的《太极图》只能是周子"学之一师，非其至者"。因此，胡宏与程门其他学者一样，并不重视《太极图》，而是将其作为《通书》之一章附于卷末。与之相反，他将《通书》的地位抬得很高，认为其"言包括至大，而圣门事业无穷矣"，甚至能够"度越诸子，直以《诗》、《书》、《易》、《春秋》、《语》、《孟》同流行乎天下"。① 即《通书》在义理和道统上的重要性使其不仅超出了集部甚至超出了子部范围，而径直越入经部范围。

朱子在《太极通书后序》（建安本）中对这两种观点进行了批评："夫以先生之学之妙，不出此《图》，以为得之于人，则决非种、穆所及；以为'非其至者'，则先生之学，又何以加于此《图》哉？是以尝疑之，及得《志》考之，然后知其果先生之所自作，而非有所受于人者。公盖皆未见此《志》而云耳。"② 朱子从文献和思想两方面批判了《太极图》乃来自种放、穆修以及周子"学之一师""非其至者"等观点。从文献上，朱子根据潘兴嗣的《周敦颐墓志铭》所云周子"作《太极图》、《易说》、《易通》数十篇"，判定《太极图》乃周子所自作。③ 从思想上，朱子认为周子"之学之妙，不出此《图》"，其学无以"加于此《图》"，证明其非种、穆所能及。同时，朱子根据《周敦颐墓志铭》所录周子著作顺序，将《太极图》置于《通书》之前："今特据潘《志》置《图》篇端，以为先生之精意，则可以通乎《书》之说矣。"④ 将《太极图》从《通书》卷末调至篇端，这一看似简单的文献位置的改变，实际上意味着朱子否定了在他之前程门诸公所编订的周子著作以《通书》为主、《太极图》为辅的文本格局，而使《太极图》凌驾于《通书》之上，并且在义理上处于主导和核心地位，所谓"先生之学之奥，其可以象告者，莫备于《太极》一图，若《通书》之言，

① 参见《胡宏集》，第160～162页。
② （宋）朱熹：《太极通书后序》（建安本），《周敦颐集》，第45页。
③ （宋）潘兴嗣：《周敦颐墓志铭》，《周敦颐集》，第91页。
④ （宋）朱熹：《太极通书后序》（建安本），《周敦颐集》，第44页。

盖皆所以发明其蕴，而《诚》、《动静》、《理性命》等章为尤著”。①

但朱子抬高《太极图》这一做法，在当时和后世都不乏异议者。朱子作《太极》《西铭》二解之后并未马上示人。但关于《太极图》性质的争论始终未曾平息，朱子在《题太极西铭解后》中忧心忡忡地指出“近见儒者多议两书之失”，② 尤其是陆九韶、陆九渊兄弟，对《太极图》是否为周子所作从文献与思想层面提出了疑问。

陆九韶原信已佚，根据陆九渊《与朱元晦》所引，可以概见陆九韶原信大意。陆九韶拈出《通书》之《理性命章》《动静章》与《太极图说》进行比较，发现《通书》不同于《太极图说》既言“太极”复言“无极”，这两章只言“太极”不言“无极”。由此陆九韶得出结论，《太极图说》或是“其学未成时所作”，或是“其所传”“他人之文”而非其所自作。③ 陆九韶的表达比较委婉，但其实对《太极图说》的性质提出了疑问。

陆九韶对《太极图说》之性质隐而未发的质疑，等到陆九渊与朱熹辩论时，全亮了出来。首先，陆九渊重提朱震、胡宏的观点，即《太极图》乃穆修所传，而穆修之传出于陈抟，“希夷之学，老氏之学也”。其次，陆九渊指出，不仅“‘无极’二字，出于《老子·知其雄章》”，且“无极而太极”之旨正与“老氏之宗旨”同。再次，陆九渊重述其兄观点，即《太极图说》言“无极”而《通书》“终篇未尝一及‘无极’字”，并进一步指出二程虽然言论极多，但“亦未尝一及‘无极’字”。最后，陆九渊得出与陆九韶相同的结论，即“假令其初实有是《图》，观其后来未尝一及‘无极’字，可见其道之进，而不自以为是也”。④

朱子在给陆九韶的回信中指出对方“从初便忽其言，不曾致思，只以自家所见道理为是，不知却元来未到他地位，而便以己见轻肆诋排

---

① （宋）朱熹：《再定太极通书后序》，《周敦颐集》，第46页。

② （宋）朱熹：《西铭解》，朱杰人、严佐之、刘永翔主编《朱子全书》（修订本）第13册，第147页。

③ 参见（宋）陆九渊《与朱元晦》，顾宏义编《朱熹师友门人往还书札汇编》第3册，第1831～1832页。

④ 参见（宋）陆九渊《与朱元晦》《与陶赞仲》，顾宏义编《朱熹师友门人往还书札汇编》第3册，第1812、1832页。

也"，^① 此即朱子所谓的"未尝通其文义而妄肆诋诃"。^② 其中值得注意的是关于"无极"之含义及关于"极"字的训释、理解问题。观朱熹答陆九韶之书可知，陆九韶专事攻击"无极"之语，而对"太极"之义并未过多发明。陆九渊则致力于反驳朱子对"无极""太极"的义理诠释。

陆九渊对朱子的反驳集中于两点。一是驳斥他"不言无极，则太极同于一物，而不足为万化之根"或"周先生恐学者错认太极别为一物，故著'无极'二字以发明之"之说，认为自《易大传》以来，并未言"无极"，而"未闻有错认太极为一物者"。二是批驳朱子以"无形而有理"来解"无极而太极"，指出"极"不可以"形"字释，而应训"中"。^③ 这两点反驳意见其实都围绕如何理解"无极"和"太极"。虽然朱子以"无形而有理"解"无极而太极"确实像陆九渊所指出的那样，有同字"异训"问题，但朱陆之间对"极"能否训"中"的争论，看起来却是一个理学家内部的理论差异问题，似乎并不是那么不可调和。或者说，这涉及两人对本体—工夫的不同理解，并不主要关乎对"太极"之本义的理解。

尽管朱陆都同意"太极"指"理"，不同的是，陆九渊认为这种看法似乎是自古固然、毋庸置疑的："自有《大传》至今几年？未闻有错认太极为一物者。"^④ 但以朱子对历代注疏之熟稔，故知此一理解并非天经地义。当时这种以"理"理解"太极"的思路也并不占优势，更别说达成广泛一致的意见了。

三　道统与道体：朱子论"周程授受"之内容

为证明周子与二程之间不仅有名义上的师承关系，而且二程受学周子乃得道统而传之，朱子除表示"程氏之书""皆祖述"《太极图说》并《通书》之"意"外，还特别提到三篇不仅"祖述其意"而且"并

① （宋）朱熹：《答陆子美》，顾宏义编《朱熹师友门人往还书札汇编》第3册，第1813页。
② （宋）朱熹：《西铭解》，朱杰人、严佐之、刘永翔主编《朱子全书》（修订本）第13册，第147页。
③ 参见（宋）陆九渊《与朱元晦》，顾宏义编《朱熹师友门人往还书札汇编》第3册，第1832～1833页。
④ （宋）朱熹：《答陆子美》，顾宏义编《朱熹师友门人往还书札汇编》第3册，第1832页。

其语而道之"的作品，即程颢所作《李仲通墓志铭》和《程邵公基志》以及程颐所作《颜子所好何学论》。

三篇文章中，《颜子所好何学论》最早，乃程颐早年游太学时所作，其文略曰：

> 颜子所独好者，何学也？学以至圣人之道也……学之道如何？曰：天地储精，得五行之秀者为人，其本也真而静，其未发也五性具焉，曰仁义礼智信。形既生矣，外物触其形而动于中矣。其中动而七情出焉，曰喜怒哀乐爱恶欲。情既炽而益荡，其性凿矣。是故觉者约其情始合于中，正其心，养其性，故曰性其情……凡学之道，正其心，养其性而已，中正而诚则圣矣。①

首先，"圣人可学而至"的思想本自《通书·圣学第二十》"圣可学乎"，而"学以至圣人之道"的说法是周子《太极图说》和《通书》中言及的。可见，二程兄弟都接受了周子"圣人可学而至"的思想，②并且所学乃"圣人之道"而非其事功。程颐在《明道先生行状》中叙述其兄的学问源流时指出："先生为学：自十五六时，闻汝南周茂叔论道，遂厌科举之业，慨然有求道之志。"③周子所论之道，明道所求之道，应是"寻孔颜乐处"而求"学以至圣人之道"。张载《经学理窟》有语录说："二程从十四岁时，便锐然欲学圣人。"④应即指其受学周敦颐之时。宋代新儒家重新揭橥"圣可学而至"的先秦儒家旧义，为中国思想界开辟了一个新天地。而周敦颐在《通书》中所说的"圣可学乎？曰：可。曰：有要乎？曰：有。请问焉。曰：一为要"就是这种思想最强有力的表达。因此，正如有学者指出的："周敦颐对二程的教导不是琐屑的知识性启蒙教育，而是从根本上提示出儒家之'道'就是成圣之道，而'成圣'则意味着对世俗功利追求的超越和本体精神生命的觉醒。"⑤

---

① （宋）程颢、程颐：《二程集》，第 577 页。
② 程颢所作《李仲通铭》中亦有"圣可学"的思想。
③ （宋）程颢、程颐：《二程集》，第 638 页。
④ 《张载集》，第 280 页。
⑤ 参见周建刚《再论周程学统》，《求索》2017 年第 11 期。

其次，其论五行、五性之内容，全本自周子《太极图说》。比较两段内容，伊川所论，不仅大意全本自《太极图说》，其中"精""五行""秀""真""静""发""五性""形既生矣"诸语，乃朱子所谓"并其语而道之"者。清儒陆世仪也说："至伊川，则《颜子所好何学论》'惟人得其秀而最灵'，皆周子《太极图》之言也。"① 伊川此论，乃其早年学问之总结，亦反映了其一生体系之大概规模。虽然其后思想有发展变化，但并不能否认其早年思想的形成曾受周子影响。伊川于太学从学于胡瑗之前，即受学于周子，二者思想之联系，历历可见，决非朱子捏造。故刘宗周以《颜子所好何学论》为"伊川得统于濂溪处"。②

所谓"程邵公志"即程颢为其次子邵公所作《程邵公墓志》，其末段言：

> 夫动静者阴阳之本，况五气交运，则益参差不齐矣。赋生之类，宜其杂揉者众，而精一者间或值焉。以其间值之难，则其数或不能长，亦宜矣。吾儿得气之精一而数之局者欤？天理然矣，吾何言哉！③

所谓"李仲通铭"即程颢为其友李敏之所作《李仲通墓志铭》，铭文曰：

> 二气交运兮，五行顺施；刚柔杂揉兮，美恶不齐；禀生之类兮，偏驳其宜；有钟粹美（一作纯粹）兮，会元之期。圣虽可学（一作学作）兮，所贵者资；便儇皎厉兮，去道远而，展矣仲通兮，赋材特奇；进复甚勇兮，其造可知。德何完兮命何亏？秀而不实圣所悲。④

这两段大意相同，都是讲述阴阳"二气"与金、木、水、火、土

---

① 徐世昌等编《清儒学案》（四），第187页。
② （清）黄宗羲：《宋元学案》，（清）全祖望补修，第644页。
③ （宋）程颢、程颐：《二程集》，第495页。
④ （宋）程颢、程颐：《二程集》，第499页。

"五行"通过"交运""杂揉""顺施"而生成"美恶不齐"或"参差不齐"之万物。这两处所讲的气化论思想如果说上有所承的话，那只能是来自《太极图说》，因其与《太极图说》的措辞和思理相当一致。

由于周子之作乃是发明大义的体系性著作，故所讲更加完备周详；而程颢所作乃是墓志铭这种应用性文章，故更加侧重讲二气五行"杂揉"所导致的人资质的"美恶不齐"。但程颢气化论的核心表述如"动静者阴阳之本"显然是对《太极图说》"太极动而生阳，动极而静，静而生阴。静极复动。一动一静，互为其根"的简写。"五气交运""二气交运""五行顺施"这类表达则直接脱胎于《太极图说》中的"五气顺布""二气交感"之语。

李存山指出，"这三篇都只是节取了《太极图说》中'二五之精'以下的意思，而不讲'无极而太极……分阴分阳，两仪（天地）立焉'"。首先，"《颜子所好何学论》从'天地储精'讲起，实已显露出二程之学的一个特点，即他们认为'学之道'就在既成的天地万物和人的现实世界中，这个世界虽然有'本'，但无须'穷高极远'地探讨天地之先的问题"。其次，《程邵公墓志》言"动静者阴阳之本"，"显然也是要回避'无极'和'太极'之说"。再次，《李仲通墓志铭》也"只言'二气'、'五行'，而不言'无极'、'太极'以及'生两仪'"。因此，李存山认为，朱熹所说"程氏之书亦皆祖述其意"，实际上"只是'祖述'了《太极图说》的'二五之精'以下的内容，而起始的'无极而太极'至'两仪立焉'，却是二程所要回避的。这当是二程不传《太极图说》的一个重要原因"。[①] 李存山教授的这一观察无疑是到位的，提供了一个观照周、程之间理论差异的极好视角。

这说明，二程对周子《太极图说》的理论体系谙熟于心，但由于理论兴趣有别，故不从"无极而太极"讲起，而是只讲"立人极"以后之事。二程可能是担心对宇宙论的兴趣过浓，会导致"穷高极远，恐于道无补"。[②] 朱子说周敦颐的《太极图说》乃"不得已而作"，此"不得已"即所谓"道体"幽微难言而又不得不言。其实，二程之所以不传《太极图说》，并非弟子中"未有能受之者"，其根本原因还在于

---

① 参见李存山《〈太极图说〉与朱子理学》，《中共宁波市委党校学报》2016年第1期。
② （宋）程颢、程颐：《二程集》，第15页。

二程主张"先识仁……识得此理，以诚敬存之而已"，若讲"天道"则从"天地设位"或"天地储精"讲起就可以了，而不必"穷高极远"讲"无极而太极……分阴分阳，两仪立焉"。①

虽然二程与周子在理论旨趣上有较大差异，但从思想传承角度，周子与二程之间的师承关系应该还是明显的。《朱子语类》中有两条可资进一步参详：

> 汪端明尝言二程之学，非全资于周先生者。盖《通书》人多忽略，不曾考究。今观《通书》，皆是发明《太极》。书虽不多，而统纪已尽。二程盖得其传，但二程之业广耳。
>
> 又问："明道之学，后来固别。但其本自濂溪发之，只是此理推广之耳。但不如后来程门授业之多。"曰："当时既未有人知，无人往复，只得如此。"②

朱子非不知程氏之学"后来固别"，且由于"二程之业广"、"程门授业""多"，故程门诸贤为推尊师门，往往忽其师所自出。但朱子认为，无论如何，周子"书虽不多，而统纪已尽"，而"二程盖得其传"，即"其本则自濂溪发之，只是此理推广之耳"，不仅《通书》"皆是发明《太极》"，即使二程后来之所成就，也不过是《太极》中所蕴之理的进一步"推广"。

四　道体与工夫：朱子论周、程哲学旨趣之异同

即便朱子从文献与思想上证明了《太极图》乃周子所自作，并非像丰道生所说的那样"为异端"、二程"莫之齿"。③但丰道生所提到的二程对《太极图》"生平俱未尝一言道及"的事实，却不容反驳。假如确如朱子所说，周子之学之"奥""妙""具于《太极》一图"或"不出此《图》"，④乃道统之所在，后以之"手授二程"，且后来"程氏兄

---

① 参见李存山《〈太极图说〉与朱子理学》，《中共宁波市委党校学报》2016年第1期。
② （宋）黎靖德编《朱子语类》卷九十三，王星贤点校，中华书局，1986，第2357、2358页。
③ （清）黄宗羲：《宋元学案》，（清）全祖望补修，第524页。
④ （宋）朱熹：《太极通书后序》《再定太极通书后序》，《周敦颐集》，第44、46页。

弟语及性命之际，亦未尝不因其说"，① 为何二程始终未曾提及？② 是故意隐瞒自己的思想来源还是有其他考虑？

实际上，不仅是道学外部有人对此提出疑问，即便是道学内部也有人质疑。朱子好友张栻即在朱子作《太极图说解》表彰周子之时，提请朱子注意二程未尝言及《太极图》这一事实。朱子也未回避这一问题，而是特意在其所作《太极图说解》"后记"中提到了这一问题。张栻的质疑针对朱子《太极图说解》最后一段总结性话语：

> 《易》之为书，广大悉备，然语其至极，则此图尽之。其指岂不深哉！抑尝闻之，程子昆弟之学于周子也，周子手是图以授之。程子之言性与天道，多出于此。然卒未明以此图示人，是则必有微意焉。学者亦不可以不知也。③

朱子此处"周子手是图以授之"之言乃根据祁宽所作《通书后跋》"或云：《图》乃手授二程"之语。④ 但在朱子所编《二程遗书》《外书》中，没有任何关于此图的讨论，故朱子亦不得不承认二程"卒未明以此图示人"。但朱子不会接受二程乃是因此图为异端故未尝言及，而且认为二程"必有微意"。张栻对朱子观点固然是倾向于同情之了解甚至接受的，但依然要追问，即便如朱子所说，二程乃"必有微意"，但这"微意"到底是指什么？张栻提出的这一问题，实际上是朱子及整个"道学诸儒"在确立周子的"道学宗主"⑤ 地位、拔高周子《太极图》之时不得不面对和解决的。

朱子对这一问题自然不敢怠慢，在《太极图说解·后记》中仔细分析回应了这一问题。首先，朱子指出，程子之"未明以此图示人"，乃是因"疑其未有能受之者"。其次，朱子通过二程对张载《正蒙》之不满，推知二程对那种热衷于构造宇宙本体论的理论活动，同情其动

---

① （宋）朱熹：《太极通书后序》，《周敦颐集》，第 44 页。
② 其实不仅《太极图》，《易说》《易通》或《通书》，二程生平也未尝道及。
③ （宋）朱熹：《太极图说解》，《周敦颐集》，第 8 页。
④ （宋）祁宽：《通书后跋》，《周敦颐集》，第 119 页。
⑤ "道学宗主"语出《南轩语录》，参见（清）董榕辑《周子全书》卷十八，上海商务印书馆，1937，第 355～356 页。

机，但不赞成其方式。所谓"《东见录》中论横渠'清虚一大'之说，使人向别处走，不若且只道敬，则其意亦可见矣"，即《河南程氏遗书》所载："横渠教人，本只是谓世学胶固，故说一个清虚一大，只图得人稍损得没去就道理来，然而人又更别处走。今日且只道敬。"① 《朱子语类》亦载："二程不言太极者，用刘绚记程言，清虚一大，恐人别处走。今只说敬，意只在所由只一理也。一理者，言'仁义中正而主静'。"② "所由只一理"亦见于《河南程氏遗书》："二气五行刚柔万殊，圣人所由惟一理，人须要复其初。"③ 观程子之意，未尝不知"二气五行刚柔万殊"之理，但此非其理论关心所在，"圣人所由惟一理"，此理即其"自家体贴出来"的"天理"，④ 朱子认为程子所言此"一理"相当于《太极图说》所云"仁义中正而主静"。只不过程子担心言"静"易使学者有喜静厌动之弊，或以为"虚静"流于释老，故"且只道敬"。⑤ 而不管是"诚"还是"敬"皆是指向那唯一的"天理"："如天理底意思，诚只是诚此者也，敬只是敬此者也，非是别有一个诚，更有一个敬也。"⑥

二程对横渠《正蒙》中的"清虚一大"之说屡有批评之言，但对《西铭》却推重备至，如吕大临录明道之语曰："《订顽》一篇，意即完备，乃仁之体也。学者其体此意，令有诸己，其地位已高。到此地位，自别有见处，不可穷高极远，恐于道无补。"⑦ 观二程对于《西铭》之推重，相比讲明"性与天道"，二程更加重视学者日用工夫，即朱子所谓：

　　若《西铭》则推人以之天，即近以明远，于学者日用最为亲切，非若此书详于性命之原，而略于进为之目，有不可以骤而语者也。孔子雅言《诗》、《书》、执礼，而于《易》则鲜及焉。其意亦

① （宋）程颢、程颐：《二程集》，第34页。
② （宋）黎靖德编《朱子语类》卷九十三，第2358页。
③ （宋）程颢、程颐：《二程集》，第83页。
④ （宋）程颢、程颐：《二程集》，第424页。
⑤ （宋）程颢、程颐：《二程集》，第34页。
⑥ （宋）程颢、程颐：《二程集》，第31页。
⑦ （宋）程颢、程颐：《二程集》，第15页。

犹此耳。①

在朱子看来，二程之所以独重《西铭》而不及《正蒙》《太极图》，乃因后两书都有"详于性命之原，而略于进为之目"的弊病，故于学者"有不可以骤而语者"，即并不适合学者日用遵行。

这也是为何朱子编辑《近思录》认为首卷论"道体"非始学之事，并不适合学者先行寓目，故称其"难看"。②朱子敦促吕祖谦"做数语以载于后"，讲明此中道理，此即吕祖谦所作"序"：

> 或疑首卷阴阳变化性命之说，大抵非始学者之事。祖谦窃尝与闻次缉之意：后出晚近，于义理之本原未容骤语，苟茫然不识其梗概，则亦何所底止？列之篇端，特使之知其名义，有所向望而已。至于余卷所载讲学之方、日用躬行之实，具有科级。循是而进，自卑升高，自近及远，庶几不失纂集之指。若乃厌卑近而骛高远，躐等陵节，流于空虚，迄无所依据，则岂所谓"近思"者也。③

吕祖谦此言，与朱子所谓"既未能默识于言意之表，则驰心空妙，入耳出口，其弊必有不胜言者"④以及明道所言"不可穷高极远，恐于道无补"⑤，其意大同，都是从学者做工夫的角度，提醒学者要下学上达，不可躐等。

五　程朱异趣：朱子的气化天道论与道统建构

朱子对"周程授受"的重构，是基于建构道统的立场而进行的哲学义理上的诠释和重构。二程与周、张、邵在理论兴趣方面侧重点确实

---

① （宋）朱熹：《太极图说解·后记》，朱杰人、严佐之、刘永翔主编《朱子全书》（修订本）第13册，第79页。
② （宋）黎靖德编《朱子语类》卷一百零五，第2629页。
③ （宋）吕祖谦：《近思录·后序》，陈荣捷：《近思录详注集评》，华东师范大学出版社，2007，第329页。
④ （宋）朱熹：《太极图说解·后记》，朱杰人、严佐之、刘永翔主编《朱子全书》（修订本）第13册，第79页。
⑤ （宋）程颢、程颐：《二程集》，第15页。

有所不同。周、程之间的异趣也是显然的。简言之，周子乃是《周易》《中庸》之学，重视"客观地自本体宇宙论面言道体"，① 二程则是《论语》《孟子》之学，相比之下更重视主观地自心体、性体而言工夫，即钱穆所说的二程"多就人上说"。② 相较而言，前者重宇宙本体、重天道，后者重心性工夫、重人道。观二程之讥横渠"清虚一大"，以及对邵雍象数易学之不屑，可见二程确实对那种纵论"天地万物之理"至于"六合之外"的天道宇宙论倾向并不感兴趣，甚至有些排斥。

与二程不同，朱子则对宇宙论有浓厚的兴趣。通过程、朱对邵雍的不同评价，可略窥程朱之间对本体宇宙论的异趣。邵伯温作《易学辨惑》记邵雍事曰："伊川同朱光庭公揽访先君，先君留之饮酒。因以论道。伊川指面前食卓曰：'此卓安在地上，不知天地安在甚处？'先君为极论天地万物之理，以及六合之外。伊川叹曰：'平生惟见周茂叔论至此。'"③《朱子语类》中朱子对此有所讨论：

> 论阴阳五行，曰："康节说得法密，横渠说得理透。邵伯温载伊川言曰：'向惟见周茂叔语及此，然不及先生之有条理也。'钦夫以为伊川未必有此语，盖伯温妄载。某则以为此语恐诚有之。"④

朱子认为周、邵、张所言皆"阴阳五行"之事，或曰"天地万物之理"。张栻则反对朱子此说，认为此乃邵伯温为推尊其父而"妄载"此语。朱子对张栻的反对意见颇不以为然。《朱子语类》又讨论此事：

> 古今历家，只是推得个阴阳消长界分尔，如何得似康节说得那"天依地，地附天，天地自相依附，天依形，地附气"底几句？向尝以此数语附于《通书》之后。钦夫见之，殊不以为然，曰："恐说得未是。"某云："如此，则试别说几句来看。"⑤

---

① 牟宗三：《心体与性体》第 1 册，台北：正中书局，1968，第 410 页。
② 钱穆：《朱子新学案》第 3 册，第 78 页。
③ 参见《周敦颐集》，第 82 页。
④ （宋）黎靖德编《朱子语类》卷一，第 10 页。
⑤ （宋）黎靖德编《朱子语类》卷一百，第 2548 页。

其中朱子所引邵雍语"天依地，地附天，天地自相依附，天依形，地附气"今载邵雍所作《渔樵问对》，① 似正与伊川"天地安在甚处"之问，成一问答关系。故朱子亦认为"当时所言，不过如此"。而朱子认为邵雍此语比古今历家所推"阴阳消长界分"之语要高明，并欲将其附于《通书》之后，其认为周、邵所论正同，但此为张栻所不许。今存南宋《元公周先生濂溪集》将邵伯温所记收入《遗事》，并加按语：

> 此康节之子伯温所记，但云"极论"，而不言其所论云何。今按：康节之书，有曰："天何依？曰：依乎地。曰：地何附？曰：附乎天。曰：天地何所依附？曰：自相依附。天依形，地附气，其形也有涯，其气也无涯。"窃恐当时康节所论与伊川所闻于周先生者，亦当如此，因附见之云。②

此应即朱子或其后学依朱子之用意所附。可见朱子最终还是不顾张栻的反对，将邵伯温此语收入《遗事》之中，并将《渔樵问对》中相关的话注于其下。这可以看出，不同于张栻及二程，朱子颇为重视周、邵这种对"六合之外""天地万物之理"的言说。因此，不同于程子那种"不知天地如何说内外"的搁置态度，③ 朱子从"理"与"形"两个方面来理解"六合是否有内外"的问题："问：'康节论六合之外，恐无外否？'曰：'理无内外，六合之形须有内外。'"④ 而面对蔡季通所问为何"康节所理会，伊川亦不理会"，朱子回答道："便是伊川不肯理会这般所在。"⑤ 也就是说，朱子未始没有意识到程子的理论旨趣与周、邵、张诸人的不同，并且朱子对程子亦有所不满。

在朱子看来，"康节是他见得一个盛衰消长之理"，"自有《易》以来，只有康节说一个物事如此齐整"，故其能尽事物之变，"传得数甚

---

① 《邵雍集》，郭彧整理，中华书局，2010，第552页。
② 《周敦颐集》，梁绍辉、徐苏铭点校，岳麓书社，2007，第139页。
③ （宋）程颢、程颐：《二程集》，第35页。
④ （宋）黎靖德编《朱子语类》卷一，王星贤点校，中华书局，1986，第7页。
⑤ （宋）黎靖德编《朱子语类》卷一百零一，第2558页。

佳"，甚至说"某看康节《易》了，都看别人底不得"。朱子固然承认伊川之学"于大体上莹彻"，但认为其"于小小节目上犹有疏处"，如其对康节所传之象数易学"甚不把当事"，乃至于"轻之不问"。故其所作"《伊川易传》亦有未尽处"，如"天地必有倚靠处，如《复卦》先动而后顺，《豫卦》先顺而后动，故其《象辞》极严。似此处，却闲过了"。① 即程子对"阴阳五行""天地万物之理，以及六合之外"等宇宙论或天道论、气化论的问题不够关心。

相比之下，朱子的思想体系更加宏阔，从天道到人道，从宇宙论到伦理学，无所不涉。身处南宋的朱子站在一个重构道统的立场上，力图将周、程乃至"北宋五子"尽量捏合进一个一以贯之的道统谱系中，并将其理论包括在一个圆融无碍的体系中。唐君毅指出："朱子之学，原兼综周张之缘天道以立人道之义，及二程之由性理以一贯天人之义，此即朱子之学之所以为大。朱子之所以能兼综此二义，亦即因为在理论上，此二义之原有可会通之处。"② "缘天道以立人道"与"由性理以一贯天人"固然在理论上"可会通"，但要像朱子那样把两种不同的理论倾向纳入一个一贯的系统中，也必然要求大同略小异。但站在周、程各自的学术立场上审视，此两种理论的侧重点之不同却无法忽视。

故二程之所以不言及《太极图》恐怕并不仅如朱子所说，担心学者"驰心空妙，入耳出口，其弊有不可胜言者"，③ 也并非由于"未有能受之者"，实则是因其理论重心并不在此。这完全可能是其不讲《太极图》以及与之相关的天道论、气化论的更为深层的原因。

结　语

唐君毅指出："朱子必谓周子尝以此《图》授二程，二程又虑言之

---

① 参见（宋）黎靖德编《朱子语类》卷一百、卷六十七，第1653、2542、2545、2546页。
② 唐君毅：《中国哲学原论·导论篇》（全集校订版），台北：学生书局，2004，第421页。
③ （宋）朱熹：《太极图说解·后记》，朱杰人、严佐之、刘永翔主编《朱子全书》（修订本）第13册，第79页。

弊而不言，则此纯为一历史事实之问题，而朱子于此，则惟以推想出之。"并且举例"朱子平生喜论《太极图说》"，王白田《朱子年谱》记载其"临终前数日，犹与学生讲《太极图说》，未尝虑言之有弊而不言"，故唐君毅反诘道："则又焉知程子必为虑言之有弊，方不言乎？"①按唐氏此说不能无病。根据上文的研究，朱子认为"二程又虑言之有弊而不言"，并非完全出于无根据的"推想"，而是基于其对二程思想倾向的把握。相比周子，二程确实更加重视学者的下学工夫，而对宇宙本体的探讨则不甚措意。另外，朱子喜论《太极图说》而不担心言之有弊，并不能反推程子亦不担心言之有弊而不言，则因程、朱对道体与工夫及其关系的理解并不全同，或者说程朱之间理论上的异趣导致了其对周子及其《太极图说》的不同态度。

朱子认为，周子所处的是一个"天理不明而人欲炽，道学不传而异端起"的时代，"秦汉以来，道不明于天下，而士不知所以学"，导致当时普遍产生了天人、本末的割裂、颠倒，周子的功绩即在于"阐夫太极阴阳五行之奥，而天下之为中正仁义者，得以知其所自来"，即重新阐明了人道根源于天道的道理，将久已割裂的天人重新绾合而为一，使久已晦暗的天理复明于天下。②朱子又指出，《通书》"大抵推一理二气五行之分合，以纪纲道体之精微，决道义文辞禄利之取舍，以振起俗学之卑陋"，意即明"道体之精微"乃所以"振起俗学之卑陋"。③因此，朱子呼吁学者："诸君独不观诸濂溪之《图》与其《书》乎！……其大指，则不过语诸学者讲学致思，以穷天地万物之理而胜其私以复焉。"④正足以看出朱子所谓的"切己"，乃是贯通天人、打通本体与工夫、下学上达意义上的切己。朱子之重濂溪与二程以及张、邵，正足以见出其致思之"致广大而尽精微"，既无"穷高极远"之弊，又能"振起俗学之卑陋"。

① 唐君毅：《中国哲学原论·导论篇》（全集校订版），第421页。
② 参见（宋）朱熹《韶州州学濂溪先生祠记》，《晦庵先生朱文公文集》卷七十九，朱杰人、严佐之、刘永翔主编《朱子全书》（修订本）第24册，第3768页。
③ 参见（宋）朱熹《周子通书后记》，《晦庵先生朱文公文集》卷八十一，朱杰人、严佐之、刘永翔主编《朱子全书》（修订本）第24册，第3857页。
④ （宋）朱熹：《晦庵先生朱文公文集》卷七十九，朱杰人、严佐之、刘永翔主编《朱子全书》（修订本）第24册，第3760~3761页。

综上所述，朱子对"周程授受"的建构，既出于重建道统的努力，亦基于其对道体—工夫的诠释和理解。周程的师承关系，不仅是一个历史事实问题，更是一个道统赓续问题，是对道体与工夫之关系的理解不断深化的过程，或者说是天理—道体自身展开的过程。

（责任编辑：张恒）

思位之间：论张居正对阳明心学的事功化改造及其挫折*

单虹泽**

摘 要 从历史上看，明代严峻的政治生态使众多士人回避政事，而阳明也经龙场贬谪开始自觉疏离事功，并将现实政治无法承载的"道"贯注于心性修养与讲学事业之中。由此，阳明心学呈现某种"思"与"位"的内在紧张，逐渐形成空谈心性、不切实际之风。张居正有鉴于阳明学的发展势头及其空疏之弊，欲从思想与实践两个角度对心学进行事功化改造，主张学为政用、毋事空谈。不过，张居正并未意识到自己与阳明学派在政治取向上的分歧，以致改造之事徒劳无功，既未能解决阳明学中"思"与"位"的张力，又促使王门学者进一步退守自保，导致事功难以落到实处。

关键词 张居正 阳明心学 政治思想 事功

晚近以来，在阳明学的研究领域，学界逐渐形成某种思维定式，即认为阳明学的整体精神偏重心性修养而疏略事功实践。在这种思维定式的影响下，作为哲学形态的阳明学首先被视作心性之学，以往研究也多关注阳明以良知构建儒家道德伦理学说的心性之维，而较少注意其政治哲学内涵。另有一些学者尝试对这种研究趋向提出疑问，并指出阳明学

* 本文得到南开大学中央高校基本科研业务费专项资金项目"明代商品经济对心学发展的影响研究"（63202060）的支持。

** 单虹泽，南开大学哲学院讲师，主要研究方向为儒家哲学、比较哲学。

在安顿个体身心性命之外，未尝忽视事功实践。比如邓艾民认为，阳明在事功方面的特殊成就远超传说中经过美化的尧舜等古代圣贤。[①] 徐梵澄更认为"王阳明未尝修史，却是以其事功创造历史"。[②] 这些研究关注到了阳明本人的政治事业，却未能回应何以阳明学的事功思想较之心性学说薄弱的根本性问题。所以，当前研究亟须探讨阳明学在政治领域未能充分展开的原因以及诸因素间的逻辑关系。

关于这样一种成因的追溯研究，学界一般会采取两种方法。其一是从哲学观念出发，对阳明及其后学的思想进行逻辑重构，最终表明阳明学在事功方面的欠缺是因其过于重视对本心的体悟。其二是将阳明学作为一种社会思潮，讨论社会政治结构与这一思潮之间的互动关系，重在从思想史的内在理路揭示某一学派或社会事件塑造了阳明学规避事功的学术性格。相比之下，第一种研究路径的成果较多，也更为成熟，不过其更多用于追溯阳明学事功薄弱的内因方面，而在外因的解释上略有不足。

实际上，阳明学在中晚明的形成过程中，受到过多股外在势力的推动或阻挠，而万历朝首辅张居正即为其中一例。熊十力认为，张居正深契于阳明学之精神："江陵才高气盛，虽未自承得力阳明，然识者则知其为善学阳明者也，……其从入处虽不背孟子、阳明，然只识得心体虚明，犹未彻在。"[③] 此说虽有商榷之处，却明确指出了张居正与阳明学派的理论联系。明代严峻的政治生态使阳明及其门人自觉疏离现实政治，张居正有见于阳明学在实践领域的空疏，欲以事功思想对其进行改造，不过，这样的一种改造不仅未能解决阳明学中"思"与"位"的内在张力，反而进一步促使阳明学者以心性修养代替政治实践，难以将事功落到实处。

一 明代政治生态与阳明心学对事功的自觉疏离

钱穆指出，尽管明代渐启现代中国社会之格局，但就政治制度来

---

① 邓艾民：《朱熹王守仁哲学研究》，华东师范大学出版社，1989，第 111 页。
② 徐梵澄：《陆王学述——一系精神哲学》，上海远东出版社，1994，第 76 页。
③ 熊十力：《韩非子评论 与友人论张江陵》，上海古籍出版社，2018，第 115 页。

讲，这一阶段较之前代严重退步。[①] 明太祖起于草莽，其虽深知天下不能全然脱离士人而治，却绝不承认士人的政治主体地位，更不接受儒家学说对君权的制约。太祖尝命儒臣修《孟子节文》，删削"君轻""寇仇"诸条，打压借圣贤言论抗衡君权的儒士。不惟如此，太祖还用严刑峻法摧折士人以立君威，史载："太祖开国之初……凡三《诰》所列凌迟、枭示、种诛者，无虑千百，弃市以下万数。"[②] 一些儒臣直言上谏，同样未能免于刑罚。洪武九年，平遥训导叶伯巨上书云："古之为士者，以登仕为荣，以罢职为辱。今之为士者，以溷迹无闻为福，以受玷不录为幸，以屯田工役为必获之罪，以鞭笞捶楚为寻常之辱。……洎乎居官，一有差跌，苟免诛戮，则必在屯田工役之科。"[③] 谏书既上，"帝大怒……下刑部狱，死狱中"。[④] 历史地看，两宋儒臣的进言途径显然更为畅通，"宋代朝野风气相对开放，士人意识到对于国家社会的责任，亦追求清誉，当时'虽庸庸琐琐之流，亦为挺挺敢言之气'"，而宋代帝王为防范来自"在位者"之壅蔽，甚至鼓励士人间的清议评骘。[⑤] 相比之下，明儒所处的政治环境要严峻得多，其实难如宋儒那样以政治主体的身份承担对国家社会的责任。太祖对儒臣的蔑视态度给有明一朝的君臣关系奠定了基调，皇帝"大怒"并致廷臣于死地的情形屡见不鲜，以至"戾气""嗔杀"成为明代政治文化的重要品格。总之，这种政治生态导致绝大多数明儒力求自保，专注心性义理辨析而回避议政，如黄宗羲所言"尝谓有明文章事功，皆不及前代，独于理学，前代之所不及也。牛毛茧丝，无不辨析，真能发先儒之所未发"。[⑥] 以往学者引述黄宗羲此语甚多，但只有将这句话置于明代政治文化的框架之中，才能呈现更深层的历史意义：明代理学诸儒在事功一面不是"不为"，而是受制于险峻政治生态的"不能"。

及至成祖一朝，君臣关系的紧张并未得到实质性的缓和，只是以更

---

① 钱穆：《中国历代政治得失》，九州出版社，2012，第 102 页。
② （清）张廷玉等：《明史》第 8 册，中华书局，1974，第 2318 页。
③ （清）张廷玉等：《明史》第 13 册，第 3991～3992 页。
④ （清）张廷玉等：《明史》第 13 册，第 3995 页。
⑤ 邓小南：《信息渠道的通塞：从宋代"言路"看制度文化》，《中国社会科学》2019 年第 1 期。
⑥ （清）黄宗羲：《明儒学案》（一），沈善洪主编《黄宗羲全集》第 7 册，浙江古籍出版社，2005，第 5 页。

为隐匿的形式潜藏在官方对意识形态的控制之下。相比于太祖，成祖摆出重道尊儒的姿态，其在永乐元年诏曰："惟欲兴礼乐，举贤才，施仁政，以忠厚为治。"① 但成祖的真实目的是招揽儒臣编撰《四书大全》《五经大全》《性理大全》，以此加强国家意识形态对士人群体的控制。这三部"大全"为朱子学的集成，其注疏传释基本未出朱学范围，奠定了以程朱理学为本的政治文化方略。朱子学原本只是对个体身心性命有所规定，旨在以普遍意义的"天理"对个人情欲层面形成约束，解决人的感性欲求与道德理性之间的冲突，使人实现自身的道德价值。但是正如学者所言，"一个社会，如果由理学这样一种仅仅着眼于社会稳定的道德哲学处于绝对统治地位，必然对社会发展的内在动力发生抑制作用"。② 例如朱子学的"主敬"观念本义为使身心常处敬畏之状，至明代其内涵竟被延伸为对某一具体对象的恐惧。这主要体现为士人战兢于皇权威严，不敢有所作为，如薛瑄总结官场经验说："英气太露，最害事。"③ 由此，成祖借助理学成功打压了士人的"异见"与"异议"，而深受理学浸染的儒者反而被作为官方统治思想的理学所约束，"自是而后，经义试士，奉此为则，不惟古注疏尽废，即宋儒之书，学者亦不必寓目矣"。④ 尽管参与编撰三部"大全"的胡广盛赞成祖"待儒臣，进退之际，恩礼俱至，儒道光荣多矣"，但绝大多数士人仍对庙堂心存芥蒂，如理学大儒吴与弼被征至京，坚不受官而归，人问其故，曰："欲保性命而已。"⑤ 这表明一些儒者已经开始有了疏离政治事功的自觉，而后胡居仁、陈献章等人绝意科第，切断个人与权力世界的关联，也可视为对当时士人窘境的抗争。

立足上述背景，我们能够更全面而深入地理解阳明学派疏离政治实践的原因。不过，对阳明学派而言，还有着更为复杂的原因致使其远离事功，这与王阳明本人的人生经历密切相关。实际上，阳明早年非但不拒斥事功，反而对个人承担政治使命充满着真诚的信念。早在少年时期，阳明即坚定地认为儒者应以"成圣"为"第一等事"。以往研究多

① （明）谈迁：《国榷》，中华书局，1988，第911页。
② 陈来：《朱子哲学研究》，华东师范大学出版社，2000，第262页。
③ （清）黄宗羲：《明儒学案》（一），沈善洪主编《黄宗羲全集》第7册，第120页。
④ 马宗霍：《中国经学史》，上海书店，1984，第133页。
⑤ （清）黄宗羲：《明儒学案》（一），沈善洪主编《黄宗羲全集》第7册，第5页。

借此事探讨阳明的道德理想，但忽视了"成圣"中包含的政治责任。其实，阳明在肯定"成圣"的同时，也否定了时儒"读书登第"的进路，这种对现实的反抗表明阳明不愿随顺俗流，而是要在现实中有所作为。而后数年的经历体现了阳明的政治关怀："（十五岁）出游居庸三关，即慨然有经略四方之志"，[①]"（二十六岁）留情武事，凡兵家秘书，莫不精究"，[②]"（二十八岁）钦差督造威宁伯王越坟，驭役夫以什伍法，休食以时，暇即驱演'八阵图'。……时有星变，朝廷下诏求言，及闻达寇猖獗，先生复命上《边务八事》，言极剀切"。[③] 可见，在这一时期，阳明尚有以天下为己任的政治关怀，期待自己能够在事功领域有所建树。

阳明的政治理想破灭于开罪刘瑾及贬谪龙场这一事件。研究多表明，以这一事件为分水岭，阳明正式转入对儒家思想的发明，使"第一等事"的沉思达到了新的境界。[④] 这种哲学视域的转换离不开阳明对仕途挫折的反思。现有研究对"龙场悟道"所悟之内容意见纷纭，学者多从形上之维考察阳明对格物说的全新理解，而较少关注所谓"吾性自足"在政治文化背景下的义旨。在写于此时的《五经臆说》中，阳明对遁卦做出了新的解释，表达了退出权力世界的意向。"遁"为退避、隐退之义。《周易正义》曰："遁者，隐退逃避之名。阴长之卦，小人方用，君子日消。君子当此之时，若不隐遁避世，即受其害。"[⑤] 可知遁卦之义深契于阳明彼时之心境。阳明解此卦曰："君子虽已知其可遁之时，然势尚可为，则又未忍决然舍去，而必于遁，且欲与时消息，尽力匡扶，以行其道。则虽当遁之时，而亦有可亨之道也。虽有可亨之道，然终从阴长之时，小人之朋日渐以盛。……夫当遁之时，道在于遁，则遁其身以亨其道。道犹可亨，则亨其遁以行于时。非时中之圣，与时消息者，不能与于此也。"[⑥] 阳明的意思很明显，他决定退出政治中心以保全其身。这样的一种退出不是放弃儒者的政治责任，而是

---

① 《王阳明全集》，吴光等编校，上海古籍出版社，2011，第1347页。
② 《王阳明全集》，第1349页。
③ 《王阳明全集》，第1350页。
④ 杨国荣：《心学之思——王阳明哲学的阐释》，中国人民大学出版社，2009，第26~27页。
⑤ （魏）王弼、（晋）韩康伯注，（唐）孔颖达疏《周易正义》，《十三经注疏》，中华书局，1980，第48页。
⑥ 《王阳明全集》，第1079页。

退守到以精神磨炼为要旨的内心世界。也就是说，阳明将"道"抽离出政治领域转而贯注于心性之学的"内圣"领域，使其成为个体成就自身的内在根据。如果说受贬前的阳明尚未认清政治生态的险恶，那么在经历龙场大悟后，阳明不仅在义理层面领悟到"心即理"，也在政治实践层面认识到圣人之"道"的实现未必依托现实政治，也可以展开于修身的进路中。正如学者所言，"在上封事之前，由于程、朱的影响，他多少还抱有'内圣外王'或'得君行道'的意识，到龙场以后，这个意识已彻底破碎了"。① 逻辑地看，悟道之后的阳明更倾向于将"正心""明德"等心性工夫作为政治实践的前提条件。因此，阳明认为，儒者完全可以自绝于无法承载"道"的现实政治并转向内心世界，而"道"不仅无所损坏，更能够与本心合一成为"成圣"的主体性原则。

"龙场悟道"之后，阳明对事功的态度发生了显著的变化，他开始自觉疏离权力中心，并将全部精力和热情投入讲学事业之中。举例来说，阳明晚年被问及初登第时上疏《边务八事》，颇具悔意："此吾少时事，有许多抗厉气。此气不除，欲以身任天下，其何能济？"② 此时的阳明已经失去了年少时的政治热情，更多了一种精于世故的老成。据《年谱》载，正德十年八月间，阳明拟了一封终究未能呈上的《谏迎佛疏》："时命太监刘允、乌思藏赍幡供诸佛，奉迎佛徒。允奏请盐七万引以为路费，许之。辅臣杨廷和等与户部及言官各疏执奏，不听。先生欲因事纳忠，拟疏欲上，后中止。"③ 在这篇疏中，阳明欲以尧舜之道感化皇帝，言尤恳切。但是，拟而未上的做法更折射出阳明内心的矛盾。一方面，基于儒者的入世立场，阳明很难完全弃绝"以身任天下"的使命感；另一方面，阳明认识到了当时政治生态的险峻，若一味冒进不仅难以实现"道"，更有性命之虞。除了对仕途萌生懊悔情绪，阳明还主动上疏乞辞。他曾在正德十年至十五年间多次上疏，乞求"致仕""退归田里""苟全余生"。阳明经常表达自己对退隐山林和讲学问道的向往："地方稍平，退休有日，预想山间讲习之乐，不觉先已欣然。"④

---

① 余英时：《宋明理学与政治文化》，广西师范大学出版社，2006，第27页。
② 《王阳明全集》，第1291页。
③ 《王阳明全集》，第1365页。
④ 《王阳明全集》，第190页。

此后数年，尤其居越后，阳明全身心地致力于讲学事业，从者甚多，"宫刹卑隘，至不能容。盖环坐而听者三百余人"。① 对阳明而言，这相当于将早年寄托于政治事务中的"道"转移到了教育与学术的领域，"阳明对出仕的理由提出质疑，从而使一些伟大的儒家人物长期奋斗的宗旨凸显出来——把政治学从控制体制转移到伦理宗教的教育任务上来"。② 总的来讲，自龙场归来的阳明再也没有在政治上流露出"以身任天下"的意向，即便屡立战功，奏疏也多为客观的军情报告，而在建功之后则急于向朝廷表达隐退之意。有学者认为，在明代的政治生态下，士人大多面临两种抉择，"要么退隐自适以全身远害，要么奋身投入做一次政治的赌博"。③ 阳明早年的以身犯险虽不必称为"政治的赌博"，但他确实在认清政治现实之后走上了退隐自适的道路，且有意识地创造了一个自我超越的精神世界。

能够看到，阳明心学中包含了某种"思"与"位"的内在紧张，而这种紧张也反映在阳明对门人的教导中。《周易·艮卦·象》曰："艮，君子以思不出其位。""思"指人的思虑活动，"位"指社会政治地位。《周易正义》解曰："止之为义，各止其所。故君子于此之时，思虑所及，不出其己位也。"④ 该卦之义即在指示人安于己位、止于本分。阳明在接引后学之时，多次表明儒者不应有出位之思："君子之酬酢万变，当行则行，当止则止，当生则生，当死则死，斟酌调停，无非是致其良知，以求自慊而已。故'君子素其位而行'，'思不出其位'。"⑤ 又如阳明与弟子王心斋初见即围绕思位关系展开争辩："纵言及天下事，公（按即阳明）曰：'君子思不出其位。'先生（按即心斋）曰：'某草莽匹夫，而尧舜君民之心，未尝一日忘。'公曰：'舜居深山，与鹿豕木石游居，终身忻然，乐而忘天下。'先生曰：'当时有尧在上。'"⑥ 关于此则公案，有学者认为是阳明与心斋在政治思想上的分

① 《王阳明全集》，第 1424 页。
② 杜维明：《青年王阳明：行动中的儒家思想》，朱志方译，生活·读书·新知三联书店，2013，第 160~161 页。
③ 左东岭：《王学与中晚明士人心态》，商务印书馆，2014，第 30 页。
④ （魏）王弼、（晋）韩康伯注，（唐）孔颖达疏《周易正义》，《十三经注疏》，第 63 页。
⑤ 《王阳明全集》，第 82 页。
⑥ （明）王艮：《王心斋全集》，陈祝生等校点，江苏教育出版社，2001，第 70 页。

歧，"反映了封建社会中统治阶级和被统治阶级的对立"。① 事实上，与其将这种分歧归结为阶级对立，毋宁说阳明已经认清了政治现实的险峻，而心斋尚有某种进取意识。在嘉靖朝大礼议事件上，二王的表现即有显著不同。心斋表露出欲进言以安定朝政的意向，阳明则点明大礼议事件不过是无端纷扰，不值议论，"无端礼乐纷纷议，谁与青天扫宿尘"，② 弟子"先后皆以大礼问，竟不答"。③ 不过，在阳明的训导下，心斋也逐渐认清政治现实，严守在位之思。心斋早年有着强烈的淑世意识，自许"出则必为帝者师，处则必为天下万世师"，④ "遂思整车束装，慨然有周流四方之志"。⑤ 同时，心斋还根据"万物一体之仁"提出"万物一体之政"："古之先觉者，以万物一体之仁而竭心思焉，斯有万物一体之政。是故出则必使是君为尧舜之君，使是民为尧舜之民。"⑥ 然而，这种政治上的进取意识最终被"明哲保身""守道尊身"的观念所取代，心斋认为只有保全性命才能昌明圣人之道，"吾身不能保，又何以保天下国家"，⑦ "人能弘道，是至尊者身也。道尊则身尊，身尊则道尊"。⑧ 从"以身任天下"到"明哲保身"，"思"与"位"的内在紧张贯穿于阳明学的发展之中，而阳明学派选择思不出位，实则是对自身所处时代的回应。

徐复观曾对现实政治家和以圣贤事业为根本的理想政治家做出区分，并认为阳明属于后者。在他看来，这两种政治家的区别主要体现在两个方面："第一，现实政治家，其动机多在于满足一己的权力欲望，而圣贤事业，其动机则系出于仁义之心的所不容自已。第二，现实的政治家以达到自己之功名为目的，以其政治上之施为为手段。圣贤事业则以对人民之解悬救溺为目的，而自身并无所谓功名。"⑨ 依此观之，阳明在政治活动中的事功表现并不是为了满足权力欲望，而是出于儒家政

① 侯外庐等主编《宋明理学史》下卷，人民出版社，1987，第424页。
② 《王阳明全集》，第865页。
③ 《王阳明全集》，第1426页。
④ （明）王艮：《王心斋全集》，第13页。
⑤ （明）王艮：《王心斋全集》，第55页。
⑥ （明）王艮：《王心斋全集》，第47~48页。
⑦ （明）王艮：《王心斋全集》，第29页。
⑧ （明）王艮：《王心斋全集》，第75页。
⑨ 徐复观：《中国思想史论集续篇》，上海书店出版社，2004，第326页。

治结构中的道德关怀，一旦他觉悟到现实政治难以承载圣贤之道，便果断选择疏离事功事业。阳明在给友人的书信中，常表露出对政治生活的绝望："仕途如烂泥坑，勿入其中，鲜易复出。吾人便是失脚样子，不可不鉴也。"① 阳明殁后，这种对事功的自觉疏离成为阳明学派在政治文化上的基调，同时也为晚明士风浇漓、事功不振埋下伏笔。我们将看到，张居正意识到了空谈心性的学风将对明代社会产生不利影响，故试图对阳明心学进行事功化改造，解决其存在的"思"与"位"的内在紧张。

二　张居正对阳明心学的事功化改造

尽管阳明及其门人对权力世界退避三舍，但一些学者还是站在朱子学的政治制高点企图扼杀方兴未艾的阳明心学。在他们看来，阳明学人对朱子学的质疑包含了对官方制定的社会政治秩序的挑战。就在阳明去世的那一年，一些儒臣欲以这种"莫须有"的罪名置心学于绝地，他们把矛头对准阳明，称其"事不师古，言不称师，欲立异以为名，则非朱熹格物致知之论，知众论之不予，则为《朱子晚年定论》之书，号召门徒，互相唱和"。② 嘉靖帝深以为然，诏定阳明"放言自恣""坏人心术"，并下诏都察院榜谕"敢有踵袭邪说果于非圣者，重治不饶"。③ 即便如此，阳明学还是依托社会底层力量悄然兴起，在朝野间广为流行。随着阳明学的声势不断壮大，一些问题也逐渐暴露出来。心学的去事功化倾向致使部分阳明学者漠视社会问题，一味追求本心的耽空守寂。如王龙溪在讲学中主张摆脱一切礼俗习气，顺应当下洒脱自然，使良知自发、自在、自足等性格呈现于日常生活之中，"其后，士之浮诞不逞者，率自名龙溪弟子"。④ 因此，又有以张居正为代表的一些人试图扭转阳明学玄虚猖狂的发展态势，使其成为有益于生民社稷之学。

张居正为嘉靖二十六年进士，穆宗隆庆元年拜大学士，神宗即位后

① 《王阳明全集》，第 172 页。
② 孟森：《明史讲义》，北京理工大学出版社，2018，第 241 页。
③ （清）熊赐履：《学统》，徐公喜、郭翠丽点校，凤凰出版社，2011，第 506 页。
④ （清）张廷玉等：《明史》第 24 册，第 7274 页。

以先帝遗诏辅政，独揽朝纲十余年，"以尊主权、课吏职、信赏罚、一号令为主。虽万里外，朝下而夕奉行"，时人称其"通识时变，勇于任事"。① 居正身处之世，政事衰敝，国势殆危，而大兴空谈心性之风，其深忧于此，乃曰："声容盛而武备衰，议论多而成功少，宋之所以不竞也。不图今日复见此事。仆不度德量力，欲一起而振之。"② 熊十力认为，明代以来学者皆以张氏为法家，实为不确。详考居正思想，可知其宗本在儒，而深于佛老，杂糅法家，以成一家之言。其见明中期士风颓废，故欲以经世精神转化心学之谈空说妙，"后来船山、亭林力诋陆王，习斋上攻程朱，江陵实启之矣"。③ 张居正意欲从思想与实践两个角度改革心学：在思想方面主张"学"与"事"的统一，即学问当服务于政事；在实践方面主张毋事空谈而专注事功。

嘉靖末年，张居正隐逸乡野，蓄势待进，此时他的心态较为平和，而尤契于心学中虚寂一路。张氏于嘉靖三十三年上疏，请辞归家，"终日闭关不启，人无所得望见。唯令童子数人事洒扫煮茶洗药。有时读书，或栖神胎息，内视返观。久之，既神气日益壮，遂下帷，益博极载籍，贯穿百氏，究心当世之务"。④ 在此期间，他对聂双江的归寂致虚之学颇为注意，并致函后者曰："人心有妙万物者，为天下之大本，无事安排，此先天无极之旨也。夫虚者，道之所居也。涵养于不睹不闻，所以致此虚也。心虚则寂，感而遂通，故明镜不惮于屡照，其体寂也；虚谷不疲于传响，其中寂也。今不于其居无事者求之，而欲事事物物求其当然之则，愈劳愈敝也矣。"⑤ 双江以归寂通感为阳明涵养根本之旨，强调心体"感惟其时"而"主之以寂"，居正有得于此说，可见其确有静存之功。不过，居正燕居实为以静制动之举，"究心当世之务"便足以说明归寂致虚的心性工夫只是其复出政坛的权宜之计。

张居正入主内阁后，开始反感于心学的虚寂一面。他说："虚寂之说，大而无当，诚为可厌。然仆以为近时学者皆不务实得于己，而独于

① （清）张廷玉等：《明史》第19册，第5645、5653页。
② （明）张居正：《张太岳集》，上海古籍出版社，1964，第262页。
③ 熊十力：《韩非子评论　与友人论张江陵》，第112页。
④ （明）张居正：《张太岳集》，第584页。
⑤ （明）张居正：《张太岳集》，第447页。

言语名色中求之，故其说屡变而愈淆。"① 居正认为，士风沦丧的根本原因就是虚寂之风大行，学者多务虚谈而不问政俗，"一切务为姑息弛纵，贾誉于众，以致士习骄侈，风俗日坏。间有一二力欲挽之，则又崇饰虚谈，自开邪径，所谓以肉驱蝇，负薪救火也"。② 因此，他主张士人应当"务实得于己"，以实功补救虚谈之弊。居正还以孔子志业为例提撕士风："假令孔子生今之时，为国子司成，则必遵奉我圣祖学规以教胄而不敢失坠；为提学宪臣，则必遵奉皇上敕谕以造士而不敢失坠，必不舍其本业而别开一门以自蹈于反古之罪也。"③ 此处言语虽有媚上之意，但居正深恶士风凋敝，欲开生面之心亦可窥得一二。

在当时的思想界，阳明学广为流行，渐有取代朱学之势，故张居正整顿士风必自阳明学始。张居正认为阳明学存在两个问题：一是所"学"难以支撑"事"的开展；二是聚党空谈而不能切实为政。围绕这两个问题，张居正尝试对疏离事功的阳明心学进行改造。

首先，张居正指出，学者所"学"应与经世之"事"相统一，或者说学术当服务于政事。在这里，居正重申儒家传统的学优则仕之义："士君子未遇时，则相与讲明所以修己治人者，以需他日之用。及其服官有事，即以其事为学。"④ 他在给耿定向的信中，表达了对虚见空谈的反对："比来涉事日深，知虚见空谈之无益，具见丈近日造诣精实处。"⑤ 其实，居正并非全然否定谈心论性，毋宁说是强调心性事功之统一："学不究乎性命，不可以言学；道不兼乎经济，不可以利用。"⑥ 黄宗羲谓耿定向之学"不尚玄远"，"每每以实地为主"，⑦ 可知耿氏在王门后学中当属实际一派，而尚被嘱为虚见空谈无益，其他贵虚尚无之士则更为居正所留心。如居正赠言泰州学人罗近溪"学问既知头脑，须窥实际"，并提倡在政事俗务中体道，"如火力猛迫，金体乃现"。⑧ 在居正看来，"学"必待落实于政事上方有意义，否则只是玩弄光影，

---

① （明）张居正：《张太岳集》，第 262 页。
② （明）张居正：《张太岳集》，第 279 页。
③ （明）张居正：《张太岳集》，第 362 页。
④ （明）张居正：《张太岳集》，第 362 页。
⑤ （明）张居正：《张太岳集》，第 450 页。
⑥ （明）张居正：《张太岳集》，第 185 页。
⑦ （清）黄宗羲：《明儒学案》（二），沈善洪主编《黄宗羲全集》第 8 册，第 67 页。
⑧ （明）张居正：《张太岳集》，第 450 页。

故其一再批驳阳明学者"以虚见为默证"。①

其次，张居正还反对聚党空谈，并在行动上约束限制王门学人的讲学活动。阳明自龙场大悟之后，便将更多精力放在讲学之中，志在以此发明学者之良知。王门后学亦多循此道，如龙溪以讲学活动积极入世，"林下四十余年，无日不讲学，自两都及吴、楚、越、江、浙皆有讲舍"。② 嘉靖、万历之际，最具影响力的讲会都与阳明学者有关，甚至可以说就是"王学讲会"，"阳明学话语的建立、扩展及在明中后期对整个社会文化的笼罩，正是通过推行会讲、讲会的形式得以实现的"。③ 中晚明阳明学影响力的扩大，离不开讲学活动的广泛流行。而在居正看来，如果阳明学者所讲内容不能对国家社会起到积极作用，反而使更多士人蔑视礼法规范，则它们本身即为"恶紫之夺朱也，莠之乱苗也，郑声之乱雅也，作伪之乱学也"。④ 居正认为，这种讲会为不学无术、沽名钓誉者提供了可乘之机，遂启毁书院禁讲学之令："今后各提学官督率教官生儒，务将平日所习经书义理，着实讲求，躬行实践，以需他日之用。不许别创书院，群聚党徒，及号召他方游食无行之徒，空谈废业。"⑤ 对此，熊十力指出，张氏本无恶于理学，但禁止讲学一事似少远虑，"江陵责理学家空谈之病，而思挽之于实践，其所持甚当。唯废书院一事未免失于过激，而失策矣"。⑥ 明中期之后，别立门户聚徒讲学者多为王门学人，居正所惮者，是阳明学广泛传播所形成的抗礼朱学之局面。

张居正自入阁后迫切地对阳明学进行改造，实出于两个目的。第一，张居正注意到阳明学有朝着虚寂一路发展的潜在危险，而这种传播势头正盛的学说对于明代社会发展而言必然是不利的。因此，张居正不断强调以实学行实事的必要性："愿今之学者以足踏实地为功，以崇尚本质为行，以遵守成宪为准，以诚心顺上为忠。"⑦ 在这里，居正所论表现出某种功利性，即除了事君任职、匡扶社稷外，学问德业更无其他意义。不过，循着居正的思路，我们看到他的某些见地确有其据：深受

① （明）张居正：《张太岳集》，第451页。
② （清）黄宗羲：《明儒学案》（一），沈善洪主编《黄宗羲全集》第7册，第269页。
③ 陈来：《中国近世思想史研究》，商务印书馆，2003，第338页。
④ （明）张居正：《张太岳集》，第386页。
⑤ （明）张居正：《张太岳集》，第496页。
⑥ 熊十力：《韩非子评论 与友人论张江陵》，第140页。
⑦ （明）张居正：《张太岳集》，第362页。

阳明学影响的很多王门学者耽于"光景""簸弄精神"，一味追求本心超越而不顾世俗规矩，乃至陷入"狂禅"。第二，张居正推行新政所遇阻力甚多，他迫切地希望吸纳在社会上具有一定影响力的阳明学人为己所用。有学者将嘉靖后期至万历年间的学者分为三类：一是退隐自保者；二是进取以殉身者；三是亦进亦退，出入随时者。① 在阳明学者中，三种类型都有体现。居正希望这三类学者都能够服务新政，却又不许他们逾越自己划定的禁区。其中，泰州学者多依赖讲学昌明其道，在底层民众间极具影响，居正却视其"舍其职业而出位是思，建白条陈连篇累牍，至核其本等职业反属茫昧"。② 张居正认为泰州诸儒有出位之思，极易形成对抗新政的不稳定因素，故要求将"游士人等许各抚按衙门访拿解发"。③ 相对于这种逾越社会身份的"过"，更多王门学者在政治生活中展现出"不及"的一面，而张居正希望这类人能够出仕与自己共谋新政。比如与张居正素来交好的罗近溪在万历五年"讲学于广慧寺，朝士多从之者"，而居正却对此极为不满，"遂勒令致仕"。④ 尽管张居正对罗近溪讲学之事不以为然，但后者仍"归与门人走安城，下剑江，趋两浙、金陵，往来闽、广，益张皇此学"。⑤ 这种分歧终致张罗二人渐生隔阂。应该说，尽管阳明学以"知行合一"为入世实践之宗旨，但其所谓"行"包含了孝亲事友、讲学治生多个层面，而张居正所强调的"入世"似仅包含政治实践的单一层面。因此，张居正对阳明心学的事功化改造本质上就是一种面向制度建设的政治诉求，这对于重视主观性、超越性的阳明学者而言更多是一种压迫，而这种改造遭遇挫折也是在所难免的了。

三　张居正的挫折与心学的历史走向

以往学者论及张居正之性格，多谓其锋芒毕露、雷厉风行，兼有不容人之质。然而这只是其性格之一面，我们还应看到，张居正多以一种

---

① 左东岭：《王学与中晚明士人心态》，第 375 页。
② （明）张居正：《张太岳集》，第 456 页。
③ （明）张居正：《张太岳集》，第 496 页。
④ （清）黄宗羲：《明儒学案》（二），沈善洪主编《黄宗羲全集》第 8 册，第 1 页。
⑤ （清）黄宗羲：《明儒学案》（二），沈善洪主编《黄宗羲全集》第 8 册，第 1 页。

献身精神示人，而全然不计得失毁誉，"不谷弃家忘躯，以徇国家之事，而议者犹或非之，然不谷持之愈力，略不少回，故得少有建立"，① 甚至表示"愿以其身为蓐荐，使人寝处其上，溲溺之，垢秽之，吾无间焉……有欲割取吾耳鼻，我亦欢喜施与，况诋毁而已乎"。② 在整饬士风方面，张居正同样秉持大公至诚之心，但他采取的方法无疑是刚硬、决绝的，其云："仆一念为国家为士大夫之心，自省肫诚专一，其作用处或有不合于流俗者，……使吾为刽子手，吾亦不离法场而证菩提。"③ 这种至诚奉公之心或与阳明学中的狂者精神有着相似之处，但其终是"不离法场"且多设禁令，使阳明学者对这位"宰相之杰"离心离德。而随着居正病逝后遭遇清算，阳明心学的改造实践也终以失败收场。

这种事功化改造遭遇挫折是必然的，究其原因，可归纳为三个方面。首先，受阳明影响，多数王门学者已不再将身心性命单纯地系于政治实践之上，而更多以道德实践容纳了事功所应寄托的儒家理想。有学者将这种政治进路概括为化"治世"为"治心"，"其意义就在于对社会的改进充满信心，认为依靠政治理想可以改变或者改造社会。王阳明的思想正是这样，他发明良知之学，正是为了去改造社会，所以虽然他本人亦自知力不能及，但其在乌托邦精神的鼓动下，以救世之心慨然任之"。④ 阳明尝以"纪纲政事"与"礼乐教化"为本心之德的外化，强调"外王"的政治实践始于"尽心"："吾之一家饱暖逸乐矣，而天下有未饱暖逸乐者焉，其能以亲乎？义乎？别、序、信乎？吾心未尽也。故于是有纪纲政事之设焉，有礼乐教化之施焉，凡以裁成辅相、成己成物，而求尽吾心焉耳。心尽而家以齐，国以治，天下以平。故圣人之学不出乎尽心。"⑤ 可见，张居正与阳明学者在政治理念上最大的不同在于，张氏将政治实践和道德实践完全分离，认为权术不仅不受任何伦理法则的制约，而且是一切政治活动的核心与关键；阳明学者则强调将政治实践与道德实践统一起来，甚至将政治实践化约为道德实践，认为只

---

① （明）张居正：《张太岳集》，第 407 页。

② （明）张居正：《张太岳集》，第 300 页。

③ （明）张居正：《张太岳集》，第 336 页。

④ 朱承：《治心与治世——王阳明哲学的政治向度》，上海人民出版社，2008，第 165 页。

⑤ 《王阳明全集》，第 287 页。

要在本心上涵养德性，社会自然臻于善治。如此，以道德法则为行动根本的阳明学者绝不会接受张居正用权术推行行政命令以达到预期效果的做法。

其次，阳明学者亲见明代政治之衰朽，乃自觉疏离上层权力斗争，将更多精力转入下层讲学活动之中，渐有以"学统"对抗"政统"之势。明代中晚期的皇帝虽不如早期那样对士人专横独断，却有猜忌的心理，以致君臣之间失去信任，"上积疑其臣，而畜以奴隶；下积畏其君，而视同秦、越"。[1] 在这样的政治生态下，越来越多的阳明学者开始将讲学作为入世实践的主要内容，并通过"觉民行道"增强民众的政治主体意识。[2] 尤其在泰州学派那里，学者往往将世道之衰归结为人心之失，故特别注重以讲学活动启发人心，使人自身的目的性呈现出来。这种讲学活动甚至在民间形成一股社会力量，"从十六世纪中叶到十七世纪上叶，讲学运动已然带有了一种超学派、超地域的性质，组织形式更为严密，讲学规模日趋庞大，随之而来的社会影响也就越来越大"。[3] 其中，最大的社会影响就是阳明学者通过讲学形成"以学干政"的趋势：士人与民众主动地联结为一个强有力的"学统"来对抗代表上层政治权力的"政统"。[4] 对张居正而言，这种趋势是危险的，他更希望全部士人都能依照自己的意志行事，故每每以强权压制异议，"二三子以言乱政，实朝廷纪纲所系，所谓芝兰当路，不得不锄"。[5] 这种建构"学统"与维护"政统"之间的张力也必然导致张居正绝无可能引阳明学者为同道，其事功化改造反而会徒增彼此间的忌恨。

最后，阳明学本身具有蔑视乃至批判外在权威的精神特质，张居正以政治威严迫使阳明学者屈服，实为徒劳。阳明独尊本心，一切制度、规范、法则乃至圣贤之语一但有不合本心之处，皆可提出疑问，"夫学贵得之心，求之于心而非也，虽其言之出于孔子，不敢以为是也，而况

---

① 吴光主编《刘宗周全集》第3册，浙江古籍出版社，2012，第343页。
② 丁为祥：《从"得君行道"到"觉民行道"——阳明"良知学"对道德理性的落实与推进》，《学术月刊》2017年第5期。
③ 吴震：《阳明后学研究》，上海人民出版社，2003，第422页。
④ 单虹泽：《以友辅仁：论儒家的友伦与政治传统》，《理论与现代化》2018年第6期。
⑤ （明）张居正：《张太岳集》，第297页。

其未及孔子者乎"。① 这种反叛精神也为阳明后学所传承。他们普遍认为，人皆有求道的资格与肩负"道统"的责任，不存在一个统一的、外在的真理，也不必仰赖偶像权威。所以，这些强烈重视个体性的阳明学者绝不会在内心深处服从张居正的高压政策，正如学者所言，"张氏生当君政之世，根据专制政体之精神以整饬学风，诚属不容非议。然而吾人一按实际之结果，则张氏既不能消除纷纭之学风，亦未尝培成忠朴之士气。徒使倔强者愈趋于反抗"。② 阳明学在自身发展中所要冲决的，首先是儒学中束缚、压抑个性的僵化教条，而张居正仅留心政事，全然不顾学术思想的自由发展，最终不惟难以实现对阳明心学的改造，反而站在了后者的对立面。

张居正病逝后，王阳明遂得入庙奉祀，心学终得以在朝野间流行无碍，而其走向越来越分化。从政治文化上看，我们可以将走向分化的阳明学概括为激进派与保守派。激进一派指的是以出位之思展开"觉民行道"实践的学者。他们的出发点是赋予民众道德实践的动力，但往往将这一构想延伸至政治领域，进而形成广大民众政治主体身份的自觉。这种儒学民间化使民众普遍获得政治自觉的后果，在社会底层开辟出了一条新的政治进路，将政治主体的范围从士人阶层扩展到了整个社会大众，这无疑对君权构成了威胁。③ 张居正敏锐地察觉到其中挑战君权的意味，故试图以纲纪修正、改造阳明心学，而此举自然使这批在民间宣教的儒者极为不满，以致言行愈发激进。保守一派则惧于张氏"以藐然之躯，横当天下之变"，④ 乃对政治益生厌离之感，阳明心学遂成为士人自我解脱之学问，而渐与佛道思想相杂。比如阳明三传弟子陶望龄强调退守以自适，尤好谈玄说妙，主张"妄意以随顺真心，任诸缘之并作为行持，观万法之自无为解脱"。⑤ 明末的阳明学者多以儒禅、儒道相杂，这当然有助于新学说的形成，但从现实政治上讲，则愈使学者对事功漠不关心。

---

① 《王阳明全集》，第 85 页。
② 萧公权：《中国政治思想史》，商务印书馆，2011，第 534 页。
③ 彭国翔：《阳明学的政治取向、困境和分析》，《深圳社会科学》2019 年第 3 期。
④ （明）张居正：《张太岳集》，第 296 页。
⑤ （清）黄宗羲：《明儒学案》（二），沈善洪主编《黄宗羲全集》第 8 册，第 132 页。

　　总的来看，这两派阳明学者在政治实践中都没有很好地解决"思"与"位"的张力。激进派多以出位之思行之于世，本可以补正阳明学派在事功方面的缺失，但因其过于重视个体性的发展，导致很多儒者陷入非理性的"狂禅"，难以实现儒家的政治社会理想。他们所抱有的，更多只是一种行"天下之法"的理想，所以既不可能真正在实践中挺立民众政治主体，也很难从根本上突破君主制对士人推行政道的拘限。而这一派在现实政治中一旦遭遇挫折，也会失其锐性，如狄百瑞所言："这些儒家经常不得不单枪匹马面对大权在握的统治者，独自应对帝国官僚体系的复杂、僵化或派系内讧。他们越是有良知就越容易成为烈士，或者更多的时候成为政治空想家。"① 保守派则恪守阳明思不出其位的教训，更多借助心学来摆脱权力世界对内心的困扰，并将儒者在事功上的进取意识转移到精神磨炼方面。然而，这种学术理念发展到极致，便只顾及道德自我的安顿，而无暇在自适之外兼取经世或救世，最终只能走向精神的虚无与空寂。

　　劳思光认为，儒家心性论发展至阳明最为纯熟，但儒家的一个重要缺陷也因此最为显著，即主体性的客观化问题。在劳先生看来，"'心性论'与事功问题虽非有任何内在冲突，然心性论如不透过一客观化之观念，即可与事功问题之境域隔离。阳明及其后学，对于客观化问题皆不甚看重"。② 从儒学史上看，阳明学的心性思想最能透显道德主体性的内在法则，但其更多着眼于个人良知的自我净化，很少从公共理性的视域解决事功问题，故心学在客观化方面始终有所欠缺。张居正看到了阳明学之发展壮大及其潜藏之内在流弊，乃欲从事功方面丰富、完善其说，却未见阳明学者觉醒的自我意识与僵化的纲常制度之间的冲突。而在阳明学者看来，现实政治必以道德涵养为基础，若仅关注政治的外在形式，难免袭义于外，丧失政治的合理性或正当性。然而，若只专注对政治合理性的思考或践履前提性的工夫，则势必将事功问题不断推向内在心体，难免疏略制度设计、治理方式等具体问题。我们选取张居正对阳明心学的事功化改造这个思想史的截面加以讨论，旨在借助这一事件充分展现阳明心学中"思"与"位"或"内圣"与"外王"之间的

① 〔美〕狄百瑞：《儒家的困境》，黄水婴译，北京大学出版社，2009，第117页。
② 劳思光：《新编中国哲学史》（三上），广西师范大学出版社，2005，第377~378页。

张力。可以看到，不仅张氏强硬的改造策略无从解决这一张力，而且中晚明之后的阳明学内部也围绕思位关系进一步剧烈分化。在今天，我们仍有必要进一步检讨这个问题，而从政治哲学角度更深入地理解阳明学说，无疑对于拓展阳明学的研究视域具有积极的意义。

（责任编辑：杨传召）

"实践儒学"的出场

——从生活儒学的"实践"观念出发

郑建钟*

摘 要　"生活儒学"蕴含丰富的"实践"问题，但并没有被充分地开显，以至于从马克思学说的"实践哲学"主题到现代西方主流哲学"终结"之后的"实践哲学"转型中，"生活儒学"作为中国"现代新儒学"的代表之一，似乎存在"实践"方向的融通道路，或者说，从广义的现代性儒学的建构上，经由"生活儒学"的思路，"实践儒学"是否具备出场的必要性和可能性？答案是肯定的。本文建构的"实践儒学"，是根据儒学的特质及其回应现代性社会的"人心—秩序"问题，依据"实践"的三个层级思路和"生活世界"的特征，进而提出不同于亚里士多德对"实践活动"的三个横向轴划分的方式，从奠基性角度提出"实践儒学"的纵向轴的三个层级思路：本源实践层级、价值实践层级和客观实践层级。

关键词　实践　生活儒学　实践儒学

　　在新儒家群体中，探讨"实践转向"中儒学"阐旧邦以辅新命"的代表，当属黄玉顺的"生活儒学"，不仅是因为黄氏在阐辅儒学开新中的重要成就，更重要的是对"实践"观念的独特理解散落在其众多

---

　　* 郑建钟，重庆理工大学国学研究所所长，主要研究方向为中国儒学思想史、儒学与马克思主义的关系。

的文献之中。通过梳理"实践"观念的历史流变并突显其"实践"观念的内涵，本文由此提出从生活儒学出发的"实践儒学"的出场问题。

一 "实践"观念的发动：
从三元论到二元论

在亚里士多德哲学里，"活动"一般是指运用肉体与灵魂的力量而进行的运动，包括道德活动和技艺（制作）活动，而实际上，活动还包括理论领域的活动。因此，按亚里士多德的分类，活动可以分为三种。第一种是理论领域的活动，主要探讨的是普遍性的问题，属于科学知识范畴，这种活动以自身为目的，活动过程和活动目的在活动者那里是统一的。第二种是实践活动，这种活动主要涉及政治和伦理领域，是因人的努力而改变的事物的、基于某种善的目的所进行的活动，伦理或政治的实践与行为表达着逻各斯（理性），表达着人作为一个整体的性质（品质）。① 古希腊语"phronesis"，拉丁语"prudentia"，英文"prudence"，含义是"实践智慧"，在亚里士多德的思想里，"实践理性"是涉及特殊性的事物，而"科学知识"只是针对普遍性、必然性的事物，因此，实践理性不是科学知识。亚里士多德认为，"nous"（理性）与"实践智慧"是对立的，因为"普遍"与"特殊"是对立的，也就说，理论活动是普遍性、必然性范畴，实践活动则是特殊性、偶然性范畴。

第三种活动是创制领域的活动，是知识应用上的能力或技巧等等，创制活动的目标是提高诸如生活的舒适度、使物质产品更丰富等等。创制的结果是产品，创制活动没有理论活动的普遍性，也没有实践活动的主观性，创制产品的存在是为了外在的目的，若缺乏自身的目的善，就只具有手段性。但在亚里士多德的思想里，由于创制活动和实践活动都不是普遍的善、永恒的善、必然的善，因此，都与理论活动相对立，而成为古希腊两种主要的"实践"形式："Praxis"（伦理与政治的"实践"）和"Poiesis"（物质生产的"实践"）。根据亚里士多德的分类，其"实践"所特指的领域，既不包括理论领域的智力活动，也不包括

---

① 〔古希腊〕亚里士多德：《尼各马可伦理学》，廖申白译，商务印书馆，2003，第3页。

参与物质生产的创制活动，也就从源头提出了"理论与实践"对立、"实践与创制"二分的用法，这是与当时的社会阶级分层紧密相关的，正如柏拉图把人的社会身份和灵魂层次分成三等一样，具有现实的社会基础。

从 16 世纪开始，随着人与自然的关系日益紧密，实践的范畴开始逐步扩大，比如弗兰西斯·培根和百科全书学派的学者将人对自然的认识、手工业者的技艺、各种类型的科学实验都纳入"实践"的范畴，进而开始了人类认识自然的本然面目的进程。同时，培根还认为古希腊以来，过于注重政治与道德实践的做法是阻碍自然科学进步的因素。德国哲学家沃尔夫将经院式的亚里士多德哲学的三分法转变为"二分法"：理论哲学和实践哲学。康德则沿着沃尔夫的用法，提出"理论理性"与"实践理性"，前者主要是认识功能，后者主要是意志功能、本性和原则的问题。康德在"理论"与"实践"关系上颠倒了自亚里士多德以降的传统哲学中理论高于实践的教条，明确提出实践高于理论。康德认为，人类对理性的最高把握必须在实践中才能获得，理论理性是现象界法则的来源，而实践理性则是物自体界法则的源泉，对应于物自体界的实践理性是理论理性的来源、目的和意义，因此实践高于理论，而这种实践主要还是道德领域。费希特为消除康德理性与实践的矛盾，突破物自体对理性的束缚，以实践理性为桥梁将理性与实践相结合，把实践引入认识论，赋予实践以认识论的意义，突破康德实践高于理论的优先性。黑格尔则综合康德与费希特的主张，将实践活动的特有形式的"劳动"概念引入哲学体系之中，突破哲学史上的机械性与目的性的对立，指出以劳动为基础的实践包含"目的—手段—客体"三个环节，具有主体能动性。但是也必须清楚的是，黑格尔的主体能动性的劳动仅仅是抽象的精神劳动，是一种特殊的精神实践活动，实际上就是一种理论理性的活动形式，实践在黑格尔哲学体系里只是概念达到自我认识的一个阶段，因此，理性实践作为一种实践类型逐渐被人们所认识。

二 "实践"观念的现代阐释：
"生活世界"的回归

19 世纪的马克思从人与自然的物质交换和人对自然的否定关系中

引入实践的概念，将亚里士多德有关物质生产的"创制"活动与作为政治伦理的"实践"活动相融合，并统一于人的感性的实践活动，"这种活动、这种连续不断的感性劳动和创造、这种生产，正是整个现存的感性世界的基础"。① 马克思指出："人的思维是否具有客观的真理性，这不是一个理论的问题，而是一个实践的问题。人应该在实践中证明自己思维的真理性，即自己思维的现实性和力量，自己思维的此岸性。"② 纯粹的理论理性并不能证明自身的真理性，唯有实践活动能够证明，而这个实践，包括"环境的改变和人的活动或自我改变的一致，只能被看做是并合理地理解为革命的实践"，③ 这个"革命的实践"当然包括"政治制度的变革并由此而带来的伦理关系的改革"这一传统意义上的"实践"。马克思哲学革命的实质还在于，"全部社会生活在本质上是实践的。凡是把理论引向神秘主义的神秘东西，都能在人的实践中以及对这种实践的理解中得到合理的解决"。④ 因此，"哲学家们只是用不同的方式解释世界，问题在于改变世界"。⑤ 实践的根本特征是"改变世界"，这个世界既包括思辨与物质的，也包括理论与实践的。

20世纪，在人对自然和自身认识不断加深的近代化历程里，人类对自身生命的研究出现了多元化、多角度、多学科的趋势，每个单一的多维度的观察视角都无法独立承载对人类及世界探求的完整性和综合性的期待。尤其是近代欧洲实证主义的兴起，将科学的理念还原为纯粹事实的科学，进而丧失了其对生活的意义，因此，"解蔽"认知世界的方式，无疑是"回到生活世界本身"。现象学创始人胡塞尔认为，"生活"是基源性的存在，"生活世界"是一个奠基性、先被给予的世界，是前科学的，是先验自我通过意向性所照见的世界。因此，认识人与世界及其关系，首先需要回到"生活世界"本身这个起始点来观照和反省。在海德格尔看来，回到生活世界，实际上就是以"此在"为依托、为通道，通过生存的经验性反省，找回"生命"在现代科技围追堵截中丢失的本真的意义，因此，海德格尔说："'生命'（Leben）＝'此在'

---

① 《马克思恩格斯文集》第1卷，人民出版社，2009，第529页。
② 《马克思恩格斯文集》第1卷，第500页。
③ 《马克思恩格斯文集》第1卷，第500页。
④ 《马克思恩格斯文集》第1卷，第501页。
⑤ 《马克思恩格斯文集》第1卷，第502页。

（Dasein），在生命中并通过生命存在。"① 当然，这里的"生命"不是被"人类学"、"心理学"或"生物学"单向度地"解剖"的存在者，而是"生命"作为一个整体"在世界之中存在"来领会"此在"意义的存在。

伽达默尔接续胡塞尔、海德格尔之后，以解释学的理论提出回归"生活世界"的实践哲学。伽达默尔认为解释就是一种实践，解释学是哲学，而且是实践哲学，"在我看来，正如哲学解释学与人们自己的自我理解之间的关系一样，对理解经验的高度理论认知与理解实践也同样是不可分割的"。②"实践哲学的伟大传统继续存活在一种对其哲学内涵有所了解的解释学当中。"③ 伽达默尔提出解释学也是实践哲学，一方面是其理论自身发展的必然，更源于近代以来科学技术的发展导致人类文明面临前所未有的危机。因此，伽达默尔强调，"实践"与"理论"不是对立的，"实践"也不只是一种行为模式，"实践"是广泛意义上的"生活"："'实践'这一语词和概念置身其中的概念系列，其自身规定根本不是从与理论的对立中获得的。正如约西始·利特尔（Joachim Ritter）在其书中已经指出的那样，构成实践的，不是行为模式，而是最广泛意义上的生活。"④"实践与其说是生活的动力（Energeia），不如说是与生活相联系的一切活着的东西，它是一种生活方式，一种被某种方式（Bios）所引导的生活。"⑤ 伽达默尔将"实践哲学"建基于"生活世界"之中，其目的是将古希腊以来的理论、实践、创制三层次统一，将理论与实践二元统一于"生活世界"之中。因此，他明确指出："生活是理论和实践的统一，是每一个人的可能性和责任。"⑥ 统一于"生活世界"，需要理想、健康的生活状态，这个状态就是"不只是去认识善，而且还要共同创造善"。⑦

---

① 〔德〕海德格尔:《存在论：实际性的解释学》，何卫平译，人民出版社，2009，第14页。

② 〔德〕伽达默尔:《科学时代的理性》，薛华等译，国际文化出版公司，1988，第99页。

③ 〔德〕伽达默尔:《科学时代的理性》，薛华等译，第82页。

④ 〔德〕伽达默尔:《科学时代的理性》，薛华等译，第79页。

⑤ 〔德〕伽达默尔:《科学时代的理性》，薛华等译，第79页。

⑥ H. G. Gadamer, *Praise of Theory*, New Haven, Connecticut: Yale University Press, 1998, p. 35.

⑦ 严平编选《伽达默尔集》，上海远东出版社，2003，第276页。

三 黄玉顺 "实践" 阐释两个
主题词： 本源与价值

（一）作为本源性实践的实践存在论

黄玉顺切入"实践"的主题，是从研究马克思实践观开始的。在马克思的理论传入中国之时，汉文化圈的人在翻译德文"Praxis"和英文"Practice"时，就遇到翻译的"可对应性"及"非等同性"问题，即翻译在不同语言中"达意"的转述和解释学问题。以汉文的"实践"来翻译，显然就存在含义的变化，而这种变化与"实践"内涵在西方思想史上的源流呈现具有某种暗合之处。汉语中的"实践"本来是儒学的话语，首先是与"认识"对应的行动意义上的"实践"，亦即"知行"关系中"行"的问题，而儒家之"行"的主题是"道德"的"实践"与"践履"，包括日常生活的洒扫应对、修身养性、齐家治国平天下之"实践"。儒家之"实践"固然与马克思的"实践"有所不同，黄玉顺认为它们在观念系统的"位"上是相通的，是可以"打通"的。

那么这个相通之处是什么呢？马克思提出，社会存在决定社会意识，一切呈现为思想、意识的，都必定需要前置的"存在"为决定性根基。黄玉顺认为，这就是存在的本源性内涵，而这个存在，就是生活的本源结构，即"在生活并且去生活"："'在生活'是说，你首先要尊重生活，因为是生活给出了你而不是相反，然后你才可能获得自己的主体性，然后才是'去生活'，你才可能有自己的生活，才可能去改变自己的生活。"① 生活儒学的建构原则，把"实践"与"存在"进行统合性考察，以"实践即存在"为基础的首要"实践观"，则是生活儒学生长的必要环节。在马克思的思想中，实践乃是唯一的存在，实践即存在，实践之外别无存在。此种"存在"并不是本体论意义上的终极"实在"，而是"思维"就在"实践"之中，思维的"存在"与"实践"的"存在"是本质的统一："只有在社会中，自然界才是人自己的合乎人性的存在的基础，才是人的现实的生活要素。……社会是人同自

---

① 黄玉顺：《生活儒学讲录》，安徽人民出版社，2012，第100~102页。

然界的完成了的本质的统一……"①

马克思以"实践"来消除"思维与存在"的矛盾，不是要造出另一个"实体"的"实践"作为"思维"的"对象物"，而是在社会中、在实践中，人作为人存在的基础得以呈现。现实生活本质上是实践的，而作为人的根本属性之一的"思维"正是在"实践"中才得以呈现"思维"的样态，现实生活要素的"实践"并不外在于"思维"，不是一个特殊的存在者，而是"存在"本身。马克思作为西方思想史阵营中一位杰出和特异的成员，本质上也是在以他自己的独特方式来回答西方思想的主流问题：理念与表象、思维与存在、本质与现象、理性与经验、人文与科学等等这一系列相关性的二元对立问题。马克思以其"实践即存在"的形而上学方式，构建了实践存在论、实践本源论哲学，并突显了被西方主流思想家忽视的"创制"这种形而下的"实践"活动方式，以世俗的、市民的视角切入"实践"的现世主题——日常劳动、物质生产、财富创造、科技研发等等，突显了"实践"的革命性力量，而这种革命性力量在"创制"活动中，是人之为人的一般性存在的前提，所以，"劳动创造了人"，在国家政治生活中的"实践"革命力量，就是政治制度的变革，进而推进人伦关系的变革，所以，马克思的"实践"观念，不仅是形而上学的"存在"，还是新生活、新人类的创造性呈现的"创制"，更是政治与伦理的革命性的"实践"。在生活儒学中，政治与伦理的"实践"，就是中国正义论的儒家制度伦理的建构。

（二）作为价值实现的实践价值论

作为"哲学体系"一部分的"价值论"所要响应的问题是：世界的存在及其意义对于人的意义如何？② 传统形态的价值论是奠基于传统本体论之上的，也就是基于绝对主体性的终极根据之上。黄玉顺认为，对现代社会的人而言，要解决重建意义世界的价值论、伦理学的来源问题，必须回归儒家的"大本大源""源头活水"的生活，一切源于生活、一切归于生活。这就是价值及价值哲学"生活世界"的本源学说

---

① 《马克思恩格斯文集》第 1 卷，第 187 页。
② 李德顺：《价值论》，中国人民大学出版社，2013，第 4 页。

的奠基性，而"生活世界"的本质是"实践"的，回归存在、回归生活，就是回归当代的生活方式，也是回归当代的实践方式。那么，什么是当代的生活方式或实践方式？抑或是说，什么样的生活方式抑或实践方式，才是当代中国人最紧迫的、最要紧的事情？黄玉顺认为，以儒家制度伦理学为主体的当代中国正义论和国民政治儒学，是现代中国人最要紧的生活维度、实践维度。

当代中国正义论的提出，其背景不是"正义论"的中国"例外"，而是面对同样"正义问题"的中国解释和理解，正如"哲学问题"并非中国没有，而是"哲学表述"的中国范式一样。根据正义论纲要所展示的，中国正义论分为六个部分。

中国正义论的指向是以"礼"为基准的制度规范，从正义原则的"义"到制度规范的"礼"，即孔子所说的"义以为质，礼以行之"。儒家之"礼"起源于"人情"，就是说"人情之实也，礼义之经也，非从天降也，非从地出也，人情而已矣"。"礼"涵括三个层次，作为制度存在的"礼制"、作为制度外在表现形式的"礼仪"和作为制度存在的内在根据的正义原则。

中国正义论的论域是以"利"为中心的各种利益的冲突和调适，这里的利益不仅指物质利益，还指人们情感欲望所倾向的更广泛的利益对象。"利"起于人生而有"欲"，有了"欲望"就希望百般求索以可得之，"欲望"没有尽头，边界就会产生纷争，因此，先人为了止暴制乱，就制定礼仪规范区分不同的人的不同的利益范围，使人的欲望不会无度索求，在制度规范中人与人之间的"利"达到平衡。

中国正义论以"仁"之"爱"为本源。儒家之仁爱是一切事物之本源所在，而正义问题由利益之冲突而起，利益又源自人的欲望，因此，源自人的欲望的爱，定然也源自儒家之仁爱，既爱自己也爱他人。"仁"者之"爱"是一切冲突的本源，也是解决一切冲突之方案的本源。

中国正义论的要件以"知"即"理智和良知"为中心。以知识、理智的认知性之"知"沟通正义原则之"义"和制度规范之"礼"，以智慧、良知的感悟之"智"沟通利益欲望和正义原则。

中国正义论的原则以"义"即"正当和适宜"为中心。正当性原则是公平性准则、公平性原则，适宜性原则是地宜（空间）性原则和时宜（时间）性原则。

中国正义论的目标以"乐"即"和谐"为中心。正义论的建设乃是为人之幸福、爱之落实给予"相宜所得"的"和谐"。"兴于诗，立于礼，成于乐"，诗是本源仁爱情感之显现，礼是仁爱情感发动适宜规范之制约，乐是本源情感的复归，以达到一体之仁的境界，这就是中国正义论的独特呈现范式："差异—和谐"。

黄玉顺的国民政治儒学，实际是对中国正义论的制度性安排和实践的操作指南，是属于中国正义论的一部分。正如罗尔斯的《正义论》既是一本伦理学著作，同时也是一部政治哲学著作一样，黄玉顺的中国正义论，既是儒家制度伦理的建构，也是儒家政治哲学的模板，都是价值实现的一部分，也就构成了实践价值论。

四 "实践儒学"的出场：因何出场？何以可能？

生活儒学的建构历程和形而上学体系如此重视"实践"问题，这就为"实践儒学"的出场提供了必然的契机。对于从生活儒学出发的"实践儒学"的出场，需要回答两个问题："实践儒学"因何出场；"实践儒学"如何出场。

（一）"实践儒学"因何出场？

1. 回应马克思主义的主流地位，"实践儒学"具有契合度

中国进入近代工业文明的历程，伴随着的是以儒学为代表的传统学术逐步凋零的过程。依照历史的主流叙述，自 1840 年第一次鸦片战争爆发以来，中国就进入了半殖民地半封建社会。传统中国的制度模式随着清帝退位、民国建成而彻底进入了历史尘埃之中。伴随着中华帝制的落幕，作为制度化建构基础的儒学倒塌了。儒学自汉武帝时代的"罢黜百家、表彰六经"而成为古代中国的"经学"，此时再次退化为"子学"。民国时代的现代新儒学的阐发，自熊十力、梁漱溟、马一浮、冯友兰、贺麟等先生开启，尤其是梁漱溟先生发起乡村建设运动，践履传统儒生的社会建设和人生追问相统合的"平治天下"的"试验"。

当代儒学的发展需要面对的不是要不要响应马克思主义的问题，而是儒学自身发展必须呼应马克思主义的问题，因为，这既是现有政

治架构的必然性命题，也是儒学自身不孤立于现有社会生活的必然要求。儒学的新发展介入新社会的场域、提供新话语的范式，"创造性转化和创新性发展"从来不是"谁消灭谁"的问题，而是以儒学的特质理念为基础创生新成果、生成儒学的"新主体"的问题。当然，对于现有的政治体制，民国以降的新儒学家有三种不同的态度：对"政统"和"道统"皆予以否认的一派，以海外新儒家为主；承继现有政体之"道统"并将"道—政"联系起来阐释的一派，以梁漱溟、熊十力、冯友兰等人为代表；以对现有政体的"政统"之既有事实承认并在"道统"上予以否定为主的一派，以改革开放以来的部分新儒家为代表。① 断然地、全盘地否定现有的、既定的政治体制的"道统"或"政统"之"合法性"的"原儒"主义立场，是否具有"原教旨主义"的特征，需要仔细辨析，但以马克思主义哲学具有的"实践论"为核心特征的立场，贯通儒家思想的"实践性"特质，以"实践儒学"的面貌出场，生成儒学的"新主体"，则是"实践儒学"提出的一个重要的因素。

2. 回应西方哲学主流的强势冲击，"实践儒学"具有生命力

以胡塞尔和海德格尔为代表的现象学运动，最重要的收获在于"把极端的主观主义和极端的客观主义在关于世界和合理性的概念中结合起来"。② 胡塞尔以意识的意向性为基础，将意识与事物通过意向性结构达到统一，也就是以交互主体性现象学为方向，揭示了构造自然和世界的本原并非单个主体而是交互主体，这也就使得不同的主体对同一世界的认识具有先天的可能性。交互主体现象学还原之后，是从"严格科学"的世界走向"生活世界"的旅途，而这个旅途的逻辑起点就在于"实践活动"。海德格尔为"生活世界"安顿了一个从"存在者"通达"存在"的本源性的根基，并以基础存在论和传统存在论的对立方式，揭示了"存在"被遗忘进而以"此在"的"存在论"方式，去体悟存在的真谛。然而，依语言本质启动的对"存在之家"的思索，并不能导向对世界复杂性、多样性、开放性和流动性的既敞开又隐匿的全部意义的揭示，海德格尔以"存在"为根基的对"生活世界"的构

---

① 丁耘：《大陆新儒家与儒家社会主义：以梁漱溟为例》，《文化纵横》2010 年第 2 期。

② Merleau-Ponty, *The Phenomenology of Perception*, trans. by C. Smith, New York: Routledge, 1962, p. 6.

造，最后就只能归于对"思"和"诗"的"感悟"之中，中国传统儒学以"天地大德""生生之德"为旨归的"仁爱"精神，无疑具有价值之根的奠基功效：独立之语言无法穷尽之处，便是"生生之德"的"实践活动"所给予的"天行健，君子以自强不息""地势坤，君子以厚德载物"的价值之根。

20世纪西方哲学的另一个主导思潮是，一开始就以"理性和科学"的结盟为根基的分析哲学运动。分析哲学的致力方向就是推翻思辨的形而上和哲学上的神秘主义，并通过细致的语言关系及其语法研究刻画其哲学思潮推进的途径。分析哲学运动的主题依然是主体和客体、思维与存在的关系问题，即通过语言的途径、逻辑的工具使主体认识客观、使思维与存在同一。分析哲学运动企图以语言作为中介来沟通主体与客体、思维与存在，就如同以"心灵作为反映自然的镜子"一样，并不能彻底解决"理性与经验"二元对立世界观的同一性问题。因此，后现代解构主义盛行，正是对以现象学运动和分析哲学运动为代表的西方哲学的"否定"和对"终结"的回应。西方哲学"终结论"话语普遍盛行的背后，实际上是哲学"转变论"的开始，即从纯粹的哲学思辨走向以"实践哲学"为方向的道路，而在这个道路上，"实践儒学"的提出，有着东方哲学参与哲学重建的积极意义。有学者指出："中国古代哲学在本质上是一种实践哲学，而理论哲学则未获发展。与之相反，在西方，只有理论哲学获得了极度的发展，而实践哲学则被完全压抑了。"① 这正是"实践儒学"提出的意义所在。

3. 响应现代社会生活的整体变迁，"实践儒学"具有价值性

思想史的研究表明，社会生活的时空状态对思想家的观念生成具有极为重要的影响，这就是思想观念的社会性要素。马克思主义主张"经济基础决定上层建筑"，并不是说作为上层建筑之"思想"的所有方面都由经济基础所决定，而是思想形态的运动变迁历程的决定转换是经济基础给出的，所以，著名的马克思主义史学家侯外庐先生提出："思想史系以社会史为基础而递变其形态。因此，思想史上的疑难就不能由思想的本身运动里求得解决，而只有从社会的历史发展里来剔抉其

---

① 王南湜：《辩证法：从理论逻辑到实践智慧》，武汉大学出版社，2011，第195页。

秘密。"① 要准确地理解思想家的思想内核、理论意图、发展趋势，需要从思想的当下状况及"以自然史的精确性"对思想家所处的社会历史情境和经济形态着手，方能有准确的把握和理解，因此，从"思想史"和"社会史"相结合的角度，同时从体系化、制度化的法典形态来把握"思潮"的走向以及每个思想家所具有的思想脉络，才是准确掌握时代思想特征的要义所在。

同时，准确把握思想史的时空状态及其情境中思想家的理论内涵，并不是以"文物学""博物馆学"的方式去掌握思想家的"史料"，而是通过理解历史情境的连续性、传统与现代的承接处，对不一样的时空背景不做纯直觉的先定的"本质主义"区隔和断裂。因此，古典时代的思想家、古典时代的儒学者"究天人之际，通古今之变"的思想追索、"极高明而道中庸"的思想创造的超越时空的意义和价值将能够呈现。我们通过把握和理解历史的脉络，从来不是"为史而史"，而是以通"天人—古今"来体悟和贯通思想的现在性，因此，"一切思想史都是当代史"。以古典儒家的思想脉络融通当代社会生活的整体变迁，绝非"我注六经"或是"六经注我"对立话语在当代的回响，而是以现代性"生活世界"的真实情景，以"回到孔孟"但非"原教旨主义"的思索方式，寻求现代社会再出发的诸多可能性之选择——我是谁? 我从哪里来? 我要到哪里去?

古典时代的儒学创生，以其独特的"实践性"回应了那个时代的历史性命题，现代性的"生活世界"则可以"实践儒学"的创生范式出场，因为，"中国古代哲学的基本倾向和特质是实践哲学"。② 以儒学为代表的中国哲学没有神圣与世俗、经验与超验、本质与现象、此岸与彼岸等等的区隔，破解了西方古典时代之"魅"，进入现代性"生活世界"，化解二元对立观的"实践儒学"能够为现代性的社会生活世界提供一种独特的思想活水。

（二）"实践儒学"如何出场?

"实践儒学"如何出场的问题，是"实践儒学"作为一种主张的构

---

① 侯外庐：《中国思想通史》第1卷，人民出版社，1957，第28页。
② 张汝伦：《实践哲学：中国古代哲学的基本特质》，《文汇报》2004年7月25日。

成性要素的分析。"实践儒学"将依据黄玉顺的三个层级思路并结合"实践儒学"所必须面对的"生活世界"的固有特征，提出不同于亚里士多德对"实践活动"的三个横向轴划分的方式，而从奠基性角度提出"实践儒学"的纵向轴的三个层级思路：本源实践层级、价值实践层级和客观实践层级。

1. 本源：作为存在的实践

"本源"是指根本之源，并非任何一个形而下的特殊存在者，亦非形而上的唯一存在者，而是奠基形而上者和形而下者的"存在本身"。主体之所以生成和成立，是因为作为存在的实践给定的。此在的实践之所以可能、主体的实践之所以出现，是因为"实践"先在性"存在"，实践固然是人的实践、实践固然是主体的实践，但恰恰是"实践"的存在，才生成了"实践的人"和"实践的主体"。儒家所言之"生生"正是主体不断生成的力量源泉，是"实践"不断否定自我而又成就自我的过程，因此，才有"天地之大德曰生"，若是"无生"则"天地不仁"，天地若是"不仁"则万事万物无从谈及意义世界和价值世界。作为存在的实践，是人间万物生长的本源性的、源泉性的、基础性的，因为"实践"，人世间的万事万物才呈现了精神世界的可能性，才具有了改造世界的可能性。从这个意义上说，实践是人的存在方式，奠定了主体之人之所出现的基础。

传统实践思维所具有的固有之弊乃是以"二元化"的方式介入"生活世界"，比如中国儒学传统固有的"知行"学说之发达，实际上就是三种模式在历史上的变种：先知后行、先行后知与知行合一。此种二元化的思维方式所产生的"知行"问题，在中国儒学史上此起彼伏地争论不休。在西方思想史界，亦存在着主观与客观、个人与社会、自由和必然等二元化的实践思维方式，这种方式，必然生成两个极端点的某一个作为实体化的方式出现成为绝对主体对象化的情形，进而成为传统存在论的又一表现形式。实践本体论正是在这样的思维方式下建构起"实践哲学"范式，而当这种范式的"实践哲学"完成了对"讲坛哲学"和"教科书哲学"的拒斥之后，这种"实践"观念的生成范式也必然成为批判的对象。脱离具体历史和文化语境，"实践"的存在超越性被消解于具体的"存在者"范畴中，把本就缺乏超验的价值的奠基一同消解。因而，在本就非常崇尚"实用理性"的汉语思想界，"实践活动"的现实性和当下性的庸俗化就出现了，现实的"实践活动"所具有的历史性与价值性的统一便不复存在，虚无主义的主体实践成了一种流行式存在样态，造就了"实践暴力"①的思想性前提。对于这个问题，学者樊志辉指出："实践儒学"的提出，正是要应对"实践"被"神圣化"的企图。作为"存在"的"实践"并非将"实践"作为"实体"的神圣化为"全能"之"上帝"的自然而然的现世性，"实践儒学"之"实践"的"存在"意义犹如孟子所言的"善端"之"端"的缘起之"存在"，然缘起之"存在"并非必然的"规律性"和"不可抗拒"的遵循性。以"存在"作为"实践"的解释范式，旨在说明因为"实践"之存在，人之主体才得以显现出来，"实践"是人之存在的"力量源泉"这一天地之第一大德。然而，这个"生生之大德"乃是原初之大德，并不能涵括为"全德之德"——因为有时候"个体"之"死"而非"生"本身所成就的才是更大的"德"——所以儒家又有"杀生以成仁"之说。"实践儒学"的提出，本就有救治"实践哲学"的极端主义走向"虚无主义"的弊病之功。

倡导"实践儒学"，同时绝不等于说中国儒家学说只是实践哲学，不能把中国儒家学说的大部分问题都还原和化约为实践哲学，但中国儒家学说中的大部分问题都与之有直接关系或间接的关联应是没有疑义的。《大学》"三纲领"中的"明明德"和"亲民"无疑需要践履工夫的落实，方能达到"止于至善"的目标；"八条目"从格物、致知的发动开始，通过与事事物物的接触来通达正心、养成诚意，以自身的修养来协调管理家族事务，最后才能做到治理一国、平治天下的目标。《中庸》从天命开始，就以实践性的品格之"率性"而"修道"，进而"戒慎"，"喜怒哀乐之未发"，"未发"不是没有"发"，而以心性修养工夫控制而"未发"，以"未发"与"已发"的工夫践履，达到"致中和"之"与天地相参"和"万物并育"的境界。

2. 价值：基于自由的实践

以"存在"释"实践"的构建"实践存在论"是突显"实践儒学"的根基和本源，意即通过儒学特质的揭示以为儒学在现代性社会生活中的生成提供力量源泉。儒学的当下显现无法通过"抽象继承"

---

① 樊志辉：《马克思哲学研究的诠释视域及其误区》，《求是学刊》2005年第5期。

以奠定其牢固的根基，而是需要儒者基于"一以贯之"的"实践"精神和品质建构其在现代性生活中的价值。因此，最为关键的就是，作为"存在"的"实践"之"儒学"在其现代性社会生活中的最核心、最终极的价值基础是什么？也就是说，由"存在"即"实践"出发的"儒学"因何才是人们所信赖与渴望的？作为"存在"的"实践儒学"解决了它在当下的开端性问题，这种开端性不是认识论的，而是生命论的、活动性的、生活世界的。那么，依此而确立作为"价值"的"实践儒学"，则是第二层级的"实践"的必然性需要的命题，意即解决"实践儒学"在当下的应然性问题，也就是阐释"实践儒学"的价值属性。

我们赞同"价值"乃是"世界的存在及其意义对于人的意义如何"① 这个核心命题，在"实践儒学"看来，什么才是"价值"的关键钥匙呢？什么才是"价值"命题的形而上学的基础呢？"实践儒学"认为，正是"实践"的"自由"属性，构成了意义和价值之域的形而上学基础，也就是说，"实践儒学"的价值源泉是"自由"。因为"实践"是"自由"的，所以，"实践儒学"的"自由"无疑是儒者的主体性在价值域上的最高陈述。在某种程度上说，"实践"构成了"人生成为人"的"本源存在"的基础，而"自由"则构成了"人之所以为人"的"主体价值"的基础。康德指出，两种"实践"是要区分的："遵循自然概念的实践"和"遵循自由概念的实践"。也就说，"实践即存在"，是"自然与自由"的共通性"存在"，但"自由"是"人成为人"的"特殊性范畴"。因此，必然从属于主体价值视域，而且是"人"的"最高价值视域"。黄裕生提出，从权利到自由的陈述，需要将"实践哲学"的"自由"过渡到"存在论"的"自由"，② 这个论断没有从"存在论"上来理解"实践哲学"，把实践理解为一种"实体"，是依据"存在—存在者"的方法而将实践理解为"存在者"，也可以说他是割裂了或者对立性地误解了康德的"两种实践"，并以"一种实践"反对"另一种实践"，这是不完整的。赵汀阳则提出，"自由"是一种通达"可能生活"的"存在论"状态，无论从个人还是从社会出发，"自

---

① 李德顺：《价值论》，第 4 页。
② 黄裕生：《从实践哲学的自由到存在论的自由：从权利到自由》，《浙江学刊》2011 年第 1 期。

由"都只是一种必要的手段，"自由"不是"目的"，他认为的"目的"
乃是"某种美好的生活价值"。① 然而，这种与"存在"本身有异曲同工
之处的"可能生活"如果不能"溢流出"某种"价值"，这种"生活"
其实也就必然会在"虚位"的层次上认为"可能生活"具有必然性的
"虚无主义"，意即以"美好"为修饰词的"可能生活"存在虚无化的倾
向。反思"积极自由"和"消极自由"并不是将"自由"作为"手段"
"途径"，而是反思"何种自由"与"谁的自由"及其作为价值的"自
由"边界问题，因为作为价值的"自由"是其他价值实现的源泉。宋明
儒家学者建构儒学的历程，就是批判佛教的"中观"之"空"学、"唯
识"之超越世俗意义和价值的"蹈虚"化，"自由"被"虚空化"和
"手段化"，在人类历史上，正是各种"强迫"和"奴役"的开端处。
"实践儒学"是反对"自由"的"庸俗化"、"手段化"的，"为仁由己"
即"成德"与否在"己"，其实"仁"何尝又不是"人"呢？所以孟子
说"仁也者，人也"，是"人"都该以"己"来主宰，所以"人之所以
异于禽兽者，几希"。"自由"为"人与动物"微小差别的地方，如果稍
有不慎，人就会沦为"禽兽"。因此，"自由"是"有德"与"无德"的
边界，这就是作为"价值"的"自由"的真实意义。

　　然而，"自由"毕竟是人的主体性的最高价值属性，在现实性的
"生活世界"，就必须处理具体的"人与人的关系和活动"，这里的"人
与人"，既包括"个体化"的"自然人"，也包括"国族"建构的共同
体。因此，以"自由"为价值基础，就必须将"伦理关系"和"政治
关系"作为形而下者的具体事务予以建构和操作，也就是由"自由"
的价值出发而过渡到"制度化"的建构。而具体化的制度的建构，则
必须建立在"自由"的最高价值的基础上，以为现代性"生活世界"
的伦理生活和政治生活提供"良善"的路径。

　　第一，儒家自有"五伦"的说法，《孟子·滕文公》中云："父子
有亲，君臣有义，夫妇有别，长幼有序，朋友有信。"这里的"五伦"
都是相互性的：父慈子孝；君使臣以礼，臣事君以忠；兄友弟恭；朋友
之间讲诚信。古代五伦中的"君臣"在现代社会中不存在了，但是当
代社会依然存在"领导和被领导"的上下级关系。所以，处理好"新

---

① 赵汀阳：《关于自由的一种存在论观点》，《世界哲学》2004 年第 6 期。

人伦关系",是"实践儒学"需要回应的问题。何怀宏先生的著作《新纲常》探讨了当代中国人"生活世界"的道德根基,就是依据儒家理论建构的当代国人的新伦理生活准则。"实践儒学"将基于自由价值的基础构建一种现代性社会中的中国人的"伦理生活"的"实践规范"和"伦理范本",依据的价值理念是"自由",而这个"自由"的价值理念,则需要沟通基于"血缘亲情"关系型的儒家范式伦理和基于"契约合作"的原子型的卢梭范式个体伦理的差异。"实践儒学"认为关系型和原子型伦理的差异,是具有可通约的:卢梭式的契约伦理并没有全然否定人的血缘关系的客观事实性,而儒家式的关系型伦理也并没有否定主体对于伦理的担当,因此,关键是自何种"视域融合"交叉点上来讨论中西方伦理的关系,进而构建一个融合中西文明形态的当代中国人的新型伦理生活的范式。

第二,以"自由"为基础的政治生活实践,"实践儒学"倡导现代性的民主政治,即依据"自由"的价值理念的人民主权至上的现代性政治民主化。因此,首先需要构建现代性的儒家政治哲学范式。目前新儒家政治哲学的状况,黄玉顺据其主要倾向进行了分类。第一类属于"前现代"的"原教旨主义"儒家政治哲学,这类思潮基本拒绝现代文明价值,希图回归古代中国的生活方式,以君权、族权、父权、男权为价值取向,甚至公然鼓吹恢复"三纲",反对以"人权、自由、民主"为代表的现代性价值和文明,具有"原教旨主义"特征。第二类属于极权主义附庸的现代性政治怪胎的儒家政治哲学,这类思潮通常与民粹主义结合,与权力、国家主义或极端民族主义结合,比如某些主张"贤能政治"的"毛儒"、某些儒教的极端倡导者,以"西方"作为"现代化"和"现代性"的唯一可能而反对西方,以"中西之异"代替"古今之变",以批判"西方"作为抗拒现代文明价值的手段。第三类属于适宜的、正常的现代性主张的儒家政治哲学,通常寻求儒家传统与现代性文明相融合以开显文明前进的方向和动力的儒家政治哲学的建构。黄玉顺就当代儒家政治哲学的建设和发展需要融合哪些现代性的政治价值,提出了八个基本范畴:个体、自由、平等、博爱、民主、共和、宪政、法治。① 从"生活儒学"出发的"实践儒学"是赞同第三类

---

① 黄玉顺:《大陆新儒家政治哲学的现状与前景》,《衡水学院学报》2017年第2期。

现代性新儒家政治哲学建构的理念和价值要素的。

3. 教化：作为客观的实践

"实践儒学"必须回答"如何实践"的问题。因此，这就需要一个恰当的"实践"概念。我们从三个层级来诠释"实践"：本源的实践，是回答"实践"的奠基问题；价值的实践，是回答"实践"的意义问题；客观的实践，是回答"器"的应对问题。《易经》云"形而上者谓之道，形而下者谓之器"，实践的客观对象，无疑是形而下的"器"范畴，此"器"当包括"接事应物"的"人事"和"物器"。传统儒家并不认为有一个没有人参与实践的绝对客观化的道德物性，依《中庸》之言就是"率性之谓道，修道之谓教。道也者，不可须臾离也，可离非道也"。故而王夫之说："夫所云尽人物之性者，要亦于吾所接之人、所用之物以备道而成教者，为之知明处当，而赞天地之化育。若东海巨鱼，南山玄豹，邻穴之蚁，远浦之苹，虽天下至圣，亦无所庸施其功。"[1] 对中国儒家而言，缺乏对不可"修道"的"器"的兴趣，是有根据的。在这个意义上说，传统儒家并非对"器物"本身缺乏兴趣，也不能天然地认为，儒家对"现代科学技术"没有在中国自然地生发承担不应有的责任，因为，除非我们承认"现代科学技术"没有"载道"之功能，不能推进儒家所主张的"生生之德"，不能给现代性价值之"道"提供"生成"的基础。但很显然，现代科学技术具有强大的"载道"之功能，为现代民主、自由之精神的确立和拓展，提供了强大的"物质力量"。传统儒家主张"当然之则"与"器物之性"的融合的思想，同现代性生活与现代性科技发展相匹配，在思路上是一致的。如果将儒家主张的"当然之则"与"现代科技"的"器物"进行对接，那显而易见会出现"儒学缺陷"的假问题。对此李明辉指出，"我们可以坦然承认儒学之'不足'。但这种'不足'并非儒学内部的标准来判定，而是相对于已改变的历史情境和社会条件而言"，因此，"就应用问题的层面而言，我们所能要求于儒学的是保持对生活世界的开放性"。[2] 我以为这是非常恰当的判断。

儒家思想想要进一步发展，就需要通过一代又一代新儒家的努力创

---

[1] （明）王夫之：《船山全书》第6册，岳麓书社，2011，第456页。
[2] 李明辉：《儒学与现代意识》，台湾大学出版中心，2016，第48页。

发，以提供给现代人"安身立命"、"社会建设"和"国族凝结"之道。林安梧在其《儒学革命论》中提出，"后新儒学"时代的儒学需要加深对实践性问题的思考。他指出，以往的儒学实践乃是"心性论式"的道德实践，这样的道德实践是不全面的。因此，当代的儒学实践需要走向生活世界，进入社会历史的总体之中，需要将内在的主体力量展现于生活世界，需要在"生产工具—生产力—生产关系"的互动关系中，找到儒学实践的切入点，"一方面是将心性论导向语言哲学来处理，另一方面则要回到更为彻底的带物质性的、主体对象化的把握方式来重新处理"。① 我赞同李明辉所说"开放性"的态度，在这个意义上，林安梧先生的这个思考是一种可能的"实践路径"，这是开放性的。但就"实践儒学"的建构在当下的生成的首要性、紧要性的工作，或许尚不会促进"生产工具"的变革以推动"生产力"的提升，如下三个方面可能是当前更要紧的：促进个体的修身、推动公民的教化和重建社会的批判。

（1）促进个体的修身

"自天子以至于庶人，壹是皆以修身为本"，根据《大学》"八条目"的逻辑，"格物、致知、正心、诚意"之后的结果是"修身"，意即达到"身修"的目的，而"身修"之后，方能"齐家、治国、平天下"。这个逻辑并非必然的逻辑，而是必要的逻辑，前者是后者能够获得的必要条件。而《大学》明确认为，自统治阶层、社会精英直至平民百姓，修身都是各自生活环境中适用的根本性环节："修身在自我与形形色色的政治、社会、文化团体构成的社群的链环中居于中心地位。就个人方面而言，修身涉及复杂的经验学习与心智锻炼过程。就人类总体发展而言，修身则为家庭稳固、社会有序和世界和谐的基础……修身的核心地位促使中国思想家们将伦理付诸实施，将审美作为经验，将形上学转化为智慧，将认识论运用于沟通。"② 那么，修什么样的"身"③ 呢？

第一，修"形躯之身"，对不符合道德的行为，在身躯上要做到："非礼勿视，非礼勿听，非礼勿言，非礼勿动。"（《论语·颜渊》）这样做，就会"故理义之悦我心，犹刍豢之悦我口"（《孟子·告子上》）。儒家一方面将物质性的形躯之身与生命实践活动相统一，对形躯之身是

① 龚鹏程：《生活与儒学》，东方出版社，2018，第75页。
② 郭齐勇、郑文龙编《杜维明文集》第4卷，武汉出版社，2002，第614~615页。
③ 赵方杜：《论传统儒家思想中的身体观念》，《兰州学刊》2011年第6期。

充分肯定的；另一方面，对身之修不止于形体之躯，更对形体之躯内的精神世界予以强调，故从"礼"的形式上着手，"故冠而后服备，服备而后容体正，颜色齐，辞令顺"（《礼记·冠义》）。儒家礼仪制度非常丰富繁杂，从某种意义上看，就是通过对"形体之躯"的改造和修饰，以达到上通天道、下启百姓，规制秩序，所以，"君子不可以不学，见人不可以不饰；不饰则无根，无根则失理；失理则不忠，不忠则失礼，失礼则不立。夫远而有光者，饰也；近而逾明者，学也"（《大戴礼记·劝学》），身体形躯的修饰与道德品质的形成有着重要的关联。所以《孝经》中说："身体发肤，受之父母，不敢毁伤，孝之始也。"身体外形的保持与"孝"有关，与政权认同也有关系，比如满人入关，"削发垂辫"，"留头不留发，留发不留头"成为一个重大的法律事件，名曰"剃发令"。当然，清政府的"削发令"是违背"儒家经义"的，但不能不承认，形体之躯是具有"义理"内涵的。因此，孔孟都认为，为了"仁义之道"是可以"舍生而取义"的："志士仁人，无求生以害仁，有杀身以成仁。"（《论语·卫灵公》）"生，亦我所欲也；义，亦我所欲也，二者不可得兼，舍生而取义者也。生亦我所欲，所欲有甚于生者，故不为苟得也；死亦我所恶，所恶有甚于死者，故患有所不辟也。"（《孟子·告子上》）

第二，修"浩气之身"，以人体之内外流通之"气"，实现对天地宇宙之"气"的贯通，成就伟大的人格。《论语》中，对"气"的描绘不少，如"摄齐升堂，鞠躬如也，屏气似不息者"（《论语·乡党》），这是自然呼吸之气；"君子有三戒：少之时，血气未定，戒之在色；及其壮也，血气方刚，戒之在斗；及其老也，血气既衰，戒之在得"（《论语·季氏》），这是特定时段里身体状态和精神气质融合在一起的"血气"；"出辞气，斯远鄙倍矣"（《论语·泰伯》），这是说话表达的语气。因此，当公孙丑问孟子长于哪方面的时候，孟子说"善养吾浩然之气"。何谓"浩然之气"，孟子回答："难言也。其为气也，至大至刚，以直养而无害，则塞于天地之间。其为气也，配义与道；无是，馁也。是集义所生者，非义袭而取之也。行有不慊于心，则馁矣。"（《孟子·公孙丑上》）

第三，修"心性之身"。孟子云："心之官则思，思则得之，不思则不得也。"（《孟子·告子上》）儒家所修之心是从身体器官生成而来的。《孟子》一书中"心"字出现了117次，如何修"心"，修何种"心"，孟子探讨了很多，其中"四端之心"最为重要，"恻隐之心，人皆有之；羞恶之心，人皆有之；恭敬之心，人皆有之；是非之心，人皆有之……非由外铄我也，我固有之也"（《孟子·告子上》），"恻隐之心，仁之端也；羞恶之心，义之端也；辞让之心，礼之端也；是非之心，智之端也。人之有四端也，犹其有四体也。有是四端而自谓不能者，自贼者也"（《孟子·公孙丑上》）。后来的陆九渊、王阳明则专门发展出了"心学"，"修心"成为儒家的核心工夫。

（2）推动公民的教化

"儒学就像任何形态的理想主义一样，永远要面对'如何落实'的问题。"[1] 儒学的开创者孔子在"如何落实"他的理想社会图景时走了三种道路，也就是通过三种"实践方式"践履他的思想和理论：从政治理、讲学教化和著书立说。由于现代性社会是一种社会组织庞大、职业分工明确和专业壁垒森严的"条块化"的社会模型，"实践儒学"要发挥它的"实践性"特质，就需要从儒学自身所有的主体性特征出发，方能有直接的实际效应，而"教化"一直是"儒学"所具有的"轴心"环节。余英时认为，"以政统言，王侯是主体，以道统言，则师儒是主体"，[2] 故需要以"学统"述传"道统"，以"道统"制衡"政统"和"治统"，故"实践儒学"需要以下几方面。第一，兴讲学之风，传德性之教。在孔子之前的"师者"皆为"政府官吏"，然春秋之世，天下道术裂解、文化学术下移，所以，孔子开启了聚徒讲学之风，故钱穆说："孔子一生主在教。"[3] 这是非常恰切的。儒者讲学，首先需要将儒家之经典文脉传承下去，通过讲学活动"并心同志，务求其实，以身明道学"。[4] 王阳明提出两种不同的讲学："世之讲学者有二：有讲之以身心者，有讲之以口耳者。讲之以口耳，揣摸测度，求之影响者也；讲之以身心，行著习察，实有诸己者也，知此则知孔门之学矣。"[5] 以身心统一、行著习察的方式行"道德之教化"。第二，融诗教之美，倡诗意人生。孔子曾云"兴于诗"，大意是说人们的情感大体都源自"诗"

① 李明辉：《儒学与现代意识》，第47页。
② 余英时：《士与中国文化》，上海人民出版社，2003，第92页。
③ 钱穆：《论语新解》，巴蜀书社，1985，第3页。
④ 《王阳明全集》第五卷，上海古籍出版社，1992，第184页。
⑤ 《王阳明全集》第五卷，第75页。

的表达，通过"诗"不仅可以学习到知识，还可以获得德性修养，所以，《毛诗序》中说："故诗有六义焉：一曰风，二曰赋，三曰比，四曰兴，五曰雅，六曰颂。上以风化下，下以风刺上，主文而谲谏，言之者无罪，闻之足以戒，故曰风。至于王道衰，礼义废，政教失，国异政，家殊俗，而变风、变雅作矣。"诗歌是人类本源情感的抒发，是仁爱之情的直接表露，故而，通过"诗教"扩大仁爱之情，化解人际之冲突，以诗意的生活度过美好的人生。第三，行礼乐之教，移风易俗。以成践行、以乐成和，儒家历来重视礼乐教化，孔子说："不学礼，无以立。"（《论语·季氏》）"上好礼，则民易使。"（《论语·宪问》）"先王之制礼乐也，非以极口腹耳目之欲也，将以教民平好恶而反人道之正也。"（《礼记·乐记》）"实践儒学"需要以适合现代社会的"损益"方式倡导"新礼教"，发挥音乐的教化功能推进社会生活的和谐。正如《礼记·经解》所云："礼之教化也微，其止邪也于未形，使人日徙善远罪而不自知也。是以先王隆之也。"而《礼记·乐记》则认为，"乐也者，圣人之所乐也，而可以善民心，其感人深，其移风易俗，故先王著其教焉"。

（3）重建社会的批判

如果说前二者是从建构性的角度践履儒家的理想价值追求，那么重建儒家的批判精神，则是从解构性的角度对社会、政治中的"固化的"、"非德的"和"不义的"状态予以揭露、批判和否弃的实践方式。《论语·阳货》载宰我问："三年之丧，期已久矣。君子三年不为礼，礼必坏；三年不为乐，乐必崩。"此后的人们使用"礼坏乐崩"形容孔子时代的礼制丧乱、人心败坏的状态。儒家以"人能弘道"的"道统意识"揭露和批判"君不君、臣不臣"的社会现实，孔子谈到季氏时说："八佾舞于庭，是可忍也，孰不可忍也？"（《论语·八佾》）这是为"臣"的僭越了"礼仪"所应有的规范，乱了为"臣"的本分；"君使臣以礼，臣事君以忠"（《论语·八佾》），君与臣的责任和义务是对等的、互为条件的。所以，《郭店楚墓竹简·语丛一》曰："君臣、朋友，其择者也。"①《郭店楚墓竹简·语丛三》云："友，君臣之道也。"② 这

---

① 荆门市博物馆编《郭店楚墓竹简》，文物出版社，1998，第197页。
② 荆门市博物馆编《郭店楚墓竹简》，第209页。

就是说，君臣应当如朋友那样互相选择、对等对待。孟子也说，"君之视臣如手足，则臣视君如腹心；君之视臣如犬马，则臣视君如国人；君之视臣如土芥，则臣视君如寇仇"（《孟子·离娄下》），君臣之道是相互性的。同时，贤能之臣有劝谏君主之义务，"唯大人为能格君心之非"（《孟子·离娄上》），"君子之事君也，务引其君以当道，志于仁而已"（《孟子·告子上》），作为臣子只有格君心之非，引导君往仁道之路上行，才是尽到了为臣的本分："责难于君谓之恭，陈善闭邪谓之敬，吾君不能谓之贼。"（《孟子·离娄上》）而当君不能再行"天道"与"人道"，便可以"有道伐无道"："君有过则谏，反复之而不听，则去。""君有大过则谏，反复之而不听，则易位。""贼仁者谓之贼，贼义者谓之残，残贼之人谓之一夫。闻诛一夫纣矣，未闻弑君也。"（《孟子·万章下》）传"有道"之"学统"，言"道统"之最高价值，批判"无道"之"政治"，乃是儒家批判精神的重要面向，乃至有些学者指出，这是"儒家革命精神"的源头之一，并认为："追求人世和人的完美性正是儒家精神的基本品格，亦是儒家革命精神的理念基础。"①刘小枫提出"儒家革命精神"的本义，是为了回应著名德国汉学家将中国的社会主义和共产主义革命运动的精神，归结为"基督教"的"末世—救世"理论世俗化在中国的展现，而提出现代中国的革命运动，实有中国儒家的精神传统，尤其是古代公羊学的圣人改制和陆王心学成圣思想的现实运用。关于儒家的思想脉络，是否生成了现代中国的"革命"话语和"革命"运动，是需要更加细致的辨析和解释的，但无可否认的是，儒家思想内在存在着强大的"入世"生态、"理性"精神、"德性"追求，进而以超越的价值理念审视、批判现实社会与政治，并参与社会的改造，这是可以有共识的。

传统儒学具有的社会批判精神使儒学内在地具有批判的品质、批判的功能和抗议的精神，它包含着三层含义：一是政治的批判，引"政统"以合"道统"；二是社会的批判，促进良善社会的建制；三是文化的批判，以求文化的守正开新。②现代性儒学的建构，是基于现代性的"生活世界"的儒学形态的转化，儒学"阐旧邦"以"辅新命"需要

① 刘小枫：《儒家革命精神源流考》，上海三联书店，2000，第2页。
② 韩星：《先秦儒家道统意识与批判精神》，《陕西师范大学学报》2014年第3期。

保持强烈的"入世情怀"和"现实品格"。现代性儒学的建构，"不是指儒学屈从现实需要，躬身而行，认定现实的就是合理的。而是说现代性儒学必须对自己身处的现代状况具有深切的感知、理性的剖析和应对的理论建构"。① 批判性精神的重建，不仅否定了过去认为儒学只是"既得利益"的维护者，更重要的是建设儒学批判精神在现代性社会场域中的价值判断的延续、融通和更新，建构儒学回应现代性社会的针对性、精准性和有效性。而这种回应，并不能以传统儒学没有事实地生成现代性社会的某些"道器"面向，就应获得拒斥、否定和打倒的必然性理由。正如上文所论，没有一种固有的、曾有的理论范式能够阐释社会所有面向的功能，因此，现代性儒学的建构，就需要积极介入现实社会，创构当下"生活世界"的理论阐释，在建构和批判中推动人类生活从必然世界走向自由王国，以现实的面对和理想的追求，推动儒学的现代性转型。这或许就是"实践儒学"的构想和出场的使命吧！

（责任编辑：杨传召）

---

① 任剑涛：《复调儒学：从古典解释到现代性探究》，台湾大学出版中心，2013，第369页。

人的"显""隐"

——李泽厚实践美学的意义及其遮蔽

陈 兵 肖璐璐*

摘 要　李泽厚提出"美"是社会性和自然性交融统一的理论，忽略社会生活变革的历史隐情，显得抽象空洞。历史地看，"羊人为美"指涉商代先民图腾祭祀活动中感性愉悦的原始生发，而"羊大则美"隐喻礼乐文明语境中古人道德地劳动创造的理性审美愉悦。从"羊人为美"到"羊大则美"的审美注意的变迁，基于殷周之际人文主义鼎革的德性生命自觉和个体觉醒。所以，李泽厚实践美学追求思辨的理论建构，使作为人类总体的审美心理形式的"大写的人""凸显"，而有着复杂审美体验的具体而微的"感性生命"处于"潜隐"之中。反思他"美"字诠释的得失，有助于把握当代美学回归个体生命的新方向。

关键词　李泽厚　"美"　审美愉悦　实践美学

在追问"个体感性何以可能"的时代语境下，近 90 岁高龄的李泽厚先生，在近著中点评当今流行的生态美学、生命美学是"无人的美学"，[①] 各

---

* 陈兵，哲学博士，讲师，主要研究方向为先秦儒学、现当代哲学；肖璐璐，哲学硕士，南华大学护理学院助教。

① 李泽厚：《从美感两重性到情本体》，山东文艺出版社，2019，第 276 页。

派代表人物如潘知常、曾繁仁等对此亦进行了回应。① 在《美学四讲》《华夏美学》《美的历程》等书中，李泽厚借助"美"的词源学探究，创造性地提出美是社会性向自然性积淀的理论建构，为人性审美心理结构（即美感）生成演变提供了逻辑解说。然而，随着学界就古汉语"美"字初始含义的深入探讨，② "羊人为美"的图腾首饰歌舞说与"羊大则美"的味美说广受批评。李泽厚以社会性和自然性的二而一架构统合"羊人为美""羊大则美"两种解释，抽象晦涩的诠释愈发难以服众。重思"羊人为美""羊大则美"的一致性根据，检省其中蕴含的中国先民审美注意的转变，成为理论研究的焦点。从整体上看，研究者们对"美"字含义的讨论仍显不足，一方面没有发掘古汉语"美"字背后中国先民社会生活变革的历史隐情；另一方面又无法在德性自觉的高度对"羊人为美"和"羊大则美"进行生命的体悟。质言之，古汉语"美"字具有丰厚的哲学意蕴，关涉殷周之际礼乐文明中人性道德自觉的产生和感性愉悦的完善。下面笔者尝试对古汉语"美"字做出合乎历史实情的解说，并据此反思李泽厚实践美学的得失，即作为人类总体的审美心理形式的"大写的人""凸显"的同时，处于特定历史情境中有着复杂审美体验的具体而微的"感性生命"处于"潜隐"之中。

一 "羊人为美"：审美愉悦的原始生发

以李泽厚为代表的美学家提出"羊人为美"的图腾首饰歌舞说，是对古汉语"美"字一种带有文化人类学背景的词源学阐释，意指图

---

① 面对李泽厚"无人的美学"的批评，曾、潘二位皆从各自美学观点出发回击，所论皆持之有故，不足之处在于不能从李氏文本的细致分析中入手，在实践美学的内部发现其理论弊端。事实上，李先生的实践美学也存在着人的"显"与"隐"。参见曾繁仁《我国自然生态美学的发展及其重要意义——兼答李泽厚有关生态美学是"无人"美学的批评》，《文学评论》2020年第3期；潘知常《生命美学是"无人"美学吗？——回应李泽厚先生的质疑》，《东南学术》2020年第1期；潘知常《生命美学的原创性格——再回应李泽厚先生的质疑》，《文艺争鸣》2020年第2期；等等。

② 王赠怡：《"美"字原始意义研究文献综述》，《郑州大学学报》（哲学社会科学版）2014年第5期；林盛彬：《"美"在春秋时期的意义》，《人文集刊》（台湾）2008年第7期；林君恒：《"羊大则美"与"羊人为美"孰先孰后》，《福建论坛》（文史哲版）1984年第3期；高建平：《"美"字探源》，《天津师范大学学报》（社会科学版）1988年第1期；黄杨：《"美"字本义新探》，《文史哲》1995年第4期；等等。

腾活动是先民审美愉悦的原始生发表现。这一解释,虽有甲骨文、金文的"美"字字形上的根据,问题却在于以原始社会图腾崇拜为思想情境,与殷周之际的奴隶社会阶段及其国家宗教祭祀文化背景有出入。要回答这一问题,须先了解古文字学家对"美"字含义的讨论。在这一方面,商承祚、高田忠周、于省吾、王献唐等人做了详细探讨,此处只列举比较有代表性的于省吾的解释并稍做分析。于氏在对羌、苟、敬、美等古汉语的文字学分析中指出:(1)从卜辞演变规律来看,早期美字如𦍋(甲骨卜辞)、𦍌(商代金文《美爵》)为独体象形字,象"大"之上戴四个羊角,"大"象人为正立形,后美字上部四角形讹变为从羊;(2)"美"象人戴四角形(后简化为两角)以作狩猎、节日庆祝、巫师礼神作法的装饰,表示尊荣、美观,也存在戴角与插羽为饰以表美观的情况;(3)美还指商代西方少数民族时常沦为俘虏、奴隶和人牲的人,而羌人正有戴羊角的习俗并常为商人掳掠。① 概要来讲,从甲骨卜辞、金文的语境看,"羊人为美"既是古羌人戴角表尊崇美观的审美风尚的表现,也是商人掠夺西方少数民族的生活动态的象征,反映当时步入奴隶社会的商人的部族交往、宗教信仰和道德水平。可见,"美"既有戴角装饰的审美风尚方面的积极意义,也暗指被掠夺民族的悲惨境遇、商代奴隶社会宗教祭祀狂热野蛮的负面史实。②

然而,美学研究者如萧兵、李泽厚则只注意"美"字的积极意义,并从原始图腾歌舞的精神活动的方面展开,着重阐发"羊人为美"的感性愉悦所彰显的审美心理起源。上述于省吾指出的"美"字关涉不同民族部落主体之间的交往,以及他们共同的审美风尚的问题,并没有进入萧、李二人的研究视野。人的审美意识不是孤立存在的,图腾歌舞这种从"身体的实践"③ 出发的审美感受,与该"身体"所参与的社会生产和交往实践活动紧密联系在一起,否则便难以看出特定时代的审美意识所达到的历史水平。

萧兵把甲骨、金文"美"的字形分析和文化人类学阐释相结合,指出美与原始民族图腾歌舞表演之美好有关。他认为,"美"字从甲金

① 于省吾:《释羌、苟、敬、美》,《吉林大学社会科学学报》1963 年第 1 期。

② 胡厚宣:《中国社会人殉和人祭》(下篇),《文物》1974 年第 8 期。

③ 张玉能、张弓:《身体美学究竟应该怎样建构?——与王晓华教授商榷》,《探索与争鸣》2019 年第 1 期。

文和《说文》篆文看分明由羊形和大字构成，羊形显然是四角羊乃至六角羊，而大字则是正立的巫师、酋长一类的大人物，二者合起来表示羊图腾民族在巫师、酋长等的主持下，穿戴羊角装饰的图腾歌舞表演之美好盛大。① 萧氏在于省吾观点的基础上，对"大"字形，做了巫师、酋长大人物主持羊图腾祭祀歌舞活动的氏族生活事态的理解。他的诠释效果在于，为于省吾所说的原始社会遗风的戴角审美风尚，找到了更为深刻根本的精神活动的本源，即图腾崇拜活动孕育着原始民族的审美艺术思维的萌芽。

李泽厚在《中国美学史》中虽援引萧兵的观点，但将原始民族的审美活动扩展到一切带有艺术实践意味的庆典性生活仪式中。他认为"美"字作"羊人为美"，既象形又会意。其象征崇拜羊图腾祖先的民族，头戴羊角身披羊皮举行狩猎舞与图腾舞蹈合一的节日活动，庆祝播种、祈丰、狩猎、诞生等一系列重大生产活动的成功、完满，而这种能表现原始人艺术实践的图腾歌舞即美的事物。② 此处，对"美"字关涉的原始人艺术性的集体生活节日图景的描述，揭示了"美"的本质是群体因社会生产活动成功圆满产生的，是共情性的生命愉悦。需要说明的是，李泽厚提及的"原始人"是集体的、抽象的类存在；这种生命愉悦是功利性的集体感性，与超功利的审美愉悦还有距离。李氏对"美"字形义结构的认识，不囿于于省吾的独体象形字的说法，把汉字的表象与表意的功能联系起来考察。其理论抱负是，将审美意识的物质基础（狩猎生产活动）与精神表现（图腾歌舞表演）统合起来，从生产、生活经验的效用和圆满，来理解原始先民的艺术冲动和审美需要。更为深层的原因是他对汉字本质的哲学沉思，即认为汉字以自身的视觉化形象，喻指古人集体生存事实及其情境下的艺术化的生命情感体验。③

萧、李二人在词源阐释中的确有所创发，但存在的问题是：第一，从原始羊图腾歌舞和巫术祭祀礼仪活动的方面去理解"羊人为美"，与甲骨文、金文"美"字所内在的商代奴隶社会的历史环境是否相符合；

① 萧兵：《楚辞与美学》，文津出版社，2000，第 59~60 页。
② 李泽厚、刘纲纪主编《中国美学史》第 1 卷，中国社会科学出版社，1984，第 80~81 页；李泽厚：《美学四讲》，生活·读书·新知三联书店，2004，第 42 页。
③ 李泽厚：《由巫到礼 释礼归仁》，生活·读书·新知三联书店，2015，第 160~163 页。

第二，图腾首饰歌舞之美好与商人以羌人俘虏为人牲祭祀之残酷是什么关系？他们二人并没有注意到这两方面的问题，只是就审美感性愉悦而谈"美"，只停留在抽象的、宏观的人性层面，而非联系古代具体的社会生活情境，从个体生命出发考察人之为人的生命审美活动。因此，我们对"羊人为美"的反思和阐释，便既要揭露审美活动所奠基的人的现实生存状况，也要进一步追问其中是否蕴含社会价值和人文关怀。

首先，以羊图腾论"羊人为美"，与夏商时代华夏民族的信仰崇拜实情不符合。商代属于原始社会后期的西方少数民族古羌族部落，是羊图腾崇拜的主体；而已进入奴隶社会的中原殷商部族，虽保留鸟图腾崇拜的遗风，但发展出阶级压迫和掠夺异族的国家宗教祭祀活动。图腾活动最晚至母系氏族社会时期，属于原始时代的文化现象，但在"美"字甲骨文和金文时代中原部落告别原始时代进入阶级社会。比如有学者认为，"羊人为美"的甲金文例证所反映的时代并非原始氏族社会，且羊图腾与商民族鸟图腾不相符，图腾舞蹈巫术绝不会出现在商代的阶级社会。[1] 如何回应这一理论的诘难呢？实际上，将甲金文中的"羊人为美"视为原始图腾活动，与商代的阶级社会并不矛盾。因为夏商周时代西北地区尚存在处于原始氏族社会后期的少数民族羌族部落，而中原地带华夏殷商部族则进入奴隶社会，发展出保留图腾遗风的野蛮血腥的国家宗教祭祀仪式，杀俘为祭、掠夺异族是其阶级压迫特征的体现。原因在于，商代是典型的祭祀文化，[2] 以大量人牲献祭取悦祖先和鬼神。前面提到的于省吾一文中就已经指出，"美"表示华夏部落对羌人戴角风尚的接受，意味着既战争又通婚的二者风俗上的互相沟通。换言之，殷商民族不仅保留了原始图腾首饰歌舞的审美风尚，还把图腾崇拜的鬼神、神祇、祖先崇拜发展到极致，在宗教祭祀中表现出野蛮迷狂和非人道。

其次，如果"羊人为美"泛指夏商时代的社会一般审美风尚，那么这种审美风尚的感性愉悦是原始的、不健全的、非伦理的，无关人的生命尊严。商人在频繁大量杀俘为祭的国家祭祀的歌舞迷狂中，所产生的审美愉悦是取悦鬼神、神祇的附带结果，这种快乐建立在无数异族人

---

[1] 高建平：《"美"字探源》，《天津师范大学学报》（社会科学版）1988年第1期。
[2] 陈来：《古代宗教与伦理——儒家思想的根源》，生活·读书·新知三联书店，1996，第10、11页。

（不只是古羌人）惨遭掠夺杀害的生存苦难之上。而李泽厚对"羊人为美"的图腾崇拜所具有的社会理性的强调，则因混淆历史事实显得似是而非。"'美'与原始的巫术礼仪活动有关，具有某种社会含义在内"；"又有社会的意义和内容，与人的群体和理性相连"。① 这里所说的社会和理性，充其量不过是某一部落集团狭隘的集体利益诉求和一般行为规范，而非关注个体生命和社会生活的善和道义的实践理性。具体到商人来说，他们的理性只限于占统治地位的奴隶主贵族阶级的感性欲望满足，而无法表现出对羌人个体生命的尊重的道德理性。李泽厚迷信图腾巫术仪式的原始审美性质，无视图腾崇拜的功利、蒙昧和野蛮的原始人性基础。原始社会的图腾巫术活动是以取悦神祇为中心的，活动其中的人心是混沌而狂热的，屈从于外在的神灵权威的威吓与约束，根本缺乏对生命与自我的关注，更不会就残酷社会秩序和生命苦难进行理性反思。②

最后，李泽厚夸大图腾巫术礼仪之于原始人的精神的积极作用，没有注意到巫术的非理性因素的消极影响。他论述道，以"祭礼"为核心的图腾歌舞巫术文化，对原始人行为活动的有序化、理性化作用重大：既组织、团结了群体的集体意识和观念，又熟悉、操练了实际生产生活过程，锻炼了个体的技艺和群体协作能力。③ 此理论同样含混而不地道纯熟。图腾巫术礼仪在规范人的行为活动方面确实有作用，但主要是机械的被动约束的作用；至于人的心灵自觉的培养，则依赖变革以服侍鬼神为中心的巫术礼仪为以人的生命为中心的伦理礼仪。而且族群之间的图腾崇拜的差异，也是氏族社会时期频繁战争冲突的根源之一。因此，李泽厚所说的图腾礼仪对本集团成员的行为活动的"理性化作用"，主要是一般意义上的局部规范化，非普适的人类规范；亦是一种工具化的理性，没有将生命价值和个性自觉包含其中。他甚至宣称，比起物质生产劳动，严格神秘的图腾巫术仪式之于人的心理功能培育更重

---

① 李泽厚：《华夏美学·美学四讲》，生活·读书·新知三联书店，2008，第267、268页。

② 李泽厚：《美的历程》，生活·读书·新知三联书店，2009，第38~40页。李泽厚此处谈到原始社会晚期到殷周之际，部落之间的战争屠杀非常严重，承认暴力是文明社会的产婆。这等于承认暴力的历史必然性和合理性，对青铜时代的艺术审美的非人道特征缺乏足够的批判。

③ 李泽厚：《华夏美学·美学四讲》，第6、7页。

要。① 这就有明显的主观唯心论的倾向了。客观地看,李泽厚对图腾巫术礼仪对精神生产作用的关注,超出了科学论证的理性探讨的范围。原始先民直接的物质生产(狩猎)活动程序复杂而危险刺激,无不对心理思维的严密性和逻辑性提出严格的要求。图腾、巫术活动作为紧张危险的生产、生活的凝练和升华,尽管很有必要,但始终不能代替真正的狩猎生产活动。况且图腾活动和巫术礼仪对人身体内盲目原始的感性冲动的呼唤,以及所蕴含的宗教性狂热和迷信色彩,② 断不能为我们所忽略。图腾歌舞中动物性的本能冲动尽管有社会性的规范渗入,二者也相互交融制约,但始终冲破、超越了所谓的社会性规范。

因此,李泽厚以图腾歌舞活动和巫术礼仪阐释"羊人为美",为原始审美愉悦的生成寻找人性心理的根据,具有一定的合理性。所谓"美"字即图腾首饰歌舞之美好,其本质在于孕育在原始图腾崇拜中的人的生命活动的美好。有人在反思萧兵"羊人为美"说时就敏锐而深刻地质疑,究竟美是大人之舞还是羊角装饰?③ 其实,大人之舞和羊角装饰,作为古代先民的感性生命的表现,体现的是以集体日常生活为中心的流俗化的感性愉悦的萌芽。"必须先有生活的发展、美的发展,然后作为生活反映美的美感才有发展的可能,否则,美感的发展就没有它的基础和依据,变成无根之木、无源之水。"④ 由此可知,"舞美""饰美"不过是摆脱图腾崇拜的神秘、蒙昧状态之后,先民群体化的粗具形式的、不圆满的生活经验和审美尝试,尚待个体生命的伦理自觉才能达于圆满和完善。质言之,"羊人为美"指以宗教祭祀的首饰歌舞为表象,商代社会群体一般的审美心理的原始生发,这种审美意识因缺乏对生命价值和尊严的关注,所以是非理性的和不健全的。此外,"羊人为美"的审美愉悦,更多生命原始粗野的感性冲动成分,无论如何也不能完全为严密的巫术礼仪所约束和禁锢,这是由人的感性肉身所决

---

① 李泽厚:《华夏美学·美学四讲》,第 11 页。
② 李零指出,夏商时代的"巫"师的职能主要是望祀、祈雨、宁风等带有强烈巫术性的事务,其地位在"祝宗卜史"等理性化的官职之下。"巫"具有癫狂、智能超常、迷信和献身的特点,从事于对自然和人的神秘控制,服务范围狭小。而"礼仪"和"方术"脱胎于"巫术",但因其理性特征超出"巫术"之上。参见李零《中国方术续考》,中华书局,2006,第 32、35、57、58 页。
③ 林盛彬:《"美"在春秋时期的意义》,《人文集刊》(台湾)2008 年第 7 期。
④ 李泽厚:《美学旧作集》,天津社会科学院出版社,2002,第 49、50 页。

定的。

随着农耕文明和畜牧技术的发展，牛羊的获得从狩猎捕捉向圈养畜牧转变，劳动生产开始告别血腥争夺而进入家庭定居的精耕细作。殷周鼎革带来的人文主义的萌芽，图腾祭祀礼仪经过周公整理创造出理性化的礼乐制度和伦理规范，再经过孔子的"释礼归仁"内在化为人的德性自觉和人文情感。① 在礼乐文明时代，羊成为体现人伦精神（公正、善良、吉祥等）的人文符号和审美意象。它不仅是生活装饰用的羊角等装饰物，更是礼神敬天、表功赞德的供奉牺牲，如"羊曰少牢"（《大戴礼记·少牢》）、"告朔之饩羊"（《论语·八佾》）。先民的审美认知逐渐脱去图腾巫术文化的神秘影响，开始理性观察牧人品德、畜养技术和牛羊等畜牧产品品质之间的相关规律。人的劳动产品如羊、牛等之所以能够获得美的形式，根源在于它们的生长符合规律（真）和品质佳好，从而更能符合人类社会的价值追求（善）。人对现实的审美关系与政治关系、伦理关系、经济关系等紧密联系在一起，构成了人类实践活动的整体。由此便产生了"美"的美善等同、与味觉甘甜有关的新含义，即《说文解字》中提出"美，甘也，从羊从大。羊在六畜主给膳也。美与善同意"。② 中国人的审美愉悦从装饰的视觉思想，转为理性品鉴的味觉思想，更为内在和深沉。③ 这就引出接下来要讨论的话题——本于《说文》的又一种词源学阐发——"羊大则美"的味美说。

二 "羊大则美"：伦理自觉的生命愉悦

"美"字在春秋时期典籍中的原初含义，主要指盛装漂亮的人（高建平），古人对法制、正义和道德的赞颂（黄杨）或者增添事物光彩引起愉悦的状态（林盛彬），④ 好吃味甘的味觉快乐则是战国末期的后起

---

① 李泽厚：《己卯五说》，中国电影出版社，1999，第 52~61 页。
② （汉）许慎：《说文解字》，（宋）徐铉校定，中华书局，1963，第 78 页。
③ 贡华南认为中国思想史发展的基本逻辑经历了视觉思想—听觉思想—味觉思想的发展演变，味觉思想是更为高级和深刻的生命洞见和审美体验。参见贡华南《从见、闻到味：中国思想史演变的感觉逻辑》，《四川大学学报》（哲学社会科学版）2018 年第 6 期。
④ 参见高建平《"美"字探源》，《天津师范大学学报》（社会科学版）1988 年第 1 期；黄杨《"美"字本义新探》，《文史哲》1995 年第 4 期；林盛彬《"美"在春秋时期的意义》，《人文集刊》（台湾）2008 年第 7 期。

之义。由此可见，西周以降，礼乐时代古人的审美愉悦，不仅覆盖了视、听、味、触等感官系统，也由表浅的感官满足深入心灵的伦理判断。"宗教性和非宗教性的仪典形式，逐步让位于德性精神的强调，礼仪文化渐渐转化，形式化的仪典文明渐渐转变为理性的政治思考和道德思考。"① 落实到中国古代美学传统，即人的审美活动带有浓厚的政治伦理模式的规范力量。② 这是我们讨论许慎"训美为甘"及李泽厚的"好吃味美"说的必要的思想背景。

李泽厚将"羊大则美"理解为羊生长壮实和羊肉甘甜好吃，隐去了审美主体"此在"和审美对象"此羊"的礼乐文明思想背景（篆文"美"字所在的），及其具有的丰富生活伦理意蕴。他根据许慎"美，甘也，从羊从大"、徐铉"羊大则美"和段玉裁"羊大则肥美"等说法，③ 认为羊肥大是囊括视觉、味觉等人的感性需要的满足和享受。④ 紧接着，李泽厚又以《论语》为依据简单提及古代"美"与"善"等同的思想，并指出今人审美活动强调感官愉悦而弱化伦理判断。这一诠释过于宏阔不实，只在单纯感性需要的层面谈"好吃味觉之美"，而没有将其视为有道德体认（伦理关系）和畜牧经验（经济关系）参与的"味觉思想"。在李泽厚眼中，"羊"是抽象空洞的动物，而"人"则是无文化传统和个性气质的无差别的人类。相比之下，许慎的"羊在六畜主给膳"之"羊"是饲养的六畜之一，具有用作祭祀牺牲尊天敬祖和膳食佳肴宴飨宾客的人伦事理意义。所以，依笔者之见，只有深入"美"字礼乐文化背景，结合具体的古典文献材料，才能提炼出"羊大则美"的贴切美学思想意蕴。

首先，羊肉味道甘美隐喻生命劳动创造的甘甜感。如果把李泽厚羊大肥美和好吃味美的说法加以具体的理解，第一，与作为牺牲之羊的体格优美有关，第二，味道甘美根源于人生命劳动充实的甘甜、愉悦，好吃味美不全是审美注意的焦点。一方面，美意味着事物必须具有完善充实的形式，形式美的自由创造才能引起人的愉悦。"只有仅涉及对象的

---

① 陈来：《古代宗教与伦理——儒家思想的根源》，第 10、11 页。

② 张玉能：《深层审美心理学·导论》，华中师范大学出版社，2018，第 7 页。

③ （清）段玉裁注《说文解字注》，上海古籍出版社，1988，第 146 页。

④ 李泽厚：《美的历程》，第 197、425 页。

形式从而使主体具有一种无功利的自由，才是审美的愉快。"① 为了祈求福佑和吉祥，卿大夫必须选用毛色纯粹、体格健硕的羊以充当祭品。另一方面，美的事物是人文劳动创造的结果，因为美好的事物，须辛苦培育方能养成，才能达到"神人以和"。"古者天子诸侯必有养兽之官，及岁时，齐戒沐浴而躬朝之，牺牲祭牲必于是取之，敬之至也。君召牛，纳而视之，择其毛而卜之，吉，然后养之。"（《礼记·祭义》）古人用牲的礼仪讲究严肃而完备。体健色纯的牛羊通过卜筮获吉才能被拣选为牺牲。换言之，羊大肥美是人们辛勤培育创造的结果，对羊生长肥大的形式美（真）的愉悦感，是人劳动创造产生的自由感受。好吃味美不只是对食物味觉的愉悦，作为味觉思想，还包含对创造食物的整个劳动过程的充实感和甘甜感的体知，是"与伦理道德有关的理性的精神愉快"。② 比如羊肉的肥甘可口，是以膳夫的养生知识、烹调技术和辛勤劳动为基础的。当然这个意味深长的"甘"，不仅超越了味觉上的功利化的感性愉快，还以分享祭品的方式，隐喻人创造美好事物成己成物的诚实劳动的意义满足。"任何享受一旦不是通过疲劳和勤勉获得，都会立即变得索然无味、令人生厌……只需要品尝诚实劳动的甘甜。"③

其次，味道甘美意味着审美主体对自身欲望的节制和超越。第一，人在祭祀中以满足天地、祖先的需要为直接目的，这就间接节制了自身的欲望，超越自身的功利。在祭祀用牲中，羊牲作为一个美的表象被给予，首先不是直接指向人的感性需求，而是天地、祖先的"需要"即超越的审美追求。人的感性欲求的满足，是在感恩自然的馈赠和祖先的勋劳以祈祷奉献之后顺带完成的。人与自身的审美对象（某物）的审美关系，也是自我与他者（祖先、鬼神等）之间的伦理关系。换言之，是他人需要的满足才成就了自我欲望的满足。第二，人在祭祀斋戒过程中战胜、克服了自己的欲望，充分直面真正的自我，纯粹自己诚敬的道德情感。因为处在祭祀中的个体，整个地笼罩在鬼神、祖先的严密注视之下。他必通过斋戒而克制，削弱自己的感性欲望，而使自身的诚敬情感表露出来，呈现自身诚实劳动的过程于鬼神、祖先的面前，以期获得

① 李泽厚：《批判哲学的批判——康德述评》，生活·读书·新知三联书店，2007，第391页。
② 李泽厚：《批判哲学的批判——康德述评》，第389页。
③ 〔英〕大卫·休谟：《论道德与文学》，马万利、张正萍译，浙江大学出版社，2011，第42、43页。

肯认和恩典，并在此情感下"打量"献祭给鬼神、祖先的牺牲是否完美。人在此祭祀情境中，晦暗躁动的欲望全没有表现的可能，自为地转化成感恩、恭敬的情感并贯注到审美对象（羊）上。第三，人超越自己的味觉愉悦，达到直观天地生物流行本身的审美自由境界。通过品味"羊牲"这个神圣的中介形式，个体的感性欲望对物的追求着意，涵化为对生命创造、万物化生的自由直观和自由感受，无限接近和沉浸在"神人以和"的理性神秘之中。所以，味道甘美作为一种审美体验，是身体感觉（口腹之欲）与心理感受（道德满足）的融合为一、混沌未分的状态。①

再次，羊肉肥美的味觉愉悦，以羊肉高品质为前提，依赖饲养技艺的科学掌握。② 肥大壮实的羊牲，作为经验性的美的模范，本身就是科学的和规律的，体现了最佳的形状比例和合适的数量结构、质量规模。也就是说，羊要按规律来饲养才能生长成肥大的美的形象和品质，按烹调规律来制作才会有美好的味道，都体现了生产和生活一定的度数与规律。生命的愉悦感受与对象的科学性是同一的，只有"真"的事物（完善的形式）才是"美"的事物，才能引起人的审美愉快。审美愉悦基于人的创造性的对象性活动。《诗经·小雅·无羊》不仅描写了牛羊蕃盛，还生动刻画牧人的娴熟技艺，把牛羊和牧人共处于天地自然的悠然自得的妙境描摹出来。究其主旨，则是以牛羊之蕃盛来赞扬牧人的辛勤付出和放牧技艺。③ 牛羊不会凭空生长得壮实俊美，人不仅需要对牲畜的生活习性和个性有深切的观察体会，还要忘我的辛勤劳动来创造各种饲养条件。"美是真、善的对立统一，即自然规律与社会实践、客观必然与主观目的的对立统一。"④ 这意味着"美"是在劳动生产中科学认识和人文关怀合一引发的生命愉悦，而李泽厚在"羊人为美""羊大则美"的古典美学思想的诠释中并没有彻透这一点。

最后，人视审美对象"羊"为有尊严之生命。人和羊不能以一种主客关系去看待、理解，二者乃生命共生共成的整体。牧养技艺意味着

---

① 杨春时：《作为第一哲学的美学——存在、现象与审美》，人民出版社，2015，第143页。
② 有关羊的生活特性的描述，参见刘济民《浅谈羊的生活习性和生物学特性》，《中国农业信息》2016年第1期。
③ 应华：《议〈小雅·无羊〉》，《河北大学学报》（哲学社会科学版）1984年第1期。
④ 李泽厚：《批判哲学的批判——康德述评》，第436页。

人对羊自然天性的发现，也是人的德性的养成和磨炼。人的审美愉悦指向人与生物"和谐"的伦理关系，有节制地取用牲畜而爱惜物力。"诸侯无故不杀牛，大夫无故不杀羊，士无故不杀犬豕，庶人无故不食珍。"（《礼记·王制》）"树木以时伐焉，禽兽以时杀焉。……断一树，杀一兽，不以其时，非孝也。"（《礼记·祭义》）因之，"羊大则美"归根究底，乃是以慈爱本性投入对劳动对象的培养，从而造成极致的情理交融的审美愉悦。也就是说，"羊大为美"根基于劳动生活之仁爱，此审美观照指向的是人伦群物之道和生生之德。人将侍奉祖先、鬼神的慈爱之性，泽及于他人、牲畜。审美活动要考虑适当的时节、人力和物力，而不能流于泛滥，否则便是辜负天地生物之德。这些文献证据无不说明古人的审美意识具有生态伦理的维度。

在原典儒学中，审美注意已经集中到礼（以羊牲为中心）这个形式本身，人的审美愉悦中渗透着礼乐文明的古典人文气息和道德理性。所谓"里仁为美"（《论语·里仁》）、"充实之谓美，充实而有光辉之谓大"（《孟子·尽心下》）等经典表述，是指美乃人之德性充实的生机勃勃的光辉状态，亦即"气化多余的光彩"[1]。此亦即臧克和所论，一般味道甘美之物往往生命力旺盛充沛，美就是这种充满生气之物所具有的盛大活力。[2] 如果说"羊人为美"重视图腾歌舞等修饰艺术以促进本能冲动的宣泄，"羊大则美"则根本地意味着人在礼乐秩序中彰显的德性生命的创造活力。而之所以是"味"美，不过是说，如果不能对生气充盈的"活物"的生长发展过程有一个全面的体会、见证和品味，则断然不能显豁生命诚实劳动的甘甜感和愉悦感。总之，尽管"羊大则美"的审美愉悦有道德理性在其中，但古汉语"美"字始终肯定着人的感性欲求、冲动在审美活动中的不可化约的重要性，不同于康德对审美愉快的非功利性的强调。[3]

三 实践美学中人的"显"与"隐"

经历了殷周之际的人文主义鼎革的历史演进，"羊人为美"的原始

---

① 牟宗三：《真善美的合一说和分别说》，樊克伟录音整理，《鹅湖月刊》1999 年第 11 期。
② 林盛彬：《"美"在春秋时期的意义》，《人文集刊》（台湾）2008 年第 7 期。
③ 李泽厚：《批判哲学的批判——康德述评》，第 389～391 页。

图腾文化的肤浅、功利的社会性扬弃为"羊大则美"的礼乐文明的道德的社会性,"美"作为人的感性愉悦开始具有人之为人的德性生命的底蕴。李泽厚对"羊人为美"与"羊大则美"二者社会性的差别缺乏细致考察,关于二者的人性论阐释流于抽象思辨和形式主义。而且《美学四讲》《华夏美学》等书中的观点说法不一,增加了人们理解的困难。这一诠释困境,根源于古汉语"美"字的表浅的词源学阐释与抽象的理论建构之间的张力。李泽厚过分夸大图腾巫术文化的理性作用,无视古人审美意识发展演进的历史规律,构成对礼乐文明语境中的具体德性生命的遮蔽。令人惋惜的是,这一好为宏观概括和理论发挥的思想家,尽管在《美的历程》中郑重指出古典审美的理性主义特征,但对于"美"字的诠释并没有产生多少助益,表现出非道德的审美愉悦的理论倾向。由此进一步可窥李泽厚实践美学的得失,即作为人类总体的审美心理形式的"大写的人""彰显"的同时,处于特定历史情境中有着细腻审美体验的具体而微的"感性生命""潜隐"了。也就是说,实践美学所讨论的理性化的审美心理形式,"显"的是抽象总体的人。但真正的审美自由,则是"潜隐"着的有血肉身体的个体,对既成的审美心理结构(客观理性)的超越。接下来,试详论李泽厚在不同文本中对"美"字内涵的哲学阐释所造成的人的"显"与"隐"。

首先,李泽厚在《美学四讲》中认为"美"存在关系感性和社会理性两方面,具有感性愉悦的强形式和伦理判断的弱形式两重意义。李泽厚认为"羊人为美"偏重社会性,"羊大则美"偏重感性需要和享受。[①] 他的根据在于,"羊人为美"反映了原始人戴角首饰的图腾歌舞和巫术礼仪活动,体现着审美愉悦的群体交往的社会性和理性特征。而"羊大则美"说的是人的生理满足(好吃、好看)的感觉愉悦强形式。这种论断显然与历史事实相违背,不能令人信服。上文已经指明,"羊人为美"的图腾首饰歌舞的感性愉悦带有原始野蛮的性质,在社会性和理性程度上有所欠缺,而"羊大则美"则实现了人的感性愉悦和道德理性(礼乐文明是成熟健全的社会性)相统一。李泽厚的问题出在哪里呢?原因在于,"羊大则美"只被他从生理需要的方面做了简单的理解,而人的感性需要总是具体历史文化背景中的个体的感性知觉和感

---

① 李泽厚:《美学四讲》,第43页。

性意识。即便李泽厚将"羊人为美"视为一种伦理判断的弱形式，图腾歌舞礼仪中也可能存在着伦理判断的萌芽，但这一萌芽就历史情况来看是极其有限的。因为图腾崇拜和巫术仪式并不关注善、正义和仁慈等生命价值。① 这也是商人为什么要在保留图腾祭祀遗风的国家宗教活动中大量杀俘为祭的原因。李泽厚所指认的"社会理性"，其实应归"羊大则美"。礼乐文明时代的"羊大则美"，是中国古人道德理性成熟的体现，即以羊牲（是人的本质力量对象化的劳动产品，而非人牲）为象征的对生命价值本身的审美关注。李泽厚只谈论"羊大则美"和"羊人为美"的逻辑同一，把"美"与人的感性需要和社会理性相关联，却不问怎样的历史变化促进了"感官的人化、情欲的人化"的生命转变。② 说到底，李泽厚眼里只有抽象审美心理积淀的"大写的人"，而无有着丰富审美情感体验的"个人生命"。而且，李泽厚没有从审美自由的高度肯认感性存在对社会理性的超越性。

其次，李泽厚在《华夏美学》中论证"美"是人的社会性与自然性的辩证融合。他采用了社会性与自然性、感性与理性等二分概念框架，以极其概括、抽象的方式，来阐述人的审美心理逐渐与生物本能区别开来的辩证进程。"如果说，前面解'羊人为美'为图腾舞蹈时，着重讲的是社会性的建立规范和它向自然感性的沉积，那么这里讲'羊大则美'为味美好吃时，着重讲的便是自然性的塑造陶冶和它向人的生成。就前者说，是理性存积在非理性（感性）中；就后者说，是感性中有超感性（理性）。"③ 人们不禁疑问：规范怎么向自然感性沉积？理性存积在感性中到底是指什么？其实，这是以分析的理论框架，强说具体生命美学涵养的圆融之理，而且"理性"一词的含义也在发生流变，如此自然让人迷惑不解。从李氏的机械支离的表述看，所谓"羊人为美"和"羊大则美"的统一性论证，不过是他人类学历史本体论的"积淀论"又一次蹩脚的抽象推演。④ 参详我们前面的诠释可以发现，李泽厚的这种"统一"遮蔽了血肉生命的活泼审美体验，用哲学

---

① 吾淳：《中国社会的宗教传统——巫术与伦理的对立和共存》，生活·读书·新知三联书店，2009，第204~205页。
② 李泽厚：《华夏美学·美学四讲》，第4、317~318页。
③ 李泽厚：《华夏美学·美学四讲》，第13页。
④ 李泽厚：《批判哲学的批判——康德述评》，第115~116页。

概念的玄奥推理，代替对古典审美材料的细致爬梳。甚至，在玩弄概念魔术的同时，给人们的审美体悟设置了重重障碍。①

再次，李泽厚在《美的历程》中孤立地论述了原典儒学审美愉悦的理性主义特征。他在评价孔门儒学的先秦理性精神时指出，"孔子把原始文化纳入实践理性的统辖之下"，"重视的是情、理结合，以理节情的平衡，是社会性、伦理性的心理感受和满足"。② 引文中的"原始文化"，正是与"羊人为美"相关的图腾巫术文化。所谓"实践理性"，就是古人的伦理精神或者道德理性。原始巫术文化并不关怀社会和伦理，只是把社会和人当成服务于神的工具，它的社会性是现世的利害；而伦理和道德则是以社会和人的完善作为目的的。③ 李泽厚此处对孔子实践理性精神的强调，实际上构成了对他之前推崇"羊人为美"的图腾巫术文化的社会性观点的否定。此一点是我们反思"羊人为美""羊大则美"的历史内涵的重要思想出发点。倘若联系上述李泽厚对抽象的感性与理性的辩证统一的阐释来看，他真正想要说明的，即中国古典的审美愉悦强调情理结合，伦理性价值满足的愉悦至为重要。不幸的是，李泽厚的这一观点与"美"字诠释（尤其是伦理判断的弱形式）相出入。

最后，李泽厚关于"美"的问题的哲学阐释前后矛盾，所用的"自然性""社会性"等概念也不甚清晰，皆与抽象的、总体的人性审美心理结构有关。青年李泽厚在《美的客观性和社会性》一文中指出，美的社会性指美依存社会生产斗争与革命实践。④ 显然，处于美学论战时期的李泽厚，对美的社会性的解读尚显含混和粗糙。尽管对社会生产的革命实践活动给予充分关注，但仍无法有效说明美与社会实践的创造性之间的具体关系为何。在创立人类学历史本体论哲学之后，李泽厚抛弃了原来僵硬的理论说教，提出"美"是社会性（原始图腾巫术活动）和自然性（人的感性官能）的统一，抑或理性和感性的统一的看法。显然，社会性与理性、自然性与感性并非可以相互等同的概念范畴，都是远离个体生命审美体验的空洞词语。社会生产斗争、革命实践与图腾

---

① 郭勇健：《当代中国美学的病理分析》，《东南学术》2016 年第 1 期。
② 李泽厚：《美的历程》，第 53 页。
③ 吾淳：《中国社会的宗教传统——巫术与伦理的对立和共存》，第 204 ~ 205 页。
④ 李泽厚：《美学旧作集》，第 53 页。

巫术文化活动也无法在"社会性"这个范畴下得到统一的解释。我们怎样来看待李泽厚这一理论上的流变和断裂呢？如果说青年李泽厚重视倾向于从人类的物质生产斗争来理解"社会性"的话，那么中年李泽厚则认为"社会性"更侧重于人的巫术礼仪等精神文化的社会交往活动，而且后者在他看来比直接的物质生产对人性塑造更重要。从概念的使用看，李泽厚在理论上不再注重申论审美意识的客观社会存在基础，而是由中国古典美学思想的诠释借题发挥，将理论重心转移到对当代人的文化心理结构的造上。①

　　总之，如果对李泽厚的"美"字诠释做整体上的鸟瞰，便不难发现：李泽厚在对"羊人为美""羊大则美"的理解上，不仅盲目夸大原始图腾巫术文化的社会性，还脱离了他重视生产实践的观点——实践美学的基础。原始人的物质生产实践和艺术活动混沌未分，而阶级社会中艺术活动脱离生产上升为上层建筑。② 这导致了他在古典审美意识活动的讨论中，忽视了审美活动的阶级性和历史性问题，空谈人的社会性和自然性、感性和理性的同一，在"凸显"宏观抽象的人类审美心理积淀形式的同时，"潜隐"了有鲜活审美体验的个性生命。在阶级社会中，艺术审美等文化活动和享受与从事物质生产的劳动人民相分离，人的生存失去了一体性！"劳动生产了美，但是使工人变成畸形。"③ 李泽厚的抽象理论建构缺乏对这一现实困境的批判指认功能。而"羊大则美"的味美说恰恰没有彻底揭示味觉快乐的本质即诚实劳动的甘甜感。这种从抽象人性出发所得出的审美意识的辩证运动，绝不是回归个体生命活动本身的新感性美学："回到人本身吧，回到人的个体、感性和偶然吧。从而，也就回到现实的日常生活（every day life）中来吧！"④ 由于主体性实践哲学将生产实践的工具本体和有关艺术、审美的心理本体分开来论述，由于李泽厚难以从个体生命出发去研究人的审美心理，所以难免产生脱离劳动生产和社会历史的"美"字诠释。并最终使他的

---

① 李泽厚：《华夏美学·美学四讲》，第226页。
② 林君恒：《"羊大则美"与"羊人为美"孰先孰后》，《福建论坛》（文史哲版）1984年第6期。
③ 马克思：《1844年经济学哲学手稿》，人民出版社，2018，第49页。
④ 李泽厚：《美学四讲》，第211页。

新感性美学流于空洞的口号。① 事实上，审美自由的讨论重点不是什么传统化的心理结构，而是个体感性的自由选择，即对所谓"自然性"和"社会性"的双重超越。

需要进一步说明的是，从历史的逻辑发展来看，中国人的审美意识的发展呈现为原始感性愉悦（"羊人为美"）→道德理性的愉悦（"羊大则美"）的现实历程。在中国古典美学中，人与物的关系并非仅仅基于感性欲求，其所体现的生态意识是敬畏自然、万物一体和生而不有的崇高审美情怀。② 这样的审美意识的成熟，显然有别于"羊人为美"所指涉的非伦理的审美活动。殷周之际人文主义的发轫到孔子对礼乐文化的"仁学"诠释，"羊大则美"的中国古典审美愉悦，所锚定的是仁爱精神所豁显的关注生命价值的伦常生活。李泽厚抽象断言历史实践中人的审美和道德的统一，并"积淀"在个体的心理文化结构中。但具体生命在日常生活中仍须从头开始，通过刻苦的涵养取得感性愉悦对道德理性的现实超越。③ 换言之，每一时代的个体审美活动不能借历史的审美积淀而累积、生成，只有投入诚实劳动中做内在和外在的超越，审美积淀才成为"我"的日常经验，生命才成为自由的运动。正如人们反复提到的，审美自由是个体感性冲动对客观法则的超越，因而美学所讨论的就并非恒常抽象的"文化心理结构"，而是"潜隐"着的个性生命的自由审美体验！生活世界中的万物之美，无待于"自然的人化"或"人的自然化"这些曲折、造作，只需人去"意会"、去"相遇"。④

结　语

综上所述，"羊人为美"指以图腾首饰歌舞为表象的古人审美风尚的原始生发，其缺乏对生命价值和尊严的关注因而是非理性的，而"羊大则美"则是以诚实劳动的甘甜感为根源的，是古人德性生命创造

① 韩德民：《李泽厚与 20 世纪后半期中国美学》，《安徽师范大学学报》（人文社会科学版）2000 年第 1 期。
② 樊美筠：《中国古典美学中的"生态意识"》，《哲学与文化》2001 年第 9 期。
③ 樊志辉、陈兵：《历史建构与先验真理的吊诡：李泽厚"积淀"概念审视》，《理论探讨》2020 年第 1 期。
④ 郭勇健：《当代中国美学论衡》，清华大学出版社，2014，第 349 页。

活力产生的理性审美愉悦。从"羊人为美"的审美愉悦的原始生发到"羊大则美"的德性生命愉悦的成熟完善，反映了殷周之际人文主义鼎革的历史情境下，审美愉悦所标志的"爱的觉醒"与"个体的觉醒"。[①]而古汉字"美"字的哲学意蕴即个体道德的劳动生活的理性审美愉悦。在中国古典美学思想的形成时期，美是感性愉悦与道德理性在具体的礼乐文化生命中的统一。而李泽厚凝练的社会性向自然性积淀、社会性与自然性的交融统一的理论框架，是对此具象的审美生命体验的高度抽象与遮蔽。这一中国古典美学思想的现代诠释，偏好抽象思辨和宏观概括的理论建构，"凸显"人类总体"大写的人性心理结构"，试图使中国审美传统能够成为人类社会的普遍理想和普适价值；[②]但其忽视古人审美意识发展演进的历史规律，构成对礼乐文明语境中的具体德性生命的遮蔽，有鲜活血肉的个性生命处于"潜隐"之中。对于审美自由来说，后者更为根本。从更高的层面来看，李泽厚通过对"美"字词源学阐释以探求人审美心理形成的理论建构，其问题意识在于在当代社会转制语境中探索心灵秩序和现代生活方式。但正如我们所揭示的，实践美学诠释的形式主义和理性主义倾向，使他本人反复提倡的"回到人的生活本身"的理论愿景落空，因而无法切实回应个体生命在现代社会转制变迁中如何安身立命的时代课题。总之，对李泽厚"美"字诠释展开哲学反思，探索能忠实于古典德性生命审美传统，又回归个体生活本身的当代美学诠释方法的可能性，不失为一个前景可期的思想远航之旅的新起点。

（责任编辑：秦树景）

---

① 潘知常：《生命美学的原创性格——再回应李泽厚先生的质疑》，《文艺争鸣》2020年第2期。

② 参见贾晋华《李泽厚对儒学情感伦理学的重新阐述》，〔美〕安乐哲（Roger T. Ames）、贾晋华编《李泽厚与儒学哲学》，上海人民出版社，2017，第180页。

论熊十力的佛学批判与气学融摄

——以"体用不二"为线索的考察

李宗宜*

摘　要　熊十力的"体用"概念讨论的是宇宙论中宇宙实体与宇宙万象的关系，而并非个别物的"体用"。"体用不二"是熊十力思想的核心，其含义是宇宙实体变成宇宙万象，故二者是同体不二的。以此，熊十力批判了佛学对"体用"的割裂：空宗求体而废用，最后体用两空；有宗建立"二重本体"，造成理论上的混乱，空有二宗均不能有效地解决"体用不二"的问题。熊十力"体用不二"的思路实则源于张载的气学，其与气学有共同的问题意识——确立宇宙万象的真实性。结合气学，熊十力的很多观点都可以获得清晰明确的理解。熊十力的佛学批判乃是气学中的固有批判，其真正的理论贡献在于融摄心学与气学，而与佛学无涉，其思想的底色是儒学而非佛学。但融摄心学与气学又使熊十力思想中本心本体与宇宙本体"两重本体"产生矛盾。对此问题，尚有进一步研究的必要。

关键词　熊十力　体用不二　张载　气学

近几十年来，有关熊十力哲学的研究取得了丰硕的成果。这些研究

---

* 李宗宜，复旦大学哲学学院中国哲学博士生，主要研究方向为儒家哲学。

大多集中于对熊十力本人思想的梳理，或是分析其思想的形成过程，或是分析其前后期思想的异同，或是讨论其哲学中的核心命题。本文将集中讨论熊十力的佛学批判与气学融摄。学界对熊十力的佛学批判不乏相关研究，[①] 但仍有进一步讨论的余地，特别是其对气学的融摄则鲜有学者论及，而在本文看来，这二者其实是一个问题"破"与"立"的两面。这一问题就是熊十力对"体用不二"的阐释。无论是佛学批判还是气学融摄，都可以"体用不二"为线索展开考察。

一 熊十力对"体用"的界定及其问题意识

"体用"是中国哲学中被广泛讨论的问题，张岱年先生对此进行了解释：

> "体用"是唐宋以至明清的哲学著作中常用的范畴，其渊源亦在先秦时代。与"体用"意义相同或相近的观念有"本用""质用"。"本"亦称为"本根""本体"。"本体"亦称为"实体"。从历史演变来看，"体用"似乎是由"本用"观念衍化而来的。到唐代，儒家佛家俱言体用，而其所谓体用的意义实不相同。[②]

大约自唐代之后，"体用"成为中国哲学中的一个核心议题，而其与佛学又有着一定的联系。就一般含义而言，"基本的是体，从基本的引发出来的是用，亦即第一性的是体，第二性的是用"，[③] 比如灯和光，可以说"灯是光之体，光是灯之用"（《坛经·定慧品》），这一说法虽出自佛家，但也为宋明理学普遍接受。除此之外，"体用"范畴尚被广泛用于心性论中，朱子的"中和新说"便以"性为心之体，情为心之用"。这些是宋明理学传统中对"体用"概念的运用。

熊十力对"体用"概念的界定与宋明理学不尽相同，其相关思想

---

① 如郭齐勇《熊十力哲学研究》中辟有专章讨论熊十力的佛学思想，参见郭齐勇《熊十力哲学研究》，人民出版社，2011。
② 张岱年：《中国古典哲学概念范畴要论》，中华书局，2017，第77页。
③ 张岱年：《中国古典哲学概念范畴要论》，第77页。

集中体现于其晚年所著的《体用论》① 中，在熊十力看来：

> 此书之作，专以解决宇宙论中之体用问题。（宇宙实体，简称体。实体变动遂成宇宙万象，是为实体之功用，简称用。此中宇宙万象一词，为物质和精神种种现象之通称。）②

对熊十力而言，"体"是宇宙实体的简称，"用"是宇宙实体之功用，包含心物种种宇宙万象。由此可见，熊十力所讨论的"体用"是"宇宙论"中的"体用"问题。所谓宇宙论即探讨宇宙万象如何生成、发展及变化的学问。与此相应，"宇宙论中之体用问题"所讨论的便是宇宙实体如何变化为宇宙万象以及二者的关系问题。显然，这样一种对"体用"的界定与宋明理学有着非常大的区别。熊十力又进一步解释"体用"说：

> 先释体用。（体用二字，从来学人用得很泛滥。本论在宇宙论中谈体用，其意义殊特，读者须依本论之体系而索解。）体者，宇宙本体之省称。（本体，亦云实体。）用者，则是实体变成功用。（实体是变动不居，生生不竭，即从其变动与生生，而说为实体之功用。）③

这段文字与上文表达了相同的意思。熊十力特别强调，之前的学者对"体用"概念用得很泛，此处虽未点明何人，但或许暗指宋明理学家对"体用"的讨论，所以一定要按照自己对"体用"的界定来理解自己的思想。对熊十力而言，"实体"与"本体"是同等的概念，"宇宙实体"即"宇宙本体"。在《新唯识论》与《体用论》中，"本体"与"实体"常常互用，其含义并无区别。此义亦不难解，盖"实体"重在真

---

① 本文将《体用论》作为熊十力思想的定论之作，故凡在《体用论》中涉及之问题，均以《体用论》为正。具体论证参见本文第四部分的相关讨论。本文所用《体用论》版本为熊十力《体用论》，上海古籍出版社，2019。此版本的《体用论》含有《明心篇》，如引文出自《明心篇》则会在脚注中另加说明。

② 熊十力：《体用论》，第 5 页。《体用论》有正文与自注，其中自注以小字号夹于正文之中，本文为字号统一，凡涉及自注均以（）标明。

③ 熊十力：《体用论》，第 32 页。

实、实在义，强调宇宙实体的真实不虚；"本体"重在本源、根本义，强调一切宇宙实体作为万象的本源。

不难看出，熊十力的"体用"概念是针对整个宇宙或世界而言的，并非针对某一具体之物而谈"体用"。"体"指宇宙实体，而不可以再说某某之体，如"灯是光之体"，"用"也只是宇宙实体之"用"，而非某一具体之物之用，① 如"光是灯之用"。换言之，熊十力希望由"体用"而加以讨论的是一种对宇宙整全性的理解，而不是一种部分性或分解性的理解。这种对宇宙整全性的理解即对"大全"问题的讨论。钱学熙在翻译《新唯识论》文言文本时所加的按语亦表明此点：

> 今造此论，为欲悟诸究玄学者，令知宇宙本体非是离自心外在境界及非知识所行境界，唯是反求实证相应故。
>
> 译者按：本体非是离我的心而外在者，因为大全（大全谓本体，此中大字不与小对。）不碍显现为一切分，而每一分又各各都是大全。②

若是能明了熊十力所言的"实体"是对"大全"问题的讨论，那么"宇宙本体非是离自心外在境界及非知识所行境界"也就不难理解了。既然是"大全"，那么就无法想象这个"大全"在自心之外，如"大全"在自心之外，那么"大全"便无法包括自心，如此"大全"就不再是无所不包的"大全"了。故而"大全"不能离自心而外在。同样，因为"大全"是一个整全性的概念，它无法被对象化，故而也不能对此产生对象化的知识③，所以"大全"并非"知识所行境界"。

对"大全"问题或宇宙论问题的讨论可以说是古今中西哲学中一个永恒的话题。然而，每个哲学家由于自己的兴趣不同，未必都会对此

---

① 熊十力之所以如此界定"体用"与其对佛学空观的部分认可有关，具体可参见本文第二部分的论证。
② 熊十力：《新唯识论》，商务印书馆，2010，第155页，引文出自语体文删订本。此版本包含文言文本与语体文删订本，引文具体出处均另加说明。
③ 这里本文仅用对象化的知识一词，若依熊十力，人有量智与性智，分别对应于"对象化的知识"与"实证相应"。"大全"虽然不能被对象化，但可以通过实证反求相应，故而我们对"大全"并非一无所知，只不过所获得的并非对象化的知识，参见熊十力《新唯识论》，第9页。

给予同样程度的关注。特别是对儒学而言，道德问题、心性问题似乎较宇宙问题更具有优先性。但对熊十力来说，宇宙论问题却是一切问题的核心：

> 哲学之为学也，自当以解决宇宙人生根本问题为其主要任务，否则科学理论日益精博，何须有哲学乎？问曰：宇宙人生根本问题一语，似嫌空泛。答曰：汝之蔽也。谈宇宙论而莫辨体用，故闻根本问题一语便疑为空泛耳。①

可见，在熊十力看来，宇宙论中的体用问题是宇宙人生的根本问题，我们不禁会产生疑惑，何以熊十力会格外关注宇宙论的问题。

一方面，这可能与熊十力对宇宙论的兴趣有关。他说自己"余少时好探究者，即为宇宙论"，② 又描述自己曾经的经历，"余回忆弱冠以前，曾有一度登高，睹宇宙万象森然，顿起无量惊奇之感。自是以后，常有物质宇宙何由成之一大疑问在，而无法解答"。③ 不难想见，基于这些经历，熊十力自然会对宇宙万象充满好奇，希望探究宇宙万象从何而来，而这正是宇宙论要讨论的核心问题。

另一方面，同时也是更重要的一点，在理论层面上特别是与佛学的对话中，宇宙论显得尤为重要。《体用论》首章"明变"中，熊十力谈道：

> 古代印度佛家，把一切心的现象和物的现象都称名曰行。……如上所说，心物诸行都无自体，宇宙唯是变化密移（……），新新而起，故故不留，岂不奇哉！今有两大问题待解答者：一、有能变否？二、如何成功此变？④

整个宇宙万象都处在不断地变化迁流之中，此虽是古代印度佛家之说，但亦为熊十力所接受。那么面对纷繁变化的宇宙万象就不得不回答两个

---

① 熊十力：《原儒》，上海古籍出版社，2019，第278页。
② 熊十力：《体用论》，第31页。
③ 熊十力：《体用论》，第95页。
④ 熊十力：《体用论》，第10~11页。

问题，其一是否有一个能变化为宇宙万象的东西存在，其二这个变化如何能成功。其中与本文思路相关的是第一个问题。在熊十力看来："余以为宇宙实体不妨假说为能变。云何知有实体？以万变不是从无中生有故。"① 也即，不断变化的宇宙万象是由宇宙实体变化而来的，因为宇宙万象有，而又不可能无中生有，所以一定会由宇宙实体变化而产生宇宙万象。

在佛教的世界观中，宇宙万象的真实性一向不被承认，之所以会有万象产生，乃是因为凡夫妄心执着。任何受到佛教影响而又不认同佛教人生态度的学者势必要对这一问题做出回应，如果宇宙万象仅仅是虚妄的，那么人生也将没有意义。正如熊十力所言："佛家以涅槃寂灭为本体，则其人生意义在归寂，厌离五蕴，（……）毁灭生命。"② 故而熊十力要确立自己的"体用不二"观以解决宇宙实体与宇宙万象的关系也就不足为怪了。

然而，由于熊十力对"体用"概念有自己独特的界定，所以他由"体用"概念所希望解决的问题并不是宋明理学中的"体用"问题，更不是佛学中的"体用"问题，而是佛学中法性与法相的问题。盖概念是为问题而服务的，不可拘泥于概念而使讨论的问题有所滑转。熊十力认为"佛氏谈性相，犹余云体用"，③ 对此，他更进一步解释说：

> 法相一名，是心物诸行之总称。……（法相，犹俗云现象。）
> 法性，谓万法实体，是名真如。……
> 大乘法性一名，与本论实体一名相当。大乘法相一名，与本论功用一名相当。④

如前所述，佛学中的"体用"含义比较广泛，往往就某一具体事物而谈体用，如前引"灯是光之体，光是灯之用"。另外，佛学也就修行工夫而言体用，如所引灯光之喻本义是为了说明"定是慧体，慧是定用"（《坛经·定慧品》）。但无论是哪种层面上的"体用"，都并非熊十力

---

① 熊十力：《体用论》，第 11 页。
② 熊十力：《体用论》，第 271 页，引文出自《明心篇》。
③ 熊十力：《体用论》，第 31 页。
④ 熊十力：《体用论》，第 33 页。

所言的"体用"。熊十力的"体"是宇宙实体，此对佛学而言即真如法性。熊十力的"用"是宇宙万象，此对佛教而言即法相。故而熊十力所言的"体用"实则对应于佛教所言的"性相"。虽然概念不同，但所指向的却是同一个问题。在熊十力看来：

> 余于佛法所专力者，即在大乘空、有二宗。然余于佛家心物之争，并不甚注意。（此当别谈）余所强力探索者，独在其性相之论。（……）余之宇宙论主体用不二，盖由不敢苟同于佛法，乃返而远取诸物、近取诸身，积渐起悟，遂归宗乎《大易》也。①

可见，熊十力之所以对佛学采取批判态度，是因为佛教不能实现熊十力意义上的"体用不二"，由此，我们便可以"体用不二"为线索去分析熊十力的佛学批判。

二 "体用不二"与熊十力的佛学批判

在讨论熊十力的佛学批判前，我们需要注意熊十力对佛学并非一概否定，其对佛学关于个体之空的判定便持肯定态度。熊十力说：

> 世有小知，闻空而谤佛，多见其不知量也。（……）空，并非由主观幻想。陶诗云："人生本幻化，毕竟归空无。"余相信个别的物，至大如天地终当坏灭耳。就个体上说空，佛氏一毫不妄语。②

可见，熊十力完全认可佛家在个别物上言空。依佛教，"一切物质现象，都没有独立的实自体，一切心作用亦然"，③ 一切存在着的物质与精神现象均处在不断地生灭变化之中，没有能恒常存在的自体，这就是空。由此，我们便能理解何以熊十力要在宇宙实体和功用的意义上重新界定"体用"。因为对任何个别物实则并无"体用"可说，即使说"体

---

① 熊十力：《体用论》，第 31 页。
② 熊十力：《体用论》，第 8 页。
③ 熊十力：《佛家名相通释（外一种）》，上海古籍出版社，2019，第 19 页。

用"，也不过是一种方便说法而已。因为任何个别物都没有实在的自体，是空，故其没有"体"之概念。"体"既不立，"用"亦无存。诚然，在佛教中可以用比喻来说"灯是光之体"，然而灯之"体"乃是众缘和合而成，实则并无灯之"体"可说，而光作为"用"亦是缘生之法，其与灯"体"均非真实的存在。对此无论是言"体用分离"或是"体用不二"均没有实质意义。故而熊十力所讲的"体用"乃是针对整个宇宙实体及万象而言，万象虽然处在生灭变化之中，就个别物而言均是空，但其整体不空，而是真实的。这正是熊十力想借由"体用不二"说明的道理。

熊十力诠释"体用不二"最著名的比喻莫过于大海水与众沤，众沤即由大海水变化而来，离开大海水无所谓众沤，但是大海水又必然显现为众沤而不会有独立存在的大海水。而"体用不二"的要旨在于"实体变成功用"，实体与功用是截然不可分割的，并无离"体"之"用"，亦无离"用"之"体"。这里需要注意，对熊十力而言，"体"与"用"乃是同体的，并不是先有一个宇宙实体然后变化出宇宙万象，而是宇宙实体本身就显现为宇宙万象，宇宙万象就是宇宙实体之自身。

在《体用论》之"佛法上"与"佛法下"两章中，熊十力对佛学空有二宗进行了批判。本文将依次进行分疏。这里需要说明，熊十力对空有二宗的批判有多方面，本文仅关心与"体用"问题相关的批判。其实，"体用"问题的批判也是熊十力佛学批判的核心所在，正是因为熊十力悟到了"体用不二"，所以才从佛法中脱离出来。[1]

首先是对空宗的批判，空宗最大的问题在于求体废用最后导致体用两空。熊十力说：

> 余通玩空宗经论。空宗可以说真如即是万法之实性，（实性，犹云实体，真如即实体之别名。万法，谓心物诸法，亦通称法相。）而决不许说真如变成万法。此二种语势不同，其关系极重大。兹以二语并列于下：

---

[1] 熊十力如是说："余平生之学，本从大乘入手。……直从大乘有宗唯识论入手，未几舍有宗，深研大乘空宗，投契甚深。……后乃反求诸己，忽有悟于《大易》。而体用之义，上考之《变经》益无疑。余自是知所归矣。"参见熊十力《体用论》，第7页。可见，悟到"体用不二"之义，是熊十力思想由佛转儒的关键所在。

（甲）真如即是万法之实性。

（乙）真如变成万法。①

熊十力区分了两种说法，一种是真如是万法的实性，或者说真如是万法之实体，另一种则是真如变成万法。

> 由甲语玩之，便见万法都无实自体，应说为空。所以者何？万法之实体是真如，非离真如别有独立的自体故。（……）故知万法但有假名，而实空无。

由乙语玩之，诸法虽无独立的自体，但非无法相可说。法相者，即真如变成种种相，所谓宇宙万象。是故乙语肯定法相，甲语便完全否定法相。亦复当知，乙语表示即相即性，非相外有性故。古德云："信手所扪，莫非真如。"可谓证解。②

这两种说法都否认诸法有独立的自体。所不同的是，第一种说法无法承认宇宙万象的真实性，宇宙万象虽然有其实体，但这个实体与万象始终隔了一层，所以第一种说法虽然可以说有宇宙万象，但否认了宇宙万象的真实性，否认了万象的真实性，即便再谈万象，也不过是水月镜花，故而熊十力说"甲语便完全否定法相"，这是空宗的立场。第二种说法则表明了熊十力"体用不二"的立场，作为宇宙实体的真如变为宇宙万象，那么宇宙万象因为是由真实的宇宙实体变化而来的，故其本身也获得了真实性。其本身与宇宙实体是一而二、二而一的，这即熊十力所说的"即相即性"，一方面，万象作为法相是相的存在，另一方面，其又由真如变化而来，故其亦可说是法性，且其本身即法性，而并非背后以法性为依托。

空宗的思路是想在生灭法外别立一个不生不灭法，但假如认定了只有不生不灭法才是真实的话，生灭法的真实性就被取消了，宇宙万象也就会成为完全无意义的存在。如此一来，作为不生不灭法的宇宙实体也会成为一团死灰，其本身不足以有任何发用，仅仅是一种孤寂静止的存

---

① 熊十力：《体用论》，第 41~42 页。

② 熊十力：《体用论》，第 42 页。

在。如果说真的有一个宇宙实体，而其本身又没有任何发用的话，这样的实体如何可以说其为有？正如熊十力所说"体唯空寂，不可说生化，非独是死物，亦是闲物矣"。① 空宗想要在生灭的用之外别求一个不生不灭之"体"，但最终的结果便是体用两空，无论是宇宙实体还是宇宙万象都不能成立。这即熊十力所批判的"大空谈体而废用，卒致性相皆空"，② "性相皆空"即熊十力意义上的"体用皆空"。由此可见，空宗既不能安立宇宙万象，也不能安立宇宙实体。

正因为空宗不能安立宇宙万象，故而印度佛教在空宗之后便兴起了有宗，希望矫正空宗之偏，以安立宇宙万象。不过在熊十力看来，有宗的思路同样不够圆满，其最大的问题就在于"二重本体"之过，③ 所谓"二重本体"是指"有宗建立本有种子为万法之初因，（……）而仍承旧义说真如是万法实性"。④ 很明显，有宗之所以建立种子学说就是为了解决宇宙万象的存在问题，如果单有真如，像空宗那样是不可能安立任何法相的，在后期空宗中已然有"恶取空"的现象，故而有宗要安立法相便需另辟蹊径。为此，有宗建立了种子学说。种子会根据外缘条件生起现行，由此便可安立宇宙万象。但问题在于，既然种子能够安立万象，那么真如还有没有必要存在；如果二者同时并存，那么究竟是种子还是真如是宇宙实体。由此，有宗便会产生出"二重本体"的问题。

有宗的问题，归根结底，仍然是佛学体用割裂的问题，佛学无论如何不会承认真如与宇宙万象的同体性，既然一个是生灭法，一个是不生不灭法，那么二者永远没有办法沟通，彼此之间永远有一条鸿沟存在。在佛学看来，生灭法是妄心执着的产物，《大乘起信论》中说：

---

① 熊十力：《体用论》，第47页。

② 熊十力：《体用论》，第66页。

③ 熊十力对有宗的批判共有五条，"一曰，建立赖耶识，含藏种子，为第一缘起。此其说颇近外道神我论"，"二曰，本有种为初因"，"三曰，种子分本有、新熏，成大混乱"，"四曰，大有以八识聚，通名现行"，"五曰，种子、真如是二重本体，有无量过"。其核心仍然在于有宗不能证成"体用不二"，为了矫正空宗之失建立种子学说，第一条至第四条都是在批判种子学说，而种子学说的建立并不能解决"体用不二"的问题，相反导致了"二重本体"之过，故本文仅就第五条做相关阐发。参见熊十力《体用论》，第61～65页。

④ 熊十力：《体用论》，第54页。

> 是故三界虚伪，唯心所作，离心则无六尘境界。此义云何？以一切法皆从心起妄念而生。一切分别，即分别自心，心不见心，无相可得。当知世间一切境界，皆依众生无明妄心而得住持。是故一切法，如镜中像，无体可得。唯心虚妄：以心生则种种法生，心灭则种种法灭故。

宇宙万象并不是由宇宙实体变化而来的，而是由妄心变化而来的，如此，佛学的"体"与"用"始终不可能弥合。

综上，熊十力对佛学的批判实则集中于佛学的体用分离，空宗求体而废用，结果导致体用两空。有宗想依靠种子学说安立法相，但如果不能脱离佛学体用分离的窠臼，再烦琐细致的学说也无济于事，不免导致"二重本体"的问题。归根结底，佛学无法安立宇宙万象，若要安立宇宙万象，则必须持"体用不二"的立场。

三　熊十力的气学融摄

上文我们讨论了熊十力的佛学批判，而若要对这一问题有更进一步的理解，则必须对其学说的气学融摄有一定的把握。诚然，单从熊十力的著作表面不太能读出其与气学的关联，故学界也罕有相关研究。为此，我们需要先对这一关联的合法性做一说明。

先明确一点，本文所论气学是指自张载开创，经罗钦顺、王廷相到王夫之以来的气学思潮，其中尤以张载与王夫之为代表。众所周知，熊十力除孔子之外最服膺二王——王阳明与王夫之，王夫之之学又深受张载影响，由此一路下来，熊十力之学受到气学影响并非毫无依据。

以上所论，只是论证了熊十力之学融摄气学的可能性，究竟熊十力有没有融摄气学，在多大程度上融摄了气学，有必要回到熊十力的思想本身去发掘。这里我们仍然需要明确，熊十力之学是否受到气学影响并不在于概念的承续，而是问题意识与思维范式的延续。纵然"气"对熊十力而言不是核心概念，但其所面对的问题与思维范式都与气学几乎完全相同。甚至，熊十力的很多论述如果从气学角度来理解会格外清晰明确。下面我们即依次展开论证。

在问题意识上，气学与熊十力讨论的都是宇宙论中的"体用"问题，如前所述，熊十力哲学的核心便是确立宇宙万象的真实性。事实上，气学的核心问题意识也是确立宇宙万象的真实性。在佛教进入中国之前，宇宙万象的真实性问题可以说并未进入中国哲学的视域。老庄虽然讲"有生于无"，但也并不否认宇宙万象本身为有，为真实，老庄的思路只是为具体的有找到一个无的基底。佛教则不然，在佛教看来，宇宙万象之所以存在乃是由凡夫心虚妄执着幻化而成的，其本身并无实在的自体，是"空"，即张载所说的"诬世界乾坤为幻化"。① 这样的一种思路对儒学有非常大的冲击，如果说整个世界本身就是一大虚妄的话，那么儒学所强调的在现实世界里的刚健有为就完全成了空中楼阁，故而批判佛教、确立世界存在的真实性是张载与熊十力共同面对的问题。

有了相同的问题意识，二者也对此给出了相同的解决方案，分享了相同的思维范式，即佛教的体用是割裂的，而儒学是"体用不二"的，在熊十力的佛学批判中，有这样一段论述：

> 余考《佛地经论》云"清净法界者（……）譬如虚空虽遍诸色种种相中，而不可说有种种相，体惟一味"云云。（……）据此所云，种种现象只是虚空之所包通、含容，决不可说虚空自身变成如是种种现象。法性亦如虚空，包通万法而不可说法性自身变成万法也。②

如果我们尝试把这一论述与气学做一对照的话，其实早在张载那里，已经有了对佛教类似的批判：

> 若谓万象为太虚中所见之物，则物与虚不相资，形自形，性自性，形性、天人不相待而有，陷于浮屠以山河大地为见病之说。③

此中性与形，即相当于佛教中的性与相，盖有形则是有相，而佛教的"性相"之论又是熊十力意义上的"体用"之论。故而张载对佛教"形自形，性自性"的批判实则就是批判佛教在"体用"上的分离，正如

---

① 《张载集》，中华书局，1978，第8页。
② 熊十力：《体用论》，第41页。
③ 《张载集》，第8页。

牟宗三所指出的"横渠之所以如此设拟，盖重在佛家体用之不相资不相待"。[①] 所以，在张载看来，佛教的问题就在于其所谓的真如实体并不能变成宇宙万象，其最多只能是宇宙万象得以呈现的背景墙，就好像"万象为太虚中所见之物"一样，这正是熊十力所反对的"种种现象只是虚空之所包通、含容，决不可说虚空自身变成如是种种现象"。故而在这样一种思想模式下，佛教的宇宙实体与宇宙万象之间是互相隔绝的，这正是"体用"的割裂。

而如果由此反观熊十力的佛学批判，其实其基本思路在张载那里都已具备，张载虽未明言"体用不二"，但其对佛学的批判正是以"体用不二"为线索展开的。我们可以说，熊十力的佛学批判是张载佛学批判思路的延续。

由此，我们便可以问，何以儒学能证成"体用不二"？"体用不二"是一个宇宙论中的问题。对宇宙论问题的关切对先秦儒家而言尚不明显，在汉唐儒学那里亦并无过多精深之谈，真正在宇宙论上有所创新的是宋明理学。而在这一问题上，只有气学才可以说是"体用不二"的。

首先来看理学。理学以"理"作为宇宙万象的本原，可以说，理即宇宙实体，然而理并不会变成宇宙万象。理只是一种"只存有而不活动"的原则，只是作为宇宙万象存在的依据，但并不能说宇宙万象皆由理变化而来。由此，理学并不能证成"体用不二"。

其次来看心学。传统心学[②]以"本心"或"良知"作为最高概念，但其所关注的核心问题并非宇宙论，"本心"可以影响宇宙万象，但宇宙万象并非由"本心"变化而来。故而，传统心学也不能证成"体用不二"。

最后来看气学。气学以"气"作为万物本原，在张载看来："太虚无形，气之本体，其聚其散，变化之客形尔。"[③] 万物都是由气的聚散而形成的，其本来状态就是太虚，而"太虚不能无气，气不能不聚而为万物，万物不能不散而为太虚"，[④] 气与太虚处在不断的交替变化之

---

① 牟宗三：《佛家体用义之衡定》，《心体与性体》，吉林出版集团有限责任公司，2013，第491页。
② 传统心学指陆王心学，以与熊十力的心学相区分。
③ 《张载集》，第7页。
④ 《张载集》，第7页。

中。如果我们以太虚作为宇宙实体的话，可以发现构成宇宙万象的气的本来状态即太虚，换言之，宇宙万象乃是由宇宙实体变化而来的。由此可见，唯有气学才能证成"体用不二"[①]。

熊十力"体用不二"论的核心就是宇宙实体变成宇宙万象，其与气学分享了相同的思想范式。如果我们尝试从气学的思想来理解"体用不二"会发现其思路非常简洁明晰。如果我们把熊十力的宇宙实体设想为"太虚"，那么整个宇宙万象其实都是由"太虚"变化而来的，其本身是"气"，其本来状态则是"太虚"。如此，宇宙实体则可以说是宇宙万象，宇宙万象也可以说为宇宙实体。而结合之前熊十力大海水与众沤的比喻，其实也与"太虚"和"气"的关系相同。作为流体，水与气都是无定在而无所不在。可以说，从气学的思路去理解熊十力的"体用不二"是最恰当的思路。[②]

除"体用不二"外，"翕辟成变"也可以在气学的思想脉络下得到更加简洁明晰的理解。"翕辟成变"之语本出自《周易》，是指宇宙实体通过翕辟两种势用变成宇宙万象。熊十力说，"功用则有翕辟两方面，变化无穷"，[③] "即依翕故，假说物行。……即依辟故，假说心行"。[④] 又说：

> 翕势收凝，现起物质宇宙，万象森然。辟势开发，浑无全畛，（辟是浑全而不可分，故无畛域。）至健不坠，（辟势恒向上而不退坠。）是乃无定在而无所不在。[⑤]

从气学的角度，"翕辟"两种势用完全可以从气的聚散来理解。"翕"

---

① 这里我们需要说明两点。第一，这里的"体用不二"是熊十力意义上的宇宙实体与宇宙万象之间的问题，这并不是说理学与心学不能证成在自己意义上的"体用不二"。第二，气学能够证成"体用不二"并不意味着气学高于理学与心学，盖熊十力所言之"体用不二"本是一宇论中的问题，而理学与心学所关心的重点却并非宇宙论。
② 笔者最初阅读熊十力的《体用论》时，对"体用不二"虽能有知识上之理解，但总觉很难体证，通过气学的思路，则发现"体用不二"其实清晰易懂。若从"气"的角度来理解宇宙实体，其通过"气化"的方式变成宇宙万象则非常简易明白。
③ 熊十力：《体用论》，第32页。
④ 熊十力：《体用论》，第16页。
⑤ 熊十力：《体用论》，第20页。

是一种收敛凝聚的势用，可对应于气之聚，而气之聚恰恰也如"翕"一样形成宇宙万物，这就是"气不能不聚而为万物"。但与此同时，"万物不能不散而为太虚"，这就是一种与凝聚成物相反的势用——"辟"。对张载而言，气也有两种势用，"散殊而可象为气，清通而不可象为神"，① 气一方面可以凝聚成有形有象的事物，另一方面也可以处在清通变化无定在的状态。当然，本文并不是说熊十力的宇宙实体就是"太虚"或"气"，"翕辟"就是气之聚散。而是说这二者具有相同的思维范式，并且可以借此互相理解。

那么，熊十力的宇宙实体究竟与气学有何关系呢？本文认为，熊十力是以"体用不二"的思路融摄了气学。气学之"气"本身即一种宇宙实体，但气论并不能很好地解决伦理道德问题，故而宋明理学中的主流并非气学。不过，若是想对宇宙论问题有所解决，则不能不借助于气学，故而可以说熊十力以一种隐秘的方式融摄了气学。唯有气学意义上的宇宙实体才可以解决宇宙论中的"体用不二"的问题，只不过在熊十力那里，他不再以"气"来论宇宙实体，否则伦理道德问题仍然不能得到很好的解决。但我们也不能否认，熊十力的宇宙实体在很多方面都具有"气"的特征，不论是"体用不二"还是"翕辟成变"，只有从"气"的角度才能真正地理解。

四　再论熊十力的思想定位及其理论贡献

本文以"体用不二"为主线，考察了熊十力的佛学批判与气学融摄，下面有必要对熊十力这两方面的思想做一评定与总结。

通过本文的讨论，我们不难发现，熊十力虽然以其佛学批判显名于世，但若是从哲学史的观点来看，熊十力的佛学批判并未提供过多新的东西。熊十力对佛学的核心批判在于佛学的"体用"是割裂的，而这正是张载气学对佛学的核心批判。当然，熊十力确实在对唯识学的批判上有自己的独到之见，但其对唯识学的批判仍然没有脱离"体用不二"的思想主线。② 唯识宗自玄奘、窥基之后已基本灭绝，张载无由得知唯

---

① 《张载集》，第7页。
② 其余对唯识学的批判虽与"体用不二"无直接关联，但并不构成对唯识学核心的批判，此点本文已在第二部分中有所说明，此处再次重申。

识学的相关理论并对其进行批判。但其核心批判仍然适用于唯识学。盖唯识学本就是佛学的一个分支，故其整体的思想框架仍然是"体用"割裂的。这样一来，熊十力的佛学批判其实并不具有特别重要的意义，也并非其理论贡献所在。

其实，熊十力对佛学最核心的批判就是佛学不能证成"体用不二"，而若是熊十力的批判能够成立，那么问题的关键就在于如何证成"体用不二"，在此基础上才能谈其对佛学批判的合理性。①

而若要证成"体用不二"，单靠传统心学的理论无法成功，盖宇宙论本不是传统心学所关心的核心问题。由此必须借助气学的思想，当然，熊十力并没有直接援引气学中的核心概念，而是融摄了气学的思维模式。气学思想的核心是以"气"作为宇宙实体进而确认宇宙万象的真实性，熊十力虽不以气来说宇宙实体，但其宇宙实体的观念实则是气学的观念。由此，在熊十力思想中，如何融摄心学与气学就变成了首要的问题，熊十力的思想贡献在此，其理论的缺陷也在此。

从这一思路来看，熊十力的思想基底完完全全是儒家传统的心学与气学，而与佛家没有直接关联。佛家之于熊十力更多是理论上的对话者与被批判者，其与熊十力的核心思想并不相干。如就熊十力的两部代表作《新唯识论》与《体用论》而言，《新唯识论》确实杂糅着一定的佛学成分，特别是在"唯识"章中。但这些佛学成分并不构成熊十力思想的核心，换言之，《新唯识论》中的佛学部分完全可以看作一个儒家学者学习佛学的一些心得与看法，而并不代表这个儒家学者本身的思想底色。事实上，熊十力对此也有清晰的认识：

> 此书（引者注：即《体用论》）既成，《新论》（引者注：即《新唯识论》）两本俱毁弃，无保存之必要。（……《新论》语体本草于流亡中，太不精检。前所以印存者，则以体用不二之根本义存于其间耳。今得成此小册，故《新论》宜废。余之学宗主《易经》，以体用不二立宗。就用上言，心主动以开物，此乾坤大义

---

① 有意思的是，在熊十力与刘静窗的儒佛论辩中，刘静窗认为佛学才是真正的"体用不二"，由此可见，如何说明儒家"体用不二"的合理性才是问题的关键。参见孙宝山《生命之本与学问之真的碰撞——熊十力与刘静窗的儒佛论辩》，《哲学研究》2020年第10期。

也。与佛氏唯识之论，根本无相近处。《新论》不须存。）①

在熊十力看来，《新唯识论》并不能很好地体现自己的思想，只不过因为其中有"体用不二"之义，所以尚有存在之必要。如今熊十力撰成《体用论》，对"体用不二"之义做了全面的阐发，《新唯识论》自然也就无存在的必要。熊十力特别指出，其"体用不二"的思想与佛家唯识学"根本无相近处"。②从本文的思路来看，熊十力要做的工作是融摄心学与气学，这本身就是儒学的工作而与佛学无涉。只不过融摄气学，必然要涉及如何处理宇宙万象的问题，而这又恰恰是唯识学所讨论的一个核心话题，故此熊十力必然要对唯识学的相关看法进行回应。故其《新唯识论》之"新"并不在佛学而在儒学。其对《新唯识论》的态度并不是在其写《体用论》之后才决定的，他在用"体用不二"之义时便已确定。

正如熊十力所说，"体用不二"义是《新唯识论》与《体用论》一贯的思路，而《新唯识论》所涉及的唯识学内容其实并不构成熊十力思想的核心。在笔者看来，熊十力的著作有时显得晦涩难懂，一个很重要的原因便在于其在纯粹儒学问题中夹杂了很多佛学话语，容易让读者迷失主线。而如果能从融摄心学与气学这一主线出发去阅读熊十力的著作，很多问题都会有拨云见日之感。

不过，熊十力想要融摄心学与气学的努力并不是完全成功的，自郭齐勇先生以来，诸多学者都已指出熊十力思想中存在"两重本体"——本心本体与宇宙本体的矛盾。不过前辈学者对这一矛盾的来源少有论及，而在本文看来，熊十力想要融摄气学于传统心学之中，就必然需要解决气学中的宇宙本体与传统心学中的本心本体之间的关系问题。而在传统的心学与气学中，这一问题几乎没有被涉及。在此意义上，熊十力的工作对儒学而言是一项新的工作，故其被视为现代新儒学的开山当之无愧。

---

① 熊十力：《体用论》，第7页。
② 桑雨的研究指出，在熊十力写作《新唯识论》时已经完成了由唯识学"二重本体"到儒学"体用不二"的转变，这也可证明，《新唯识论》之"新"并不在佛学，而在儒学。参见桑雨《从〈唯识学概论〉（1926）到〈唯识论〉——熊十力体用哲学体系建构过程中的一个重要思想转变》，《中国哲学史》2021年第2期。

正因为熊十力既想要确立宇宙万象的真实性，由此必须建立宇宙本体的观念，同时他又希望对伦理道德问题有所解决，由此又必须建立心性本体的观念，这二者其实就是气学与心学的核心概念。至于如何评判熊十力对这二者的融摄，这又是一个非常重要的问题，当留俟他文。①

（责任编辑：杨冬）

---

① 学界对熊十力的"两重本体"多有批判，但并没有将"两重本体"置于熊十力融摄心学与气学的思想背景下来加以考察，如此则倾向于对"两重本体"持否定态度。很多学者往往倾向于宇宙本体无法有效解决伦理道德问题，这自然不错。但熊十力之所以一定要确立宇宙本体的概念就在于要确立宇宙万象的真实性，这其实也是气学固有的思路，如果单讲心性本体，很难应对佛学以世界为虚幻的挑战。故而对熊十力"两重本体"的问题还应当有更进一步的研究。同时，我们更应该注意的是熊十力的问题意识，熊十力想融摄气学于心学之中归根结底是要解决这样一个问题，即如何在保证儒家固有伦理道德的基础之上确立宇宙万象的真实性，这一问题其实在传统儒学中是没有被真正解答的。

"知识"抑或是"价值"？

—— 当代新儒家关于"中国哲学现代化"路径的讨论

伍金霞*

摘　要　自梁漱溟"文化三路向"始，将西方文明看作知识的学问、中华文明看作价值的学问便成为当代新儒家的共识。如何衡量"价值"与"知识"的关系，也成为其理论核心所在，其哲学构建也因各代新儒家所处时势及理论深度推进不同而呈现各自特点。由于后辈学者往往都是在继承前辈思想与理论的前提下，通过批判前辈来超越前辈，其理论体系的内在发展逻辑，便逐渐呈现"知识"与"价值"交替优先的螺旋式动态上升趋势。

关键词　当代新儒家　中国哲学现代化　熊十力　牟宗三　成中英

一　引言

在欧美列强用船坚炮利轰开中国国门之前，中华传统是国人放之四海皆准、不证自明的价值取向，在此之后便相对成了"中华文明"，国人尝试对坚持原来的生活习惯进行有效辩护，其辩护的核心是"中华文化及其哲学能否现代化"。近代有成就之学者皆对此问题有所回应。而在此问题上卓然成一家，且蔚为大观者，非当代新儒家莫属。自梁漱溟以"文化三路向"首开风气，熊十力、冯友兰、牟宗三、唐君毅、

---

* 伍金霞，山东大学哲学与社会发展学院博士生，主要研究方向为儒道哲学。

成中英等学者前赴后继，不断深化和解决此问题，至今已形成一份成体系、并可为转型期"文化中国"提供理论借鉴与参考的文化遗产。

一国学术发展，必有其内在逻辑，即使近代中国面对西学冲击，其整体学术路径，亦整体循其内在脉络而行。故余英时在总结明清思想史的表现时说："近代中国的'变局'决不能看作是完全由西方入侵所单独造成的，我们更应该注意中国在面对西方时所表现的主动性。……这是明清以来中国的内在渐变在近代继续发挥影响力的显证。"[①] 一国文化发展史如此，学派发展史亦是如此。当代新儒家能发展为一个学派，其中虽有师承关系作为背书，但归根结底乃是立场相似，有共同关怀，即"中国文化及其哲学的现代化"，此问题自梁漱溟起，已成为当代新儒家学者共同关注的核心问题。

由于近代中国遭遇前所未有之大变局，当代新儒家虽历时百年，然各代学者所经过之时代、社会背景却大相径庭。故虽是同一问题，但每个学者都有不同于其他学者的理论创见。且这些创见之间，呈现某种相承继的推进关系，或深化与超越，或修正与批判，或同时进行。但鉴于行文篇幅的限制，我们试选择梁漱溟、熊十力、牟宗三、成中英作为代表，说明当代新儒家在此问题上的继承及理论推进。四人都是当代新儒家构建哲学体系卓有成效者，其中牟宗三、成中英为第二代、第三代之代表。之所以第一代选择两人，在于梁漱溟虽与熊十力在当代新儒家谱系上同为第一代，但梁先生思想体系完成较早，后期对此问题的修正也不大。熊十力、冯友兰等第一代新儒家对于该问题的思考直接或间接受其影响。故在此问题上，以梁先生为超一代，应可成立。

二 当代新儒家的内部批判与内在超越

自当代新儒家诞生之日起，便以维护中国传统为己任，以实现"中国哲学现代化"为目标。故他们无法像"全盘西化者"那样，能以欧美为参照，或像"马克思主义者"那样，以苏联为参照，描绘出未来中国的具体场景。只能追溯本源，通过把握中华传统的发展脉络来展望本民族之未来。梁漱溟先生以文化多元主义为始，提出"文化三路

---

① 余英时：《现代儒学的回顾与展望》，生活·读书·新知三联书店，2004，第187~188页。

向",从哲学思辨的角度将人类历史文化划分为西方、中国、印度三种类型,并以西方、中国、印度为三个不同发展阶段,预言西方文化盛行过后,将是中国文化的全面复兴。① 但梁先生的"文化多元主义"与他欲维护的中国文化本位(即以中国文化为西方文化的下一阶段)之间存在矛盾,在逻辑上无法自洽,以文化路向、文化进化理论难以解决"中国哲学现代化"的问题。学者们意识到,要解决此问题,要从根源处着手,即建立纯粹哲学。熊十力通过立足中华传统价值之学,认为哲学之"体"乃人本来所有,只是受制于形气,不曾显发,希图通过"转体成用",由"内圣"开出"外王",从哲学思辨层面实现"中国哲学现代化"。故熊十力哲学体系之重点,在于如何转体成用。他一生之哲思成就,皆可以"体用"关系进行勾勒。

熊十力于1923年在《唯识学概论》中提出"体用不一",由于意识到"现识只是功能之现起,不可别为能所二物",② 他在1930年出版的《尊闻录》中,将"体用不一"修正为"体用不二",引入儒家天地万物同体之"仁心"作为本体。③ 然而,儒家的"仁心"为一浑全整体,不能体现为有限、系统之知识,且现象(用)只是体可能性的呈现。故熊十力在1932年出版的《新唯识论》中,进一步明确本体是现象之本体,通过迁流不住的现象显现自身大德。他以"性智为体,量智为分",认为"中国以发明心地为一大事(借用宗门语,心地谓性智),西学大概是量智的发展,如使两方互相了解,而以涵养性智,立天下之大本,则量智皆成性智的妙用"。④ 性智与量智分别为绝对世界与相对世界之认知主体,二者分别通过"翕辟成变"与"刹那生灭",显现为天理流行及基于天理流行的具体可能性实现。这种可能性的实现,既是量智,也是西学中的具体科学知识。至此,通过肯定"体用不二",以性智统摄量智,熊十力建立了中国近代哲学史上第一个形上系统,为西方科学的引进奠定了形上学基础,也为牟宗三的"良知坎陷说"提供了理论支持。

熊十力的"体用不二"以"心"为本体,"这个哲学是以'内圣'-

---

① 梁漱溟:《东西文化及其哲学》,中华书局,2018。
② 《唯识学概论》,萧萐父主编《熊十力全集》第一卷,湖北教育出版社,2001,第434页。
③ 《尊闻录》,萧萐父主编《熊十力全集》第一卷,第569页。
④ 《尊闻录》,萧萐父主编《熊十力全集》第一卷,第570页。

'求心'为方向的"。是"以追求非理知认识（理知认识被称为'量智'）所能达到的本体境界（'性智'）"。① 因此，虽然熊十力成果斐然，但"求心"与"追求非理知认识"非当代新儒家所求，他们所欲求者，正是"理知认识"。有鉴于此，牟宗三在康德哲学的启发下，将熊十力的"心体"析为"心体"与"性体"两层，并以"性体"为更根本，不谈"心对物的主宰"，将其局限在价值领域，改造为"道德的形上学"。在知识领域则借鉴和改造了梁漱溟认为"现阶段要全面拥抱西方文明"的观点，从哲学上证明中国传统无法直接推出民主与科学。主张要实现中国的现代化，必须让价值理性暂时坎陷，使中国哲学开出知性主体，即牟先生所谓"良知的自我坎陷"。

牟先生的"良知坎陷说"无疑是伟大的理论创见，却割裂了道德与知识、传统与现代的关系。故成中英批判此理论，"未能系统地掌握古典性与现代性的要点对照是一根本的缺失。……至于径在道德理性一条鞭的基础上对科学与民主两课题犹不能解决所有现代性的根本问题，其失在未能窥知本体理性的包容性与一体多元性而善加利用"。② 所谓未能"掌握全局"，既是对中国传统而言，亦是对西方文化而言。在第二代当代新儒家传统中，其所谓道德理性，实际上被窄化为宋儒"心性之学"，而未能观照中国哲学之整体。同时，在中西文化关系中，呈现既要取西学为用，又以西学为中学对立之矛盾。有鉴于此，成中英创建"本体诠释学"，将前代学者构建的以宋儒"心性之学"为主体的中国传统，往前推至具备"本体"性"生生之德"的《周易》《道德经》等先秦哲学系统。在此系统中，借助《易经》整体定位与应变创新的思维模式，达成知识与道德、中西文化之相互评价、相互为用，使二者在循环中保持生生不息之态。成先生的理论，是将中国哲学作为世界哲学一部分，中西哲学不再对立，而是在承认二者各有缺失的基础上相互启发、共同进步。因此，成先生的"本体诠释学"是对牟先生"良知坎陷说"所呈现的知识与道德、中西哲学对立观点的修正。

由明末黄宗羲发轫的"西学中源"说，③ 至晚清成为极具力量的一

---

① 李泽厚：《中国现代思想史论》，生活·读书·新知三联书店，2008，第285页。
② 〔美〕成中英：《第五阶段儒学的发展与新新儒学的定位》，《文史哲》2002年第5期。
③ 他曾说："勾股之术，乃周公、商高之遗，而后人失之，使西人得以窃其传。"参见（清）全祖望《梨洲先生神道碑文》，《鲒埼亭集》卷十一，涵芬楼影印本。

派思潮，是廖平、康有为等一众"托古改制"者重要的思想资源。"五四"之后的保守主义者，在论证"中学高于西学"时，亦暗藏着这一隐秘学术思想尊严。熊十力以性智统摄量智的做法，亦为当时地位全面动摇的儒学注入新活力，使之可继续在现代社会中仍有"生民之所圣"的价值愿景。牟宗三曾言，假若不能保持以儒家为主的中国文化的主体性地位，"则其他那些民主、科学等都是假的，即使现代化了，此中亦无中国文化，亦不过是个'殖民地'的身份"。① 甚至在西方哲学浸润下成长、长期生活在欧美的第三代新儒家，其价值归宿仍在中国哲学。这是中国哲学之自觉，也是当代新儒家之自觉。当代新儒家能传承百年而谱系不断，与他们所言中国民族文化历史长久，与"中国学术思想中，原有种种自觉的人生观念"② 相通。当代新儒家传承不绝的另一个原因，则在于他们能孜孜不倦地根据内外情势，进行内在反省与内部批判。余英时在《现代儒学的回顾与展望》中，提出儒家的批判并非自"五四"起，而是从明清开始，儒家内部即已开启了一轮"内在批判"的思潮，故儒学并非在明末之后就陷入了停滞僵化，反而一直在进行内在反省。③ 从上述四位当代新儒家关于"中国哲学现代化"的理论发展路径可知，这种批判与超越之传统也为他们所承继。他们的理论虽然呈现方式各不相同，但其中的承继关系，却十分清晰，都是在对先辈学者的继承与反思中提出新的主张。因此他们的理论都呈现既承继前辈，又通过反思、批判前辈观点，而超越前辈的特点。

三 当代新儒家"知识"与"价值"两条路径的形成

在近代中国，"中西之争""古今之争"在很多时候往往会简化为"知识"与"价值"之争。而对上面四人的理论分析中，确然可以断定，"知识"与"价值"的论争，不仅是近代中西学术之分野，亦是当代新儒家解决"中国哲学现代化"问题的根本尺度。诚然，当代新儒家的各位学者，都是以价值为本位，即使是承认中国哲学有其固有缺失

① 牟宗三：《政道与治道·新版自序》，台北：学生书局，1987，第29页。
② 《中国文化与世界》，《唐君毅全集》，台北：学生书局，1991，第29页。
③ 余英时：《现代儒学的回顾与展望》，第132~186页。

的成中英，亦以中国哲学为最后依归。但在具体的理论建构中，知识与价值"何者在当下优先"的衡量，已成为他们理论的重心。

李泽厚认为，由梁漱溟、熊十力大讲生命、直觉，至冯友兰理智主义"新理学"体系，再至牟宗三"道德的形上学"，"刚好构成了一个相互连接的阶梯，这阶梯似乎表现为历史的和逻辑的正反合的整体行程"。① 这不失为对当代新儒家内在发展逻辑的一个有效梳理。在李泽厚看来，这个圆环已然闭合。然而事实是，当代新儒家的发展远未至终点，他们仍在不断为中国哲学寻找一套可整合过去、回应现在、启示未来的方法。其内在逻辑当然也不限于正、反、合圆圈式逻辑闭环，而是几代学者围绕着"中国哲学现代化"的问题，在价值与知识的衡量与选择中，逐渐呈现两者相互交替的螺旋式动态上升趋势。从梁漱溟的"文化三路向"始，至成中英的"本体诠释学"，此一架构已初具雏形。

梁漱溟先生提出的"文化三路向"，将西、中、印看成三个线性向前的生活样式，因觉中国的生活样式过于超前而主张在现阶段全面拥抱西方文明。他虽以中华文明高于西方文明，却认为在现阶段，西方的知识之学更符合中国现实。

接续解决此问题的熊十力由佛学回归儒学，以儒家的"仁体"替代"真如"本体，希望能通过"转体成用"，将中国的"内圣"之学开出包括西方民主与科学的"外王"之学，虽然先生终其一生，都在解决二者"如何转化"的问题，但他认为价值高于知识，则几无可疑。

牟宗三有见于熊十力的理论困境，断然修正其学，将其"心体"析为"心体与性体"两个层次，参考梁漱溟价值与知识二分的方法，意欲在"道统"之外，再开出"学统"与"政统"，价值性的"道统"虽在高位，但只有价值主动坎陷，方可开显出"新外王"（即学统与政统）。在当下的实际选择中，以知识为先。

成中英综合熊十力和牟宗三的理论，认为价值与知识并非根本对立，而是一体之两面。他将熊十力"转体为用"单向理论模式，变为在中国哲学整体定位与应变创新思维下，"知识"与"价值"的互诠互释模式，他认为中西哲学可相互转化，互相启迪。但最终依归仍是中华价值之学。

---

① 李泽厚：《中国现代思想史论》，第329页。

因此，不难看出，四人作为不同理论时期的当代新儒家，在"知识—价值"的选择中，呈现知识—价值—知识—价值的交替优先。这种交替，非简单反复，而是对前辈理论反思与修正之后的结果，如牟宗三理论是对梁漱溟与熊十力理论的反思与综合；成中英理论是对熊十力与牟宗三理论的批判与借鉴。故其关系是递进式或螺旋式的动态上升。

即使加大考察范围，我们也发现同时代学者的选择，在知识与价值的选择上，是趋同的。如与熊十力同时代的冯友兰，他所构建的"新理学"体系以"理世界为'真际'，器世界为'实际'"，① 并以"真际高于实际"，亦即"价值高于知识"；金岳霖为中国知识论领域的开拓者，却不以知识为核心，而是以玄学来"统摄全部哲学"，② 因此，从根本而言，他的知识论仍是价值性的。而与牟宗三同时代的唐君毅，虽然将追求道德作为人生终极理想，却也承认，中国古代思想就是因为过于强调"正德、利用、厚生"，而缺乏纯粹认知精神。因此，要建立"纯理论的科学知识世界，或独立之科学的文化领域"，就必须"暂忘其为道德主体"。③ 他与牟宗三都体现出价值与知识二分，在个人实践领域以价值为绝对，而在社会生活领域则推崇知识优先。与成中英同时代的当代新儒家，如刘述先、杜维明、余英时等，一改前辈将儒学落实于建制化领域的理想，不再明确倡言"内圣外王"之道，而是切实地讨论如何使中国哲学与文化具体地落实，使之更加切入现代社会与人们的生活实际。他们认为"现代儒学必须放弃全面安排人生秩序的想法，才能真正开始它的现代使命……儒学已不可能重新建制化，……现代儒学的出路便恰恰在'日用常行'领域"。④ 第三代当代新儒家虽然不再强求中国文化以任何形式（直接、曲折或退让）来实现"新外王"，却仍提倡要实际地把中国哲学的智慧，应用、灌输于生活及文化的各个层面。

综上可知，当代新儒家"中国哲学现代化"理论的建构，明显呈现"知识—价值"的相互交替。梁漱溟及牟宗三二辈偏于知识，熊十力及成中英二辈则偏于价值。其原因，既有内在推动，即上文所论之摆

---

① 冯友兰：《三松堂自序》，《三松堂全集》第一卷，河南人民出版社，2001，第212页。
② 金岳霖：《知识论》，商务印书馆，1983，第98页。
③ 《中国文化与世界》，《唐君毅全集》，第29页。
④ 余英时：《现代儒学的回顾与展望》，第181~182页。

脱前辈学者的理论困境；也有外在原因，即回应外面环境之冲击。梁漱溟《中西文化及其哲学》虽然1921年方付印，却是梁先生基于清末以来中西文化认识所提出的解决方案。鸦片战争后极长一段时间，中国知识分子的理想中国模型是以西方文化为标准的，因此"整个学术界风气是极其菲薄东方固有学术的"。① 那时的梁先生"很苦于没有人将东西文化并提着说，也没有人着眼到此地"。② 因此，虽然梁先生对中国、印度文化颇多溢美之词，但在当下选择中，仍是要"全面拥抱西方文明"，所持的仍是"适者生存"的理念，故而被林毓生评价为"反传统的保守主义者"。③ 熊十力开始注意并研究此问题，是在一战爆发之后，"西方文化中心论"已然破产。学者在进行中西文化比较时，不再以西方文化为唯一标准，而是认为，西方文化固然能促进中国现代化，中国亦可以补充西方由于过度理性而带来的价值灾难。牟宗三、唐君毅等诸位先生进行哲学构建时，正是美苏冷战、中华文明得不到世界承认的时期。因此，他们比前辈更为迫切地希望实现"中国哲学现代化"，使中国融入世界。虽然牟宗三的"道德形上学"与唐君毅的"人文宗教"，都将中国传统看作个人实践的终极目的与最终关怀，但也仅作为精神支柱而已。在具体落实中，两人都要求道德主体或坎陷或后退，以便开出知性主体。至成中英、刘述先、余英时、杜维明等先生时，中国香港、台湾成为"亚洲四小龙"之二，大陆也开始实行改革开放，经济的高速发展带来了文化自信，东西方交流更加频繁。且这一代新儒家学者基本都有西学背景，因而也能从更为客观的角度来看待东西方文化之差异，他们开始将中国作为世界的一部分、中国哲学作为世界哲学的一部分思考，中国哲学的价值优势受到重视。在此一影响之下，在中国哲学内部，他们也将中国儒学的思想从建制化的藩篱中释放出来，而将眼光放在百姓的"日用伦常"上。

任何学派的形成与发展，都包括内在发展脉络与外在形势的影响。但由于当代新儒家整体处于中西、古今的交汇节点上，这两条脉络都呈现"价值"与"知识"的二分。因此，他们虽以中国传统为本位，但

① 李渊庭、阎秉华编著《梁漱溟年谱》，商务印书馆，2018，第283页。
② 《东西文化及其哲学》，《梁漱溟全集》第一卷，山东人民出版社，2005，第331页。
③ 林毓生：《胡适与梁漱溟关于〈东西文化及其哲学〉的论辩及其历史涵义》，《联合报》1988年5月4日。

现代化是中国融入世界的必然要求，便决定了他们在"价值"与"知识"的选择中，较其他时代学者更为艰难。他们的挣扎真实反映了中国现代化的痛苦转型。虽然当代新儒家的理论受到颇多诟病，但他们的理论推进，确乎可以代表中国文化的现代化历程。

四 两条路径在新时代的开显与批判

当代新儒家始于新文化运动时期，新文化运动的目标原是"提倡白话文"，后成为一场政治运动。吊诡的是，这场轰轰烈烈的反传统运动，由于一战的爆发，反而使自鸦片战争以来一直处于绝对弱势的传统文化以"中国哲学"的形态得以新生。而其所依循的两条路径——价值路径与知识路径，却正是清末以来中西、古今之争的延续与理论化。其思想脉络虽参照、引入了不少西学概念，然究其本质，仍是以"修己成人"为目标的"内圣外王"之学，即将"西方文化之物质，融于中国文化之极高明中"。① 其所开显的价值与知识两条路径，也不过是义利、理事之辩等在新时期的理论变形，是因应中华文化实际困境提出的解决方案。因此，在某一时段，是具有实际意义的。

就奉行"价值"路径的学者所处时代而言，熊十力、冯友兰等诸先生皆发力于一战之后，此时正是西方价值遭遇挫折，东方文明彰显自身价值之时；而至刘述先、成中英、杜维明等诸先生登上思想舞台，则正是奉行儒家价值的"亚洲四小龙"经济腾飞，中国大陆实行改革开放之时。因此，此二辈人皆以中华价值之学为依归进行哲学的本体建构。所不同处在于，熊十力等所处之时代，西学虽遇一时之挫折，却仍处于绝对强势地位。故以熊十力对中华文明之强烈价值为依归，其落脚处仍是要以价值主体开出知性主体。但如成中英所言："依熊氏本体的直觉，显然我们可以提出境量不二的哲学主张。但自量之为量的思辨要求，境量必然要分裂为二，而且境之为境亦难脱离量的模型诠释。"② 虽然熊氏认为西学是量智的发展，可以反过来"涵养性智"，但归根结底，量智只是"刹那生灭"，仅是性智的可能性呈现，二者之间存在巨

---

① 牟宗三：《道德的理想主义》，台北：学生书局，1985，第4页。
② 〔美〕成中英：《从当代西方知识论评价熊十力的本体哲学》，《玄圃论学续集》，湖北教育出版社，1993，第46页。

大的鸿沟。正是有鉴于此，成中英提倡"中西哲学互诠互释"及"德智并建"，将熊氏价值与知识的单向箭头，变成二者之间相互转化的动态过程，他的目的是打通中、西两大哲学传统（他将此简化为人文主义与科学主义①，亦即本文所言之价值与知识）。成氏之所以有此主张，除却学术发展的内在理路之外，亦在于西方理性主义没落，而后兴起的后现代主义思潮与中华价值之学有其内在共通性，使中西文化的融通互释成为可能。他通过比较中西哲学，构建出一个"一体四面"的"本体诠释学"框架，将不同形态的内在、外在及内在超越、外在超越四个面向进行整合，实现"超融的统一"。在中华文明作为世界文明重要组成部分的当代，如何进行中西哲学的互诠互释，对于中国融入世界、世界了解中国，意义重大，这也是成中英"本体诠释学"的现代意义。但就其理论推进而言，成中英的"一体四面"之构建，不过是将熊十力之"用"具体为四个可能之面向，他引入了《周易》"生生"之思维模式，强调"'本'会开出新的'体'，新的'体'会不断开出新的'用'，继而又变成新的'体'，又变成新的'用'"。②似乎"体—用"永远处于动态共生状态之中，但这不过是理论思辨上的推进，在如何切用实际的关键问题上，仍是泛泛于先儒的"体用"之辩，并未有多少实质进展。当然，成中英亦言，提出此理论，是因为"大家只想讲分析，不讲求综合和整体。……如何提醒西方人重视整体，弥补这一块，是我的工作"。③可见他之出发点，在于以中华整体之学弥补西方纯知识、纯分析的学术。因此，当代新儒家在价值路径的推进上，虽有所进展，将道德与知识之间互补互发的关系以"本体诠释学"的方式统一，但如何实际整合二者，使之切实用于现实当下，却仍待解决。

与价值路径倾向于建设一个以价值统摄知识的体系相比，知识路径则倾向于，搁置复杂且不易分辨的价值判断，选择直面现实。故他们虽

---

① 他曾明确提出："基于我所阐释的对本体的认识，人的本体包含了人文（道德）和科技（知识）两个面向，也就是内在性与外在性的两个面向，并在超越层面上导向终极价值中真理与智慧的统一。"参见成中英《论本体诠释学的四个核心范畴及其超融性》，《齐鲁学刊》2013年第5期。

② 王治东、〔美〕成中英：《"本体诠释学"之本、体、用——成中英教授访谈录》，《南京林业大学学报》（人文社会科学版）2011年第2期。

③ 〔美〕成中英、杨庆中：《从中西会通到本体诠释——成中英教授访谈录》，中国人民大学出版社，2013，第64页。

立足中国文化本位，却并不一定希求中国哲学本身能开显民主与科学。他们深有所感，"内圣"所开显的只能是传统"外王"；代表民主与科学的"新外王"与中国哲学没有直接的联系，无法直接推出。故要开出西方的知识论体系，唯有使中国哲学在价值领域后退一步。之所以如此，亦与他们所处的时代环境相关，无论是梁漱溟，或是牟宗三、唐君毅等，其理论构建期，或是中华文化身处存亡危急之秋之际，或是旅居海外，自感中华文明"花果飘零"，此一时期，"救亡"压倒"启蒙"，生存成为第一要务。因此，梁漱溟主张在现阶段，全面拥抱西方文明；牟宗三、唐君毅要求道德理性自我坎陷或自我退让，在价值与知识二者的优先选择中，他们都倾向于在现阶段先知识而后价值。也因此，他们的立场在现当代颇受人诟病，特别是牟宗三的"良知坎陷"，被认为只是一种逻辑游戏，完全没有现实意义。然而，若真正回顾近代史，则可知，"自1840年以来，中国的社会心理就是一个良知坎陷的过程，……从鸦片战争到洋务运动，中国人让开一步，将器物问题作为中心关切，从洋务运动到戊戌维新又让开一步，将制度问题作为中心关切，到了新文化运动又让开一步，把西方民主科学观念也接纳进来，这样一步一步退让，良知越来越被边缘化，这就是坎陷"。① 甚至于新中国的改革开放，将经济作为中心关切，把西方市场经济观念接纳进来，也是"良知"退步或坎陷的过程。简言之，自鸦片战争以来，中国所跨出的每一步，实际上都是拥抱西方文明，使价值不断坎陷、退让的过程。但值得注意的是，知识优先的路径虽然成效显著，但一旦展开而无价值约束，则难以收拾。此点有西方理性主义的扩张作为例证。因此，无论是梁漱溟还是牟宗三，都强调中华价值的重要性。牟宗三认为"良知坎陷"是自觉的坎陷，良知仍存于其中，且有自动调节之能。

虽则如此，实际上谁也无法准确判断，价值应该在知识开显到何种程度时回归。知识的开显是为了实现现代化，但现代化永远是未来场景，是一支开弓便无回头之箭，即便是主体本身意识到了价值问题，只要中国仍处于世界之中，便要受世界形势之影响，那么价值何时回归、能否如预期回归便难由自身决定。以理性主义、知识论为基本核心的现

---

① 王希孟整理《新儒家研究与儒学发展之思考：胡治洪先生访谈录》，《孔子学刊》第3辑，上海古籍出版社，2012，第24~31页。

代化，在其发展与实现过程中，必然要付出道德的代价。"现代化对任何事物惟一的标准就是'效率'",① 对人的价值判断一概以"有用程度"加以衡量。故在现代化意识普遍扩张的同时，它也将人"非人"化了。从这个层面来看，当代新儒家这种"知识—价值"交替优先的模式，使价值之学始终调节、控制、把握以知识路径为主的现代化进程。这或许是解决熊十力如何"转体为用"最切实的解决方法，既然"体用"无法"不一"，那么，将"体用"以交替优先之动态模式显现，既能尽展"用"之功效，实现科学与民主；"体"又在其价值范围之内对"用"进行统摄，使其不致脱轨。虽然成中英所提出的"超融的统一"在如何诠释、如何切实用于现实方面推进不大，但其理论若与当代新儒家发展路径的内在逻辑结合，则可知成氏的"本—体—用"的永动循环共生模式自有其现实意义。

（责任编辑：秦树景）

---

① 〔美〕艾恺：《世界范围内的反现代化思潮——论文化守成主义》，贵州人民出版社，1991，第6页。

儒学全球论坛（2022）学术总结

黄玉顺*

编者按：本文是山东大学儒家文明省部共建协同创新中心、山东大学儒学高等研究院、《文史哲》编辑部 2022 年 9 月 3 日举办的儒学全球论坛（2022）"儒法对话与国家治理"国际学术研讨会的学术总结。

各位学者、各位朋友：

经过一整天紧张而有序的学术研讨，本届儒学全球论坛（2022）"儒法对话与国家治理"国际学术研讨会即将落下帷幕。

学术总结谈不上，我只能简要地谈谈自己拜读各位学者的大作、聆听各位学者的高论之后的三点感想。

一　议题丰富而广博

本届论坛的主题是"儒法对话与国家治理"。围绕这个主题，除直接讨论儒法关系以外，学者们的议题各有侧重、颇为广泛。

有的学者侧重于分析儒家思想，如李润和教授讲儒家的"法治"和"复礼"，涂可国研究员专论儒家的治道，储昭华教授揭示"人皆可以为尧舜"命题的政治哲学意蕴，孔新峰教授致力于儒家"礼""刑"思想的现代诠释，胡治洪教授讨论熊十力的外王说，柴文华教授讨论冯友兰对儒家伦理思想的转化和创新，伍晓明教授论"羞恶之心"，解光宇教授讨论孟子的管理思想，等等。

有的学者侧重于分析法家思想，如林安梧教授专论韩非子的政治哲学及其影响，曾振宇教授分析商鞅是怎样被误解的，马腾教授介绍汉学

＊ 黄玉顺，山东大学儒学高等研究院教授，主要研究方向为生活儒学。

家顾立雅（Herrlee Glessner Creel）从新出文献的视角来检视《申不害》，等等。

还有的学者进行了中外比较，如田辰山教授鉴别西方法治与儒法合一，张广生教授讨论西方冲击与中日现代国家建设的两条道路，宋洪兵教授比较法家政治思维与马基雅维利研究，等等。

另有的学者展示了独特的专题研究，如汉伊理（Ilya Kanaev）教授研究商代甲骨龟卜实践与周易的起源，阿润·库马尔·亚达夫（Arun Kumar Yadav）教授讨论"印支佛教文化"，阮玉诗副教授介绍越南南部华人家庭文化教育的道德观念，等等。

二　思考深入而别致

学者们的思考，我个人感觉是相当深入的，都在其相关论题上有深化与推进。我本人印象较深的，如任剑涛教授讨论"帝制建构"的制度变迁，白彤东教授讨论韩非子对儒家批评之重构，曾亦教授透过《春秋》来看中国古代法律的儒家化，曾晒杰副教授追寻法家污名的基源问题，等等。

有的学者的思考，可谓别致，如姚洋教授关注儒家与共同富裕问题，马小红教授论儒家的"自然观"对古代法律的影响，梁燕城教授讨论儒家与社会主义的实践精神，杨朝明教授讨论《孔子家语》的"御车马"与"御天下"，朱承教授从"四端"到"四海"来讨论孟子的公共性思想，郭萍副研究员从春秋齐鲁会盟来分析儒法邦交思想及其时代性，郑文泉副教授通过比较杜佑与李光耀来讨论儒家治道的"通典"传统，等等。

三　观点多元而激荡

关于儒法关系及其对于国家治理的意义，也就是本届会议的主题，学者们的观点大致可以分为三类。

肯定的观点，如李宗桂教授主张"儒法合用"，廖可斌教授主张"礼法共治"，程奇立教授主张"礼法合治"，杨玲教授透过贾谊看汉代的"儒法融合"，任锋教授讨论"儒法国家"（这是赵鼎新教授提出的概念），蔡家和教授谈儒家德治与法家尊法精神的"融合与传承"，等等。与会学者多数持这样的肯定性观点。

否定的观点，如余治平教授分析儒法意识形态控制的差异，林存光教授分析中国古典思想脉络中的儒法之争，刘山杉博士否定"儒法并用"，我本人强调"儒法分野"，等等。看来，持否定性观点的是少数派。

调和的观点，如郑吉雄教授讲儒法之间的"冲突与调和"，蔡方鹿教授谈朱熹对法家既批评又加以某种吸纳，杜保瑞教授主张黄老道家"集儒老法于一身"，等等。

最后再说几句，观点的分歧，这是正常的学术现象，所谓"真理越辩越明"。我特别想强调，"真理"不仅是认识论事件，而且是存在论事件，它总是在生活中"敞开着的遮蔽""遮蔽着的敞开"，是在遮蔽与敞开中开辟自己的道路。

以上是我的几点感想，敬请各位学者朋友批评指正。谢谢！

（责任编辑：刘云超）

未见君子，忧心忡忡

——读李瑾《论语释义》

李建廷　王　雯*

《论语释义》（以下简称《释义》）已由作家出版社出版，这部著作给人突出的印象是发掘了孔子的失败。实际上，在日常翻阅《论语》时，个人已经感觉到其中暗含了某种"命运"关系，首篇《学而》开宗明义谈"学"，末篇《尧曰》以"君子"概括总结，很可能意味着"学"是《论语》之始之根，目的是为"君子"；首篇首则以"人不知而不愠"，对应末篇末则"不知言，无以知人也"，很可能意味着君子首先从"己"出发，然后及"人"。这个"闭环"结构看似完美，实际上却未完成。

孔子之世，天下无道，民不聊生。当此关节，夫子把败乱的根源归结于人，特别是上位者，认为天下无道的主因在于上位者为政不以德、为国不以礼，且由于名不正，言不顺，导致"民无所措手足"。他的逻辑是，"上好礼，则民莫敢不敬；上好义，则民莫敢不服；上好信，则民莫敢不用情"（《论语·子路》），一旦邦国有道，远人莫不归附。孔子要做的，就是将上位者培养成文质彬彬的君子，在他看来，"政者，正也。子帅以正，孰敢不正？"上位者只要"无为""恭己"，做个君子，就可以德化民，此所谓"为政以德，譬如北辰，居其所而众星共之"（《论语·为政》）。不过，君子并非只针对上位者，而包括整个社

* 李建廷，博士，社会科学文献出版社人文分社总编辑，副编审，主要研究方向为汉字传播史。王雯，山东省泰安市实验学校中学一级教师，主要从事语文教学与研究。

会中的所有个体，当然，孔子似乎也注意到这种要求过于空泛，故而将君子限定为精英群体，常常拿君子和小人对比说事。

如何做君子，或者说怎么培养君子，《释义》提出，孔子的方案只有一个字，就是"学"，亦即通过"学"确立人之为人和人之为政：人之为人的最高境界乃"志士仁人，无求生以害仁，有杀身以成仁"（《论语·卫灵公》），人之为政的最高境界乃"修己以安百姓，尧舜其犹病诸"（《论语·宪问》）。需要指出的是，儒学是一种秩序/关系学，孔子孜孜以求的是如何处理人与国家、人与人、人与自己的秩序/关系问题。其中，人与自己的关系为整个问题的核心。这一点至关重要。面对失道失礼失乐之天下，孔子救时救世救人的出发点是反求诸己，通过回答"何为己"这样的终极性问题，解决何为人、何为政/国这样的社会性问题，亦即通过"为己"实现"为人"，通过"克己"实现"一匡天下"。

孔子之道，不外修身，这点确切无疑，但"修身"二字恐流于迂阔。若自他的思想体系中捻出一个统摄性词语，非"学"字不可。《论语》中出现"学"的有四十二则，计六十六次，出现次数比在《易》《书》《诗》中合计起来多三倍。邢昺疏引《白虎通》云："学者，觉也。"（《论语注疏解经卷第一》"学而第一"）毛奇龄说："学者，道术之总名。"（《四书改错》卷十八《小诂大诂错上》）李光地说："学字，先儒兼知行言。"（《论语札记》"子曰学而时习之"）上述讨论恐怕并没有抓住孔子思想的精髓或落脚点。在孔子这里，"学"并非没有目的，其价值指向是为"君子"，按照梁启超的说法，"孔子所谓学，只是教人养成人格。什么是人格呢？孔子用一个抽象的名来表示他，叫做'仁'；用一个具体的名来表示他，叫做'君子'"。①《论语》是以人为中心的，人是开始，也是目的；人是器用，也是价值。孔子将"礼乐崩坏"根源于人，他的治理之道也在于成人，即通过内向求己之"学"，成人、为君子，达到入世的目的。《释义》提出，"学"为"君子"是《论语》的主体指向，邢昺讨论《学而》篇时即曰："此章劝人学为君子也。"（《论语注疏解经卷第一》"学而第一"）在中国文化脉络谱系上，孔子是第一个将"学"和"人"统一起来的人，没有孔子，

① 《墨子学案》，《梁启超全集》，北京出版社，1999，第3129页。

孟子的"学问之道无他，求其放心而已矣"（《孟子·告子上》)，尸子的"学不倦，所以治己也。教不厌，所以治人也"（《尸子·劝学》)，荀子的"学恶乎始？恶乎终？曰：其数则始乎诵经，终乎读礼；其义则始乎为士，终乎为圣人"（《荀子·劝学》)，恐怕都难以获得"立人"的价值指向。在孔子这里，学即人，人即学，"学"是区别他者的核心之德，也是自我完善的必然途径。故而陈来指出："'好学'是孔子思想的一个具有核心意义、基础性的概念。"[1] 一句话，"学"是《论语》阐释的核心概念，孔子将它推高到前所未有的地位，正由于孔子，"学"成为千百年来志士仁人的一种超越性价值追求，可以不仕不贾，但"学"却不可须臾离之。

按照个人统计，《论语》中出现"君子"一词的有八十六则，计一百零九次，和"仁"出现的次数相同，但值得注意的是，"君子""仁"在《易》中分别出现了一百二十七、一百三十六次。不过，《论语》中的"君子"和前经典的用法并不一样，而是出现了明显的语义迁移。孔子之前，划分君子的依据是人所处的社会地位特别是政治地位，到了夫子这里，则是道德标准，故而"不患无位，患所以立"。上述迁移首先来自对"天"以"德"授命的认知，亦即政治观念的变更促进了"君子"含义的革新。周代商后，"德"成为"天命"归之的依据，在有识之士看来，只有"终日乾乾"，"君子"才能不失位。当"德"成为新的人才评价标准，君子不再是血统或地位的象征，而是一个拥有崭新德性精神的阶层和群体，进而提炼为一种规范性、理想化的人格要求。《释义》提出，赋予"君子"新义是孔子顺应时代变化而进行的伟大创造，而《论语》则是第一部将君子平民化、精神化的经典作品。《论语》之后，《孟子》（七十七次）、《荀子》（二百八十五次）、《韩非子》（三十四次）中的"君子"已成为一种对成人的普遍规定。钱穆说："孔子之教重在学。孔子之教人以学，主在学为人之道。"[2] 经过孔子的发明，"学"就是"君子"，"君子"就是"学"，"学"乃中国文化繁衍不息、士人君子日用不辍的"道"。

在《论语》中，君子是人格完美的典范，当"学"的目的在于让

---

[1] 陈来：《孔子·荀子·孟子：先秦儒学讲稿》，生活·读书·新知三联书店，2017，第1页。
[2] 钱穆：《论语新解》，巴蜀书社，1985，第3页。

自己为"君子"，即成为个体的真正主人时，"学"不再只是认知性行为和求欲性活动，而是一种价值性行为和道德性活动。需要补充的是，"君子"一词蕴含着修己和治世两个层面，一方面修己为了心性，这是质；另一方面修己为了治世，这是文。就"为心性"而言，孔子眼里的君子是安贫乐道的自得之士，他曾说："饭疏食，饮水，曲肱而枕之，乐亦在其中矣。不义而富且贵，于我如浮云。"又说："贤哉，回也！一箪食，一瓢饮，在陋巷，人不堪其忧，回也不改其乐。"这种自得之乐被周敦颐称为"孔颜乐处"，凸显的是君子的道德修养功夫。此一层面的修己，根本的内涵是"仁者不忧"的破小我、成大我的生命境界，是"志于道，据于德，依于仁，游于艺"的超越日常生活的内心和谐追求。就"为治世"而言，孔子眼里的君子是"无求生以害仁，有杀身以成仁"的有志之士。《荀子·王制》中的一句话可作为总纲，其云："故天地生君子，君子理天地；君子者，天地之参也，万物之总也，民之父母也。"在孔子眼里，管仲虽小德有亏，但其能匡天下，便可以"如其仁"，也就是说，利天下者方为君子。这种家国情怀、使命意识和担当精神，是君子人格建构的重要内容。"为心性"和"为治世"是可以和谐地统一在君子身上的，这就是所谓的"达退之道"。

有一句话值得特别留意，即"子绝四：毋意，毋必，毋固，毋我"（《论语·子罕》）。在孔子这里，"我"始终是人生最大的问题和难题，为君子的关键是树我又去我，即通过修己以成人，树立起大我，将"我"与人区别开来，又要去掉小我、私我。邢昺对此有精当的理解，"论孔子绝去四事，与常人异也。毋，不也。我，身也。常人师心徇惑，自任己意。孔子以道为度，故不任意"（《论语注疏解经卷第九》"子罕第九"）。孔子的去我并非无我，而是将"我"放在一个德性的场域中，而且这个"我"是需要不断学而习的，体现在温故而知新之日日新的过程中。正基于此，孔子始终把自己当作"学"的化身。孔子在世时，便遇到了对自己的神化问题。太牢以为孔子是圣人，子贡则直接认为是天生的。孔子没有顺水推舟，或沾沾自喜，而是实事求是地认为，自己不过一个学习者，通过坚持不懈地学习，获得了各种技能。孔子的伟大之处在于不回避自己的低贱出身，也不以大师或圣人自居，这既是"学"的正确态度，也是"学"的结果。孔子为何强调"吾少也贱，故多能鄙事"（《论语·子罕》）？无非是想提醒世人，通过自己的不断学习，可以成人、成君子，也正因为这一点，他获得了培养、辅佐上位者并教导他们"立己"为君子的"师者"资格。

《释义》认为，"圣人"和"仁人"虽然一直是孔子的榜样，但他从不以之自居，他也不认为自己是君子。他说："若圣与仁，则吾岂敢？抑为之不厌，诲人不倦，则可谓云尔已矣。"（《论语·述而》）"为之不厌"是指自己致力于修为"圣人"和"仁人"；"诲人不倦"是指劝导别人致力于修成"圣人"和"仁人"，但说归说，孔子追求的始终还是修己、为己。同时，孔子不认为自己是"生而知之者"的天才，而自认是次一等的，即"学而知之者"。孔子始终强调自己"学"者的身份，把"学"视为构建自己、区别他人的"德"。他说："盖有不知而作之者，我无是也。多闻，择其善者而从之，多见而识之，知之次也。"（《论语·述而》）这里，孔子将"学"具体化，也就是多听、多看。孔子是一个实践主义者，也是一个经验主义者，既反对凭空胡作，也反对巧言玄谈，生活中多听、多看，比较、反复，始终被孔子当作"知"的来源。

孔子指出："知之者不如好之者，好之者不如乐之者。"（《论语·雍也》）他认为"学"的三种境界是"知之""好之""乐之"。从这里也可以看出，孔子将情感愉悦、内在感悟视为"学"的无上境域，在他心目中，"乐"始终是一种德。唯有"乐"，"己"才能成人，为君子，才能"与天地参"。不过，"乐"不是无根之木，亦非"顿悟"，而是建立在不断内向之上的精神状态和生活方式，这也是个体"学"而"知天命"的结果。一句话，只有把"学"当作乐事，才是真"学"，才有真"得"。因此，当"学"与"乐"一体，生命才能呈现一种自性之境。我们都知道，上文提到的"孔颜乐处"是一种不为物困的内在之乐，即将"心"作为安身立命的精神家园。孔子本人"少也贱"，其弟子大都是贫困出身，且孔子本人的学说不见用于当世，汲汲于自我流放之途而状若丧家之犬。孔颜之徒没有宗教性归附，靠什么超越感官之欲，如何实现心灵的精神搁置，何处获取自得其乐的慰藉？答案只有一个，求于己或自己处，唯有通过内向才能解决精神世界与现实世界的冲突。《释义》进一步指出，"孔颜乐处"是脱离了世俗性或功利性的"乐"，直接将一众追随者从物质匮乏的境地，经由"天命"切换至君子乃或圣人之境，获得了傲视富贵的德性资本，且千百年来不能/不愿自拔。说到底，这的确是统摄在"德"下的精神胜利法，不过，由于其有"学"支撑，茫茫之追随者觉得此际人生有了崇高意义。

在《论语》中，孔子提出了"多见""多闻""多问""多识""学而时习之""温故而知新"等观点，总结看来，他赋予"学"三个不同的面向，一曰习，二曰问，三曰思，完整意义上的"学"是这三个面向的融会贯通。这点，为学者不可不察。要注意的是，"思"和"悟"在孔子这里是一个层面的意思。孔子说："温故而知新，可以为师矣。"（《论语·为政》）钱穆说孔子讲的是"新故合一，教学合一"。[①] 在孔子这里，"学"是"为师"的充分条件，对学过的东西"如切如磋，如琢如磨"，就可以教人了。孔子认为，"学"最重要的是能举一反三，也就是"悟"。孔子之教之学，最重"悟"，和子夏谈诗，孔子就由衷地感叹"起予者商也！"（《论语·八佾》）不过，孔子之"悟"，不是凭空顿生，而是建立在"学而时习之"的基础上，而且，无论《礼记·檀弓》记载的孔子观礼，还是《论语·八佾》记载的"入太庙，每事问"，都表明客观现实始终是孔子"学"的本源。孔子曾曰："十室之邑，必有忠信如丘者焉，不如丘之好学也。"（《论语·公冶长》）《论语》中出现"好学"的有八则，计十六次，由此可见"好学"在孔子心目中的地位。孔子及弟子论学，纯知识性的训练虽不可或缺，但德性修养始终居于核心地位。钱穆说："孔门之学，主要在何以修心，何以为人，此为学也。"[②]《释义》提出，在一定意义上，"学"始终是孔子的生存、生活方式，或者说是孔子本人的代名词。所谓"必有忠信如丘者焉，不如丘之好学"，意味着孔子将"学"视为一种少数性行为，一种超越忠、信的德。尤要指出的是，他唯一承认的自己的优点就是好学，因为"学"即君子本身，是生发一切的本。孔子这种"自负"，也是发乎本心。除了孔子，谁还会如此名副其实？

但是，现实的残酷是孔子始料未及的，由于礼乐崩坏，无论有地位的君子，还是有德位的君子，都是少而又少。他一直企图寻找这样的君子，鲁国没有，"孔子行"；卫国没有，"明日遂行"；他也一直试图培养这样的君子，樊迟请学稼、请学为圃，孔子批评他说"小人哉"。在

---

① 钱穆：《论语新解》，第 34 页。

② 钱穆：《论语新解》，第 132 页。

《论语》中，孔子称为君子的，和"如其仁"的一样稀少，仅蘧伯玉、子产、子贱、南宫适四人，甚至谦虚地评价自己不是君子，"躬行君子，则吾未之有得"（《论语·述而》）。这再一次印证了《论语》中心旨意在于入世，在于培养君子。从这个意义上说，孔子学即为君子学，孔子儒即君子儒。这里不得不再次指出，春秋时期，"学"的唯一目的就是"仕"，特别于寒门之人而言，学成要么主动货与诸侯家，要么等着"贾"来"沽"，以求得"谷"。故此，孔子才说不入仕是不易得的。

《释义》提出，《论语》首篇首则"三不"昂扬、快乐，似生命之始；末篇末则"三不"深沉、压抑，似生命之终。这种由对"学"的追逐到对命的妥协，也是孔子一生境况的真实写照。当然，孔子在功业上虽是失败的，最终证明是"不可为"的，但他"知其不可而为之"的精神却成全了自己，因为孔子在发挥主动性、发掘主体性上证明并实现了人的"最大化"，即在人作为"人"这个层面上，最大限度地张扬了这个独特物种的存在价值。故而，孔子的失败是一个思想者的失败、一种君子式的失败，这种挫折的价值在于，其激发出来的正能量必定潜存于中华民族"文化—心理"结构中成为精神和灵魂的基因。

"未见君子，忧心忡忡"，出自《诗经·召南·草虫》和《诗经·小雅·出车》，以男女中心之情借喻夫子内心深处对君子的追慕，是符合他"君子多乎哉？不多也"（《论语·子罕》）之喟叹的。只是学无止境，人之成人亦无止境，"未见君子"之忧，恐怕至今仍然困扰着我们。

（责任编辑：李文娟）

主要文章英文摘要和关键词

Research on *The Analects* of the Wei and Jin Dynasties
—A Discussion Centered on *Shi Shuo Xin Yu*

Zeng Jingzong

Abstract: The extensive use of allusions from *The Analects* in *Shi Shuo Xin Yu* (《世说新语》) is quite eye-catching, and the genres of the two books are recorded in order and short form. Therefore, some scholars believe that *Shi Shuo Xin Yu* is the book of "New *Analects*" (新《论语》). Because of his position, I tried to use the accepted materials of *The Analects* in *Shi Shuo Xin Yu* as the research object. Through a comprehensive analysis and analysis, it was revealed that the influence of *The Analects* in the Wei and Jin dynasties can also be learned from it. Observe how people practiced the spirit of Confucianism. In addition, they also hope that through the conversion of data, they can strengthen the current research results of *The Analects* of the Wei and Jin Dynasties.

Keywords: *Shi Shuo Xin Yu*; *The Analects*; Title Chapter; Confucian Figures; Confucian Spirit

On Zhu Xi's Inheritance and Development of Zhang Zai's *Li*

Chen Yongbao

Abstract: Zhu Xi's thought of Li (礼) was influenced by Zhang Zai

（张载），mainly embodied in three aspects："taking Li as teaching"，"respecting Li" and valuing virtues and Li of life. Zhu Xi affirmed and developed Zhang Zai's courtesy. Zhu Xi believed that Zhang Zai's Li was more in line with the ancient Li. This has played a great role in changing customs in Qinchuan（秦川）；at the same time，Zhang Zai's Funeral-Li have great influence among the people. Because of their simplicity and persuasiveness，they can achieve the goal of believing among the people. However，Zhu Xi and Zhang Zai have certain differences from Li because of their different times. Zhu Xi mainly solved the internal risks of the theoretical system and the challenges of scholars outside the system，aiming to rectify the monarch's mind；Zhang Zai mainly solved the problem of Zhou Li's（周礼）weakness in Qinchuan，aiming to change the customs. This shows the difference and connection between the two.

Keywords：Zhu Xi；Zhang Zai；Li

Between Thoughts：Zhang Juzheng's Political Transformation on Yangming's Mind Study and Its Setbacks

Shan Hongze

Abstract：Historically，the severe political environment in Ming Dynasty made most intellectuals avoid political affairs，while Wfang Yangming also began to alienate himself from politics through Longchang's banishment consciously，and put "Tao"（道）which cannot be carried by realistic politics into the cultivation of mind and the lecturing. Thus Yangming's Mind Study showed an inherent tension of certain "political ideas"（思）and "social status"（位），and formed unrealistic academic atmosphere gradually. Zhang Juzheng found the development momentum of Yangming school and its academic problems，he intended to transform the Mind Study from two angles of thought and practice，and argued that academia should serve politics，don't prattle the theory without practise. However，Zhang Juzheng did not seem to be aware of the differences in political orientation between himself and the Yangming School, so that the transformation was futile, it not only couldn't solve the tension between "political ideas" and "social status" in Yangming School, but also let the Yangming scholars further forced to retreat and defend themselves, so the political practice was difficult to be implement.

Keywords：Zhang Juzheng; Yangming's Mind Study; Political Thought; Political Practice

The "Manifest" and "Hidden" of Human Beings
—The Significance and Obscurity of Li Zehou's Practical Aesthetics

Chen Bing   Xiao Lulu

Abstract：Li Zehou's "Beauty"（美）is a theoretical generalization of the integration of sociality and naturalness, which appears abstract and empty but detached from the historical mystery of social life transformation. "Yang Ren Wei Mei"（羊人为美）refers to the irrational perceptual pleasure of the totem sacrificial activities in Shang Dynasty, while "Yang Da Ze Mei"（羊大则美）is a metaphor for the rational aesthetic pleasure created by the ancients in the context of rites and music civilization. The historical evolution of aesthetic consciousness from "Yang Ren Wei Mei" to "Yang Da Ze Mei" is rooted in humanism and consciousness of moral life during the Yin and Zhou Dynasties. Therefore, the theoretical construction of li zehou's practical aesthetics in pursuit of speculation leads to the "Capital Man"（大写的人）as the overall aesthetic psychological form of human being to "Manifest"（凸显）, while the concrete but subtle "Individual Life"（感性生命）with complex aesthetic experience tends to "Hide"（潜隐）. Reflecting on the gains and losses of this interpretation of "Beauty" is helpful to grasp the direction of the innovation of contemporary philosophical interpretation methods.

Keywords：Li Zehou; "Beauty"; Aesthetic Pleasure; Practice Aesthetics

On Xiong Shili's Critique of Buddhism and the Integration of the School of Qi

—An Examination of "Essence-Function Monism" as a Clue

Li Zongyi

Abstract：Xiong Shili's concept of "Essence-Function" （体用） discusses the relationship between cosmological entities and cosmic phenomena in cosmology, rather than the "Essence-Function" of individual objects. The core of Xiong Shili's thought is that "Essence-Function Monism" （体用不二）, which means that the cosmic entity becomes the cosmic image, so the two are the same essence but not two. In this way, Xiong Shili criticizes the fragmentation of "Essence-Function" in Buddhism：the Empty School （空宗） seeks for the essence but abandons the function, and eventually the essence and function are both empty, while the Existing School （有宗） establishes "Dual Ontology" （二重本体）, causing theoretical confusion. The problem of "Essence-Function Monism" is not effectively solved by both *the* Empty and *the* Existing schools. Xiong Shili's idea of "Essence-Function Monism" is actually derived from Zhang Zai's School of Qi （张载的气学）, with which he shares a common problematic consciousness-establishing the reality of the universe. In conjunction with the School of Qi, many of Xiong Shili's ideas can be clearly understood. Xiong Shili's critique of Buddhism is an inherent critique in the School of Qi, and his real theoretical contribution lies in the integration of the School of Mind and the School of Qi, which has nothing to do with Buddhism, and his thought is based on Confucianism rather than Buddhism. However, the integration of the School of Mind and the School of Qi brings about the contradiction between the "Two Ontologies" （两重本体） of Xiong Shili's thought, namely, the ontology of the mind and the ontology of the universe. Further research on this issue is necessary.

Keywords：Xiong Shili; Essence-Function Monism; Zhang Zai; The School of Qi

"Knowledge" or "Value"?

—On the Path of "Modernization of Chinese Philosophy" by Contemporary Neo-Confucianists

Wu Jinxia

Abstract: Since Liang Shuming's "Three Directions of Culture" (文化三路向), it has become a consensus of Contemporary Neo-Confucianists (当代新儒家) to regard western civilization as knowledge and Chinese civilization as value. How to measure the relationship between "value" and "knowledge" has become the core of their theory, and its philosophical construction also shows its own characteristics due to the different times and theoretical depth of Neo-Confucianism. Since the younger generation of scholars tend to surpass their predecessors by criticizing their predecessors on the premise of inheriting their thoughts and theories, the internal development logic of their theoretical system gradually presents a spiral dynamic upward trend of alternating priority of "knowledge" and "value".

Keywords: Contemporary Neo-Confucianism; Modernization of Chinese Philosophy; Xiong Shili; Mou Zongsan; Cheng Zhongying

征稿启事

《国际儒学论丛》是由山东社会科学院创办的儒学研究学术辑刊，由山东社会科学院国际儒学研究院承办。每年出版两辑，由社会科学文献出版社公开发行，竭诚欢迎海内外学者赐稿。

1. 本刊倡导立足国际儒学研究，关注儒学研究与发展的前沿问题，刊登未经发表过的学术论文。篇幅以 10000~18000 字为宜，也欢迎观点新颖、材料翔实的长篇论文。必要时编辑部会做技术性修改，如不同意删改，请在投稿时特别说明。

2. 根据国家新闻出版总署颁布的《中国学术期刊（光盘版）检索与评价数据规范》的要求，请同时提供以下相关信息：

（1）姓名、性别、出生年、籍贯、学位、职称、主要研究领域；

（2）工作单位、联系方式、通信地址、邮政编码；

（3）中英文标题（含副标题）、内容摘要（100~300 字）及关键词（3~5 个）。

3. 注释一律采用页下注，每页连续编码，序号用带圆圈的阿拉伯数字表示。引文必须准确，参考文献的著录项目具体规范如下：

（1）专著、论文集、学位论文、报告：序号、主要责任者：文献题名，出版者，出版年，起止页码。例①蒙培元：《心灵超越与境界》，人民出版社，1998，第 66~67 页。

（2）期刊文献：序号、主要责任者：文献题名，刊名（年，卷/期）。例①黄玉顺：《中国哲学"内在超越"的两个教条——关于人本主义的反思》，《学术界》2020 年第 2 期。

（3）析出文献：序号、主要责任者：析出文献名，原文献名，出版者，出版年，起止页码。例①李维武：《现代新儒学重建本体论的贡献与困境》，载丁冠之等主编《儒家道德的重建》，齐鲁书社，2001，第 10～11 页。

（4）报纸文章：序号、主要责任者：文献题名，报纸名，出版日期（版次）。例①涂可国：《加强人类文明交流互鉴的战略意义》，《大众日报》（理论版），2022 年 9 月 27 日。

（5）电子文献：序号、主要责任者：电子文献题名［电子文献及载体类型标志］，电子文献的出处或可获得地址，发表或更新日期。例①刘舒：《牢牢把握为民造福的本质要求》，光明网，2022－11－4，https：∥theory. gmw. cn/2022－11/04/content＿36138238. htm，访问时间：2022－12－8。

（6）常用先秦经典文献：采用文内夹注形式。例 致力于荀子所讲的"在本朝则美政，在下位则美俗"（《荀子·儒效》）。

4. 文稿一经发表，稿酬从优（含中国知网转载稿酬）。若无特别声明，视为同意我刊与上述电子出版物、数据库的约定。本刊不收取任何费用，实行三审制度，在收稿后 2 个月内联系作者，反馈初审结果。

5. 本刊常设栏目：名家访谈、海外儒学研究、经学研究、先秦两汉儒学研究、宋明儒学研究、书评、儒学动态。特色栏目：荀学研究、现代新儒学研究、礼学研究、君子学研究、中西比较哲学研究等。欢迎学界专家学者组稿赐稿，以及硕博才俊来稿。稿件请发送电子版至本刊邮箱：gjrxlc@ shandong. cn。

《国际儒学论丛》编辑部

图书在版编目（CIP）数据

国际儒学论丛. 第 12 辑 / 刘云超主编. -- 北京：
社会科学文献出版社，2023.6
ISBN 978 - 7 - 5228 - 2134 - 4

Ⅰ.①国…　Ⅱ.①刘…　Ⅲ.①儒学 - 文集　Ⅳ.
①B222.05 - 53

中国国家版本馆 CIP 数据核字（2023）第 127944 号

国际儒学论丛（第 12 辑）

主　　编 / 刘云超

出 版 人 / 王利民
组稿编辑 / 宋月华
责任编辑 / 范　迎
责任印制 / 王京美

出　　版 / 社会科学文献出版社·人文分社（010）59367215
　　　　　地址：北京市北三环中路甲 29 号院华龙大厦　邮编：100029
　　　　　网址：www.ssap.com.cn
发　　行 / 社会科学文献出版社（010）59367028
印　　装 / 三河市龙林印务有限公司

规　　格 / 开　本：787mm × 1092mm　1/16
　　　　　印　张：19　字　数：313 千字
版　　次 / 2023 年 6 月第 1 版　2023 年 6 月第 1 次印刷
书　　号 / ISBN 978 - 7 - 5228 - 2134 - 4
定　　价 / 148.00 元

读者服务电话：4008918866